현장에서
바로 써먹는

김임용 지음

데이터 분석

With
파이썬

현장 전문가가 실무 예제로 설명하는
데이터 분석 이론과 파이썬 기초 + 실전 활용법

심통

현장에서 바로 써먹는 데이터 분석 with 파이썬

초판 발행	2022년 6월 30일
지은이	김임용
펴낸이	방세근
디자인	디박스
펴낸곳	도서출판 심통
주소	경기도 의정부시 전좌로 204, 203호
전화	070.7397.0492
팩스	031.624.4830
전자우편	basaebasae@naver.com
인쇄/제본	미래 피앤피
가격	32,000원
ISBN	979-11-975295-8-0 13000

빅데이터, 인공지능, 딥 러닝 등의 키워드는 데이터 산업 분야에 특별한 관심을 갖고 있지 않아도 너무 자주 들어 이제는 익숙한 단어가 되어버렸습니다. 불과 몇 년 사이에 무슨 일이 벌어진 걸까요? 2016년 구글 딥 마인드의 알파고가 이세돌 9단을 이긴 역사적인 날, 비로소 사람들은 기존의 프로그래밍 기법이 아닌 컴퓨터가 스스로 만든 복잡한 신경망으로 이뤄진 프로그램이 세상을 바꿀지도 모르겠다고 생각하게 되었습니다.

회사에서는 기존 직원들에게 데이터 분석과 인공지능에 관한 교육을 확대하면서 시티즌 데이터 과학자를 양성하고 있으며, 데이터 엔지니어, 데이터 분석가, 데이터 과학자 등의 데이터 분야 전문인력 채용을 늘리고 있습니다. 하지만 전문인력에 대한 수요 대비 공급이 턱없이 부족한 상황이고, 이로 인해 대학에서는 앞다퉈 인공지능학과, 데이터과학과 등의 전공학과가 개설되고 있으며 기존의 컴퓨터공학과, 산업공학과, 통계학과 등에서도 데이터 분야와 관련된 전공 과목을 급격히 늘려가고 있습니다.

이 모습은 마치 1990년대의 'IT 버블'을 떠올리게 합니다. 그 당시 업계에서는 회사 이름에 '닷컴(dot-com)' 정도는 붙여야 돈이 된다고 해서 '닷컴 버블'이라고 불렸고, 이런 회사들이 시장의 자금을 끌어 모았습니다. 하지만 정작 수익을 내는 기업은 거의 없었고, 이로 인해 거품이 붕괴되는 현상을 겪었습니다. 하지만 지금의 흐름은 그때와는 다릅니다.

2010년도 전 세계 시가 총액 상위 10대 기업은 엑슨모빌(Exxon Mobil), 페트로차이나(Petro China), 로열더치쉘(Shell) 등의 석유·가스업계 회사가 절반 정도를 차지했었지만 불과 10년 뒤인 2020년도에는 사우디아람코(Saudi Aramco)를 제외하면 석유·가스업계 회사들은 자취를 감추었습니다. 대신 그 자리를 아마존(Amazon), 알파벳(Google의 지주회사), 페이스북(Facebook), 텐센트(Tencent), 테슬라(Tesla) 등 데이터를 이용해 사업을 하는 빅테크 기업들이 차지한 것을 확인할 수 있습니다. 이런 빅테크 기업들은 닷컴 버블 당시의 기업들과 다르게 꾸준히 새로운 수익 모델을 창출하고, 이익을 확대해 나가고 있습니다.

데이터는 그 자체로는 아무런 가치가 없지만 분석 능력에 따라 가치가 발휘됩니다. 이런 이유로 과거에는 수집하지 않던 데이터를 기업들이 앞다퉈 수집하기 시작했고, 이 데이터를 분석하기 위해 다양한 방법론이 등장했습니다. 기존의 숫자 위주의 데이터에서 이제는 문자, 음성, 동영상에 이르기까지 다양한 형태의 데이터를 분석하고, 그 안에서 인사이트(insight)를 얻어 가치(value)를 창출하기 위해 노력하고 있습니다.

구글(Google)의 번역 서비스는 날이 갈수록 뛰어난 성능을 보이고 있습니다. 수억 건의 데이터를 이용한 인공 신경망 기반 번역 기술 개발의 결과입니다. 테슬라는 고객의 운전 데이터를 클라우드로 보내 기계학습을 시킨 뒤 차량의 소프트웨어를 지속적으로 업데이트하며 자율주행의 수준을 날로 향상시켜 가고 있습니다. 쿠팡(Coupang)은 말해주지 않아도 사야 할 제품들을 알아서 보여줍니다. 세상을 변화시키고 있는 이런 일들은 모두 데이터에서 비롯되었고, 데이터를 잘 분석해서 활용했기에 가능한 일입니다.

이 책은 정답 없는 세상의 문제들 속에서 여러분이 감성과 직관에 기반한 의사결정이 아닌 주어진 데이터를 정확히 해석해 보다 나은 의사결정을 할 수 있도록 하는 데 도움을 드리고자 합니다. 뿐만 아니라 데이터를 통해 세상을 보는 시야가 넓어지고, 그 안에서 새로운 가치를 창출할 수 있는 능력을 기르는 데 도움이 되고자 합니다.

이를 위해 제가 오랫동안 고민한 내용들을 현실에 와닿는 예제와 쉬운 설명으로 여러분께서 데이터 분석 분야를 처음 공부하시는 데 시행착오를 최대한 덜 겪게 만들고자 노력했습니다. 물론, 이 책 한 권을 공부했다고 해서 바로 데이터 분석가가 되었다고 말할 수는 없습니다. 다만, 데이터 분석에 대한 방향은 정립될 수 있다고 생각합니다.

한 권의 책이 세상에 나오기 위해서는 많은 분들의 노력과 도움이 필요합니다. 두 번째 책을 출간할 수 있는 기회를 제공해 주신 도서출판 심통의 방세근 대표님과 바쁜 생업에도 불구하고 베타 테스터 요청에 흔쾌히 응해준 선배, 동료, 친구들에게 진심으로 감사드립니다. 마지막으로 언제나 저를 믿고 응원해 주는 아내 김지영, 특별하고 소중한 딸 김다인에게 감사의 인사를 전합니다.

☼ | **2022년 어느 봄날, 김임용**

이 책은 고급 도구를 다루는 데이터 분석 전문가를 위한 책이 아닙니다. 병아리가 알에서 깨어나 닭이 되어가는 과정에서 발생하는 수많은 데이터를 이용해, 저자는 '데이터 분석 과정' 병아리 반에 갓 입학한 독자들을 졸업까지 안내합니다. 파이썬 사용 환경 설정부터 딥 러닝까지 일반적인 데이터 분석에 대한 필수 요소뿐만 아니라 실제 기업에서 많이 사용되는 자연어 분석이나 데이터베이스 연계 등을 위한 내용도 소개합니다.

데이터 분석이 필요한 현장은 신입사원의 성장을 너그럽게 기다려주지 않습니다. 바로 이해하고 사용할 지식들을 빠르게 익히는 데 이 책은 좋은 가이드가 될 것입니다. 차근차근 연습문제를 풀어나가다 보면 김 대표 양계장의 성장과 함께 데이터 분석 역량의 성장 또한 기대됩니다. 말 그대로 현장에서 바로 써먹을 데이터 분석 참고서로 추천합니다.

오세민 | 부산대학교 빅데이터 기반 금융·수산·제조 혁신 산업 수학센터 연구교수, 이학박사

수많은 매체와 미디어에서 빅데이터 시대를 이야기하고 데이터에 대한 이해와 활용이 미래 사회의 경쟁력이라고 하지만 막상 개인 차원에서 이런 데이터 분석을 실행하기에는 많은 부담과 어려움이 따릅니다.

수많은 실무 경험과 과제 해결을 통해 축적된 저자의 내공이 맘껏 발휘된 금번 저서는 데이터 분석과 활용에 대한 막연함을 눈에 보이는 선명함으로 바꿔주기에 충분했습니다.

특히 파이썬을 활용하기 위한 준비 단계부터 실제 데이터 분석, 시각화 및 고찰을 실시하는 일련의 과정을 마치 매뉴얼이나 작업 표준처럼 상세하게 설명해 데이터 분석에 관심 있는 사람이라면 누구나 용기를 갖고 시도해 볼 수 있게 구성한 점이 좋았습니다.

싫든 좋든 우리는 모두 우리의 행동과 흔적이 데이터화되어 관리되는 시대를 살아가고 있습니다. 이런 세상을 좀 더 깊이 있게 이해하고 현명한 판단의 근거를 만드는 데 저자의 금번 저서가 큰 도움이 될 것으로 확신합니다.

김동진 | 동국제강

산업뿐만 아니라 생활 전반에 급격한 변화를 맞고 있는 디지털 전환 시대에 생존과 기회를 위해 많은 사람들이 데이터 분석 역량을 필요로 합니다. 그러나 디지털 기술의 전문성과 방대함에 놀라 입문이 쉽지 않습니다.

이 책은 양계장 운영 이야기에 파이썬을 도구로 통계부터 신경망과 딥 러닝, 텍스트 마이닝까지 적용해 재미있게 과제를 풀어내고 있습니다. 좀 더 깊은 내용들은 블로그를 통해 독자들과 소통하는 친절함은 덤입니다. 비전공 실무자들은 디지털 기술 자체보다는 문제해결의 도구로 활용이 중요한데 이 책은 그런 점에서 이론과 활용 사이에서 밀당을 잘하고 있습니다. 데이터 분석의 대중화가 한 걸음 더 다가오고 있음이 느껴집니다.

김영진 │ 한국동서발전

빅데이터, 데이터 사이언스, AI가 익숙한 키워드가 되면서 파이썬은 어느 순간 당연히 알아야 할 것이 되었습니다. 꾸역꾸역 기본 문법, pandas, numpy, matplotlib 예제는 따라갔는데 그래서? 그래서 이제 뭘 해야 해? 다년간의 엔터프라이즈급 기업의 데이터 마이닝, 데이터 통합 프로젝트 경험에 비춰봤을 때 실무진들의 고민은 이론과 실전의 괴리에 있습니다. 이 책을 통해 저자의 현장 고민이 가득 담긴 노하우를 자유롭게 적용하시기를 바랍니다.

민경환 │ 삼성SDS

본 저서는 단순 데이터 분석 방법론이나 분석 툴(Tool)에 대한 실습 방법만 소개한 것이 아니라 데이터 활용 및 해석을 위한 기반 지식, 용어상 혼란을 야기할 수 있는 내용 정리 등 빅데이터 분야를 배우고자 하는 초심자들이 이 분야를 처음 접할 때 고민할 수 있는 전반적인 내용을 다루고 있습니다.

특히 교과서에서나 나올 법한 전형적인 문제가 아닌 실제로 분석 업무를 수행하면서 발생할 수 있는 다양한 유형의 사례를 구체적으로 다룬 것이 시중에 나와 있는 다른 저서들과 가장 큰 차별점이라고 생각합니다.

김태형 │ 한국산업기술평가관리원

4차 산업혁명 시대를 살아가는 직장인에게 AI, 빅데이터 등의 데이터 분석 역량이 필수/우대 요소로 자리 잡고 있는 요즘, 이 책은 누구나 쉽게 접근할 수 있고 해당 역량의 기초를 기르는 데 있어서 등불과 같은 역할을 한다고 생각합니다. 자동차 산업 품질 부문에 종사하는 저 역시도 대학 때 잠시 배운 코딩 지식 외에는 배경 지식이 전무하다시피 했지만 이 책과 함께 단기간에 분석 역량을 기를 수 있었고, 학습한 것을 토대로 품질 문제를 개선하는 역량까지 기를 수 있었습니다. 국내 각 산업현장에 근무하면서 데이터 분석 기초 역량을 키우길 원하시는 모든 분들께 이 책을 추천합니다.

신준성 │ 현대모비스

디지털 전환과 함께 자동차를 생산하는 공장에도 수많은 데이터가 쌓이고 있습니다. 이런 데이터를 이용해 업무를 하다 보면 자연스레 실무에 적용할 새로운 아이디어가 떠오르지만 스스로 정한 한계에 부딪히며 실행으로 옮기지 못하고, 늘 하던 방식대로 일을 해왔습니다. 하지만 이제 피할 수도, 더 이상 미룰 수도 없습니다.

이 책은 첫 걸음을 내딛기 망설여지는 저 같은 초심자를 위해 쉬운 부분부터 하나하나 도전해 볼 수 있게끔 만들어졌습니다. 주변에서 널리 사용하는 파이썬으로 그동안 고민해 왔던 밀린 숙제들을 이 책과 함께 풀어보려 합니다.

서보현 | 현대자동차

『현장에서 바로 써먹는 데이터 분석 with 파이썬』편이 나와서 기쁘게 생각합니다. 데이터 분석의 기초 이론부터 파이썬으로 어떻게 딥 러닝을 구현할 수 있는지까지 초보자에게 꼭 필요한 내용을 쉽게 학습할 수 있도록 친숙한 예제를 들어 설명하고 있습니다. 게다가 중간중간 핵심적인 내용을 콕콕 짚어 줘 기초를 탄탄히 다질 수 있게 만들어 줍니다. 그리고 저자의 블로그를 통해 쉽게 소통할 수 있으며 빠른 피드백으로 궁금증을 해소할 수 있습니다. 파이썬과 친해지기에 정말 유용한 책으로 파이썬을 처음 접하시는 분들께 자신 있게 추천합니다.

김경준 | 삼성전기

저자의 첫 책인 『현장에서 바로 써먹는 데이터 분석 with R』을 통해 데이터 분석 분야의 선두 주자인 R을 쉽게 접하고 시야를 넓힐 수 있었습니다. 자연스레 최근 데이터 분석 언어로 가장 많이 사용되고 있는 파이썬에 대한 궁금증도 생겨나던 찰나에 신작 출간 소식이 들려왔습니다. 저자는 책 속의 '김 대표'를 통해 어렵고 생소한 분야의 지식을 쉽게 풀어내 누구든 쉽게 이해할 수 있게끔 저술하는 탁월한 능력이 있습니다. 각 챕터는 단계적이고 체계적으로 구성되어 있으며, 특히 Chapter 4부터 시작되는 가상의 '김 대표' 분석 스토리는 학습 동기를 불러일으키기에 충분합니다.

오현진 | 코레일

맞춤형 학습 계획표

데이터 분석에 관한 이론만 빠르게 공부하고 싶은 김 부장님을 위한 학습 추천 코스

1일차	2일차	3일차	4일차	5일차
Chapter 1	Chapter 2의 1~2 / Chapter 3의 1, 3	Chapter 4 / 5	Chapter 6 / 7	Chapter 8 / Chapter 9의 2~3

이론보다 실습을 먼저 해보고 싶은 이과장을 위한 학습 추천 코스

1일차	2일차	3일차	4일차	5일차
Chapter 2의 3~5	Chapter 3	Chapter 4	Chapter 5	Chapter 6

6일차	7일차	8일차		
Chapter 7	Chapter 8	Chapter 9의 2~6		

이론과 실습을 제대로 공부해 보고 싶은 박 대리님을 위한 학습 추천 코스

1일차	2일차	3일차	4일차	5일차
Chapter 1	Chapter 2	Chapter 3	Chapter 4	Chapter 4 연습문제

6일차	7일차	8일차	9일차	10일차
Chapter 5	Chapter 5 연습문제	Chapter 6	Chapter 6 연습문제	Chapter 7

11일차	12일차	13일차	14일차	
Chapter 7 연습문제	Chapter 8	Chapter 8 연습문제	Chapter 9	

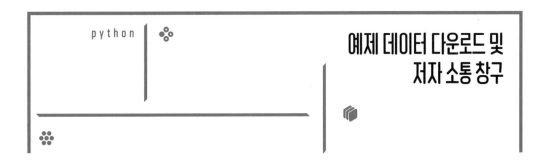

python

예제 데이터 다운로드 및 저자 소통 창구

저자 블로그

https://datawithnosense.tistory.com

저자 GitHub

https://github.com/datawithnosense/Python

GitHub에서는

① Code 버튼을 클릭한 뒤

② Download ZIP을 클릭하면 모든 파일을 다운로드받을 수 있으며

해당 압축파일을 해제하면 00.All 폴더에 실습 데이터 셋과 스크립트가 모두 포함되어 있습니다.

(나머지 폴더의 경우는 All의 파일을 분류해 놓은 것뿐입니다.)

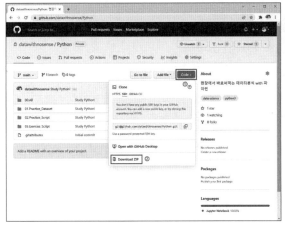

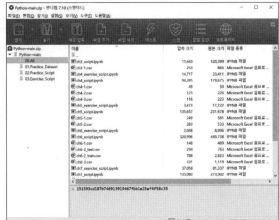

python

목차

CHAPTER

2

데이터 분석을
위한 준비

CHAPTER

3

데이터 다루기

CHAPTER

7

인공 신경망과
딥 러닝

1

학습목표

- 데이터의 정의와 형태에 대해서 이해합니다.
- 빅데이터라는 용어가 생겨난 배경과 그로 인한 변화에 대해서 이해하고 설명할 수 있습니다.
- 인공지능-머신러닝-딥 러닝의 관계에 대해서 이해합니다.
- 결과물에 따른 데이터 분석 과정에 대해서 이해합니다.

데이터 분석의 이해

python

데이터가 무엇인지, 빅데이터가 무엇인지, 데이터 분석은 어떻게 이뤄지는지, 데이터 형태에 따라 분석 방법은 어떻게 달라지는지 등 데이터 분석에 관한 이론적인 부분을 이해하기 쉽게 정리했습니다.

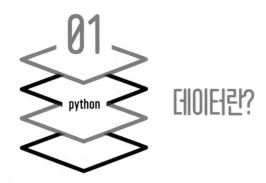

01 python 데이터란?

1-1 데이터의 정의

4차 산업혁명 시대를 살아가는 우리는 데이터(data)에 둘러싸여 있습니다. 정확히 말하면 수많은 행동들이 데이터화되고 있는 세상에 살고 있습니다. 기업들은 고객들이 온라인 쇼핑을 할 때에는 어떤 제품을 얼마나 자주 사는지, SNS를 할 때에는 어떤 주제를 해시태그(#)하고 좋아요(♡)를 누르는지, 심지어 게임을 할 때에도 다른 유저들에 비해 캐릭터 레벨 업 속도가 빠른지 느린지를 조사해 데이터화시키고 있습니다. 기업들은 이 데이터를 통해 나보다 나를 더 잘 알고 있습니다.

이처럼 데이터는 '객관적 사실(fact)'을 뜻하며, 어떤 이론(예: 30대 남성은 주말보다 평일에 인터넷 쇼핑을 많이 한다.)을 세우는 데 '근거(basis)'가 됩니다.

객관적 사실로서의 데이터는 크게 2가지 유형으로 구분합니다.

구분	형태	예시
정성적 데이터(Qualitative Data)	언어, 문자 등	SNS의 글, 보고서 내용 등
정량적 데이터(Quantitative Data)	수치, 기호 등	몸무게, 온도, 풍속 등

표 1-1 | 객관적 사실로서의 데이터 유형

또한 데이터의 형태에 따라 3가지 유형으로도 구분합니다.

구분	특징	예시
정형 데이터 (Structured Data)	연산 가능	RDB, 엑셀(Excel), CSV 등
반정형 데이터 (Semi-structured Data)	연산 불가	HTML, XML, JSON 등
비정형 데이터 (Unstructured Data)	연산 불가	SNS, 영상, 이미지, 음성, 텍스트 등

표 1-2 | 형태에 따른 데이터 유형

1 정형 데이터

정형 데이터는 수치로 되어 있어 합계, 평균, 최솟값 등의 연산이 가능하며, 주로 엑셀이나 일반적인 관계형 데이터베이스(RDB, Relational DataBase)에 저장되는 데이터 형태로 가장 쉽게 접할 수 있습니다.

	A	B	C	D	E	F	G	H
1	HOUR_TIME	LOC_NAMS	SO2	O3	NO2	CO	PM10	PM25
2	2019010101	송정동	0.006	0.003	0.023	0.9	59	39
3	2019010102	송정동	0.006	0.003	0.022	0.9	55	36
4	2019010103	송정동	0.005	0.003	0.019	0.8	59	40
5	2019010104	송정동	0.005	0.003	0.018	0.8	54	36
6	2019010105	송정동	0.006	0.003	0.019	0.9	52	36
7	2019010106	송정동	0.006	0.003	0.02	0.8	51	38
8	2019010107	송정동	0.006	0.003	0.02	0.9	53	43
9	2019010108	송정동	0.006	0.003	0.02	1	52	41
10	2019010109	송정동	0.006	0.003	0.016	0.9	52	43
11	2019010110	송정동	0.006	0.004	0.015	0.8	57	47
12	2019010111	송정동	0.006	0.016	0.013	0.5	64	48
13	2019010112	송정동	0.006	0.022	0.011	0.4	44	29
14	2019010113	송정동	0.006	0.022	0.011	0.5	41	25
15	2019010114	송정동	0.006	0.025	0.011	0.5	38	25

그림 1-1 | 정형 데이터 - 충청북도_대기질 정보 엑셀 파일(출처 : http://here.chungbuk.go.kr)

② 반정형 데이터

반정형 데이터는 웹에서 주로 접하는 HTML, XML, JSON 파일 형태의 데이터로 연산이 불가하며 활용하기 위해서는 별도의 데이터 처리 기술(파싱, Parsing)이 요구됩니다. 특히 XML이나 JSON 파일 형태의 경우 공공데이터포털(data.go.kr)의 오픈 API(Application Programming Interface)에서 쉽게 찾아볼 수 있습니다. 주로 애플리케이션을 만들 때 활용합니다.

그림 1-2 | 반정형 데이터 - 공공데이터포털 오픈 API

그림 1-3 | 반정형 데이터 활용 사례 - 미세미세 모바일 앱

JSON과 파싱(Parsing)

● JSON

JSON(JavaScript Object Notation, 자바스크립트 객체 표기법)은 "키-값 쌍"으로 이뤄진 데이터 오브젝트를 전달하기 위해 인간이 읽을 수 있는 텍스트를 사용하는 개방형 표준 포맷을 말합니다. 말이 조금 어렵지만 다음 예시와 같은 데이터 형태라고 이해하면 됩니다.

• 예제 [편집]

다음은 한 사람에 관한 정보를 갖는 JSON 객체다.

키-값(이름:값) 쌍의 패턴으로 표현된다.

```
1   {
2       "이름":"홍길동"
3       "나이": 25,
4       "성별": "여"
5       "주소": "서울특별시 양천구 목동"/
6       "특기": ["농구", "도술"],
7       "가족관계": {"#":2, "아버지": "홍판서", "어머니": "춘섭"}
8       "회사": "경기 수원시 팔당구 우만동"
9   }
```

그림 1-4 | JSON 객체 예시(출처 : Wikipedia)

● 파싱

파싱(Parsing)은 XML이나 JSON과 같은 객체에서 원하는 데이터를 특정 패턴으로 추출해서 가공하는 것을 말합니다. 다음의 사이트(https://jsonformatter.org/)에 가면 왼쪽의 JSON 객체를 파싱해서 오른쪽에 결과를 보여줍니다. 직접 해보면 이해가 훨씬 잘됩니다.

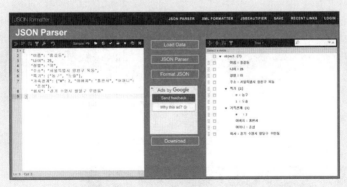

그림 1-5 | JSON 파싱 예시

③ 비정형 데이터

비정형 데이터는 말 그대로 연산이 되지 않는 음성, 이미지, 텍스트, 영상 등의 데이터 형태를 말합니다. 음성의 경우 인공지능 스피커, 이미지의 경우 머신비전 검사(부적합 제품을 육안 대신 카메라와 인공지능 알고리즘으로 찾아내는 방법), 텍스트의 경우 신문 기사 웹 크롤링(crawling)을 통한 워드 클라우드(Word Cloud) 분석(Chapter 8에서 자세히 설명) 등으로 활용됩니다.

그림 1-6 │ 비정형 데이터 - YouTube 영상

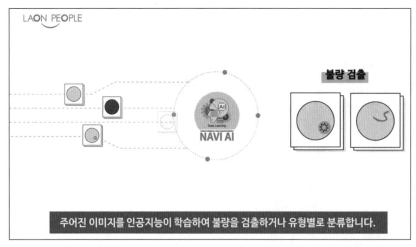

그림 1-7 │ 비정형 데이터 활용 사례 - 라온피플의 머신비전 솔루션

1-2 데이터 → 정보 → 지식 → 지혜

데이터는 객관적 사실이기 때문에 그 자체로는 그다지 중요하지 않습니다. 그보다는 데이터를 어떻게 가공하고 활용해 어떤 가치를 창출할 것인가가 더 중요합니다. 유명한 오성과 한음의 설화로 설명을 하겠습니다.

오성은 글공부가 너무 하기 싫어서 매일 놀기만 하다 결국 아버지께 크게 혼이 났습니다. 아버지는 오성에게 하루 동안에 창고 안에 있는 쌀의 개수를 모두 세라는 벌을 내렸습니다. 그럼에도 불구하고 오성은 하루 종일 놀고만 있었습니다. 사람들은 모두 오성이 포기했다고 생각했습니다. 하지만 저녁 무렵이 되자 오성은 창고 안의 쌀을 그릇으로 퍼서 쌀알을 세기 시작했습니다. 3번 정도 그릇 속의 쌀알의 수를 세어 보니 평균 500개가 나왔습니다. 그래서 한 되에 몇 그릇이 들어가는지 해보았더니 160그릇이 들어갔으며, 쌀 한 가마에는 총 50되가 들어간다는 사실을 알게 되었습니다. 창고에는 쌀 20가마가 있었기 때문에 쌀알은 총 500 x 160 x 50 x 20 = 80,000,000(알)이 들어 있음을 계산할 수 있었습니다. 오성은 그릇 속의 쌀알만 세어 20가마의 쌀알 수를 추정했습니다.

쌀 그릇	쌀 한 되	쌀 한 가마	쌀 20가마
쌀알 500개	쌀 그릇 160개 쌀알 80,000개	쌀 되 50개 쌀 그릇 8,000개 쌀알 4,000,000개	쌀 가마 20개 쌀 되 1,000개 쌀 그릇 160,000개 쌀알 80,000,000개

만약 오성이 보통의 아이였다면 아버지께 혼이 나지 않기 위해 하루 종일 창고의 쌀알을 세고 있었을 것입니다. 물론, 그렇다 하더라도 혼자서 하루 만에 20가마의 쌀알을 일일이 세는 일은 불가능합니다. 아버지는 불가능한 것을 알기에 이런 벌을 내린 것입니다.

하지만 오성은 어린 나이에도 뛰어난 데이터 분석가(?)였기 때문에 불가능한 일을 포기하지 않고, 주어진 환경에서 데이터에 기반한 논리적인 답변을 내놓았습니다.

먼저 쌀알의 개수를 데이터(data)화시켰습니다. 그래서 3번의 시행을 통해 그릇에는 평균 500

개의 쌀알이 들어간다는 정보(information)를 얻을 수 있었습니다. 그 정보를 토대로 한 되에 들어가는 그릇의 개수를 구했고, 한 되에 약 8만 개의 쌀알이 있을 것이라고 추정할 수 있었습니다. 한 되에 쌀알이 8만 개 정도 들어간다는 지식(knowledge)을 얻게 된 것입니다. 이후 이런 지식을 확장해 창고 안에 있는 20가마의 쌀알이 8천만 개 정도일 것이라는 지혜(wisdom)로운 답변을 내놓을 수 있었습니다.

위 이야기에서 확인할 수 있듯이 "그릇 속 쌀알의 개수"라는 데이터 자체는 얻고자 하는 결과에 크게 미치지 못하지만 이를 정보화시키고 다른 지식들과 접목해 활용하면 최소한의 자원만 투입해 원하는 결과를 얻을 수도 있습니다. 실제로 데이터 분석 프로젝트를 진행하다 보면 이런 개념적인 부분이 생각보다 중요하기 때문에 이야기를 통해 설명했습니다.

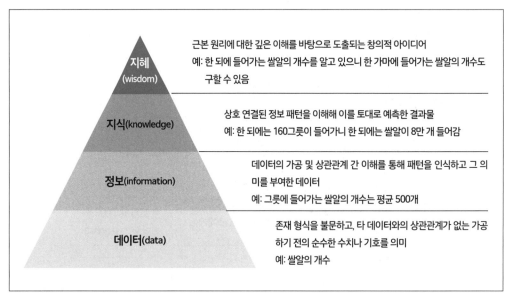

그림 1-8 | 지식의 피라미드

1-3 빅데이터의 등장

스마트폰과 태블릿 그리고 사물 인터넷(IoT, Internet on Things) 등이 등장하면서 기존의 PC 기반 세상 대비 데이터의 양이 기하급수적으로 증가하기 시작했습니다.

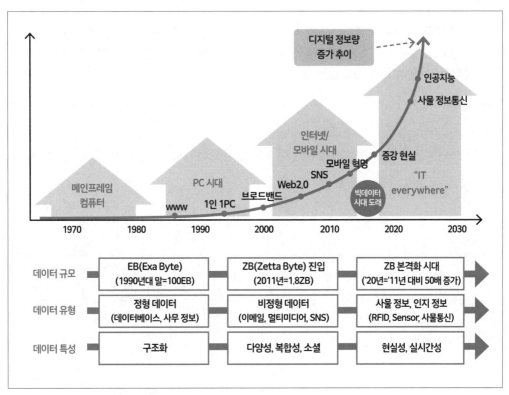

그림 1-9 | 전 세계 정보량 증가 추이(출처 : NIA – 새로운 미래를 여는 빅데이터 시대)

게다가 데이터의 형태도 기존의 정형 데이터뿐만 아니라 텍스트, 이미지, 영상 등의 비정형 데이터량이 급증하게 되었습니다. 이에 따라 기업들은 엄청나게 많은 양(Volume)의 데이터, 다양한 형태(Variety)의 데이터, 지금 이 순간에도 엄청난 속도(Velocity)로 생성되고 있는 데이터를 수집하고 처리해서 활용할 방법을 고민하기 시작했습니다. 그렇게 등장한 용어가 바로 "빅데이터"입니다.

빅데이터에 대한 정의는 매우 다양합니다.

> "빅데이터는 일반적인 데이터베이스 소프트웨어로 저장, 관리, 분석할 수 있는 범위를 초과하는 규모의 데이터다." (McKinsey, 2011)
>
> "빅데이터는 다양한 종류의 대규모 데이터로부터 저렴한 비용으로 가치를 추출하고 데이터의 초고속 수집 · 발굴 · 분석을 지원하도록 고안된 차세대 기술 및 아키텍처다." (IDC, 2011)

> "빅데이터란 대용량 데이터를 활용해 작은 용량에서는 얻을 수 없었던 새로운 통찰이나 가치를 추출해내는 일이다. 나아가 이를 활용해 시장, 기업 및 시민과 정부의 관계 등 많은 분야에 변화를 가져오는 일이다." (Mayer-Schönberger&Cukier, 2013)

하지만 보편적으로 통용되는 빅데이터의 의미는 가트너(Gartner) 그룹의 더그 레이니(Doug Raney)가 3V 모델로 다음 표와 같이 정의했습니다.

양(Volume)	다양성(Variety)	속도(Velocity)
데이터의 규모 측면	데이터의 유형과 소스 측면	데이터의 발생 속도 측면, 데이터의 수집과 처리 측면

표 1-3 | 빅데이터의 정의 - 3V

1-4 빅데이터가 만들어 내는 변화

빅데이터가 등장할 수 있었던 배경에는 다양한 IT 기기와 인터넷의 발달, 클라우드(Cloud) 컴퓨팅, 저장 장치 비용 하락 등이 있습니다. 과거에는 이와 같은 환경이 마련되지 않았기 때문에 데이터를 수집하는 행위 자체가 힘들었습니다. 물론, 지금도 특정 데이터(예: 신약 임상시험 데이터)는 수집하기가 매우 어렵지만 이런 특수 사례를 제외한다면 데이터를 수집하는 환경은 과거보다 훨씬 나아졌습니다.

과거에는 전체 데이터를 모두 수집하기 위해서는 막대한 인력과 자본이 투입되었기 때문에 주로 전체 데이터(모집단)에서 표본(sample)을 추출해 전체 데이터의 특성을 추정해야만 했습니다. 이를 표본조사(Sampling Survey)라고 합니다.

하지만 빅데이터 시대에는 표본이 아닌 모집단 전체 데이터를 수집하는 데도 과거보다 비용이 아주 저렴해졌습니다. 이러다 보니 기존에는 비용 때문에 수집하지 않던 데이터도 수집하기 시작했습니다. 왜냐하면 거기에서 어떤 패턴이나 규칙을 발견해 새로운 가치를 창출할 수도 있다고 생각했기 때문입니다.

과거에는 데이터의 질(quality)에 집중했다면, 이제는 양(quantity)에 더 초점을 맞추고 있습니다. 결국, 절대적인 데이터량이 많아지면 양질의 데이터도 자연스럽게 증가하기 때문입니다. 이제는 원인 x와 결과 y를 이론적으로 설명하는 인과관계(causation)보다 단순히 x와 y의 관계를 수치화시켜 알려주는 상관관계(correlation)를 더 중요시하고 있습니다. 굳이 발생하는 모든 일의 원인을 알 필요가 없기 때문입니다.

다음 표에 내용을 간략하게 정리했습니다. 예시를 보면 이해가 더 쉬울 것입니다.

빅데이터 전	빅데이터 후	사례
사전처리	사후처리	구글(Google)은 대부분이 쓸모 없을 것이라 생각했던 웹로그(Weblog) 데이터를 분석해 광고에 매칭했고, 세계 최고의 인터넷 기업으로 성장했음
표본조사	전수조사	웹사이트에 접속할 경우 접속자마다 웹로그가 남게 되는데 이는 표본이 아닌 전체 데이터임
질 (quality)	양 (quantity)	IBM은 자동번역 시스템 구축을 위해 정교하게 번역된 양질의 데이터 수백만 건으로 데이터베이스를 구축했지만, 구글은 잘 번역된 데이터 외에도 오역이 있는 웹사이트 데이터까지 모두 포함해 수십억 건의 데이터베이스를 구축해 IBM이 실패한 프로젝트를 성공시켰음
인과관계 (causation)	상관관계 (correlation)	영국의 보험회사 아비바(Aviva)는 혈액 및 소변검사를 하지 않고도 고혈압, 당뇨와 같은 질병에 걸릴 확률을 취미, TV 시청 습관 등의 소비자 마케팅 데이터만으로 예측해 병원 검사 비용을 없앨 수 있었음

표 1-4 | 빅데이터가 만들어 내는 4가지 변화

1-5 빅데이터의 활용

빅데이터는 다양한 분야에 활용되고 있습니다. 산업별로 활용하는 목적은 다르지만 분명한 것은 모든 산업에서 더 많은 데이터를 수집하고, 이를 활용하는 데 초점을 맞추고 있다는 사실입니다.

산업별로 보면 빅데이터는 주로 인터넷, 금융 서비스, 헬스케어, 보험 분야에서 널리 활용되고 있습니다. 실제 빅데이터 활용 사례를 검색해 보더라도 구글, 아마존, 애플, 유튜브, 유나이티드헬스케어, 아비바 등의 사례를 쉽게 찾아볼 수 있습니다. 다음 표에 산업별로 빅데이터의 활용 분야를 간략하게 정리했으니 참고하기를 바랍니다.

산업	활용 분야
인터넷 및 게임	타깃 광고, 고객 맞춤형 서비스 개발, 고객 세분화, 고객 이탈률 최소화, 부정행위 탐지(Fraud Detection) 등
금융 및 보험	사기 및 부정행위 탐지(Fraud Detection), 고객 맞춤형 서비스 개발, 고객 세분화, 리스크 최소화 등
유통 및 소매	물류 비용 최소화, 상품 진열 최적화, 재고관리 최적화 등
의료 및 제약	환자 상태 진단, 영상(MRI, CT) 판독, 신약 개발 등
제조업	설비 이상 감지(Anomaly Detection), 생산성 향상, 원가 절감, 부적합(불량) 감지, 안전사고 예방 등
에너지	설비 이상 감지(Anomaly Detection), 환경오염물질 배출 최소화, 발전량 예측, 전력 수요 예측, 안전사고 예방 등
통신	네트워크 최적화, 고객 이탈률 분석, 신규 서비스 개발 등
교육	학습 능률 향상, 학생 수준별 맞춤 수업 제공 등
정부	CCTV 설치 위치 선정, 범죄 예방, 교통량 최적화, 전기차 충전소 설치 위치 선정 등

표 1-5 | 산업별 빅데이터 활용 분야

1-6 빅데이터와 인공지능

많은 사람들이 빅데이터와 인공지능이 서로 어떤 관계인지 궁금해합니다. 그런데 여기서 문제는 빅데이터의 정의 자체가 앞에서 설명했던 것처럼 다양해 하나로 딱 정할 수 없기 때문에 애매한 부분이 있습니다. 만약 빅데이터를 엑셀로 처리할 수 없는 규모(약 100만 행 이상)의 데이터로 정의한다면 빅데이터는 인공지능 구현을 위한 학습 데이터(Training Data)로 인공지능을 구현하는 데 필요한 대상으로 볼 수 있고, 빅데이터를 더 큰 개념으로 정의한다면 인공지능은 빅데이터의 한 부분집합으로 볼 수 있습니다.

개인적인 생각은 후자에 가깝습니다. 왜냐하면 빅데이터라는 용어가 마치 품질관리에 등장하는 6시그마(평균을 중심으로 양품의 수를 6배의 표준편차 이내($\mu \pm 6\sigma$)에서 생산할 수 있는 공정 능력을 나타내는 용어에서 전방위 경영혁신 운동으로 그 의미가 확장되었음)라는 용어처럼 단순히 그 상태를 나타내는 것이 아니라 방법론을 포함하는 개념으로 더 큰 의미가 부여되고 있기 때문입니다.

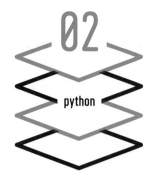

02
python

데이터 분석이란?

2-1 데이터 과학? 데이터 분석? 데이터 마이닝?

데이터 분석에 관해 공부를 하거나 업무를 하다 보면 데이터 과학, 데이터 분석, 데이터 마이닝이라는 용어를 자주 접하게 됩니다. 우선 각각의 정의를 위키피디아(Wikipedia)에서 찾아 인용해 봤습니다.

> "데이터 과학(Data Science)은 데이터 마이닝(Data Mining)과 유사하게 정형, 비정형 형태를 포함한 다양한 데이터로부터 지식과 인사이트를 추출하는 데 과학적 방법론, 프로세스, 알고리즘, 시스템을 동원하는 융합 분야다. 데이터 과학은 데이터를 통해 실제 현상을 이해하고 분석하는데 통계학, 데이터 분석, 기계학습과 연관된 방법론을 통합하는 개념으로 정의되기도 한다."
>
> "데이터 분석(Data Analysis)은 유용한 정보를 발굴하고 결론 내용을 알리며 의사결정을 지원하는 것을 목표로 데이터를 정리, 변환, 모델링하는 과정이다. 데이터 분석은 여러 면과 접근 방식이 있으며 다양한 이름의 다양한 기술을 아우르며 각기 다른 비즈니스, 과학, 사회과학 분야에 사용된다. 오늘날 비즈니스 부문에서 데이터 분석은 의사결정을 더 과학적으로 만들어 주고 비즈니스를 더 효율적으로 운영할 수 있도록 도와주는 역할을 한다."

"데이터 마이닝(Data Mining)은 대규모로 저장된 데이터 안에서 체계적이고 자동적으로 통계적 규칙이나 패턴을 분석해 가치 있는 정보를 추출하는 과정이다. 다른 말로는 KDD(데이터베이스 속의 지식 발견, Knowledge Discovery in Database)라고도 일컫는다."

각각의 용어에 대한 이해가 다소 헷갈린다면 다음의 다이어그램을 참고하기를 바랍니다.

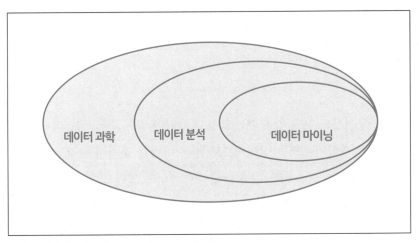

그림 1-10 | 데이터 과학, 데이터 분석, 데이터 마이닝의 관계

데이터 마이닝은 데이터 분석에서 활용하는 방법론 중 일부를 말합니다. 데이터 과학은 데이터 분석을 포함한 광범위한 영역을 뜻합니다. 예를 들어, 데이터 분석이 시각화를 통한 리포팅 수준에서 끝이 난다면, 데이터 과학은 데이터 분석을 통해 개발된 모델을 이용한 새로운 시스템을 구축하는 수준까지 확장된다고 보면 큰 무리가 없을 것입니다.

2-2 데이터 분석가와 데이터 과학자

앞에서 데이터 분석과 데이터 과학에 대해 알아봤습니다. 데이터 과학은 데이터 분석보다 더 큰 개념입니다. 직무를 비교해 보면 그 차이를 더 잘 알 수 있습니다. 다음 표에서 데이터 분석가(Data Analyst)와 데이터 과학자(Data Scientist)의 직무 기술서(Job Description)를 비교해 봤습니다.

요구 사항	데이터 분석가(Data Analyst)	데이터 과학자(Data Scientist)
학력	학사 이상	석사 이상
전공	수학, 통계, 산업공학, 컴퓨터공학 등	수학, 통계, 컴퓨터과학 등
경력	-	5년 이상
사용 가능 언어	SQL, R, Python	SQL, R, Python, C++, Java
기타	-	Hadoop, Spark 등과 같은 대용량 데이터 처리 프레임 워크 경험

표 1-6 | 데이터 분석가와 데이터 과학자의 직무 기술서 비교

데이터 과학자는 데이터 분석가의 레벨 업 단계라고 보면 됩니다. 위 직무 기술서의 요구 사항처럼 보편적으로 데이터 과학자에게는 상대적으로 높은 학력과 경력이 요구됩니다. 그리고 데이터 수집(SQL) 및 분석(R, Python)을 위한 언어뿐만 아니라 일반적으로 시스템을 구축하는 데 활용되는 C나 Java 언어를 사용할 수 있는 능력까지 요구하는 경우가 많습니다. payscale.com에서 데이터 분석가의 커리어 패스(Career Paths)와 연봉(salary)을 한 번 검색해 봤습니다.

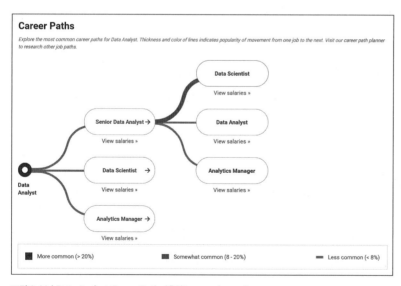

그림 1-11 | Data Analyst Career Paths(출처 : payscale.com)

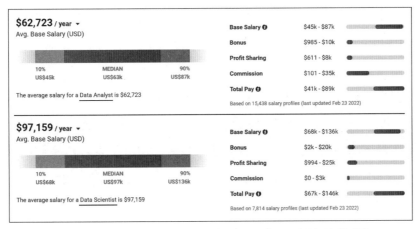

그림 1-12 | Data Analyst와 Data Scientist 연봉 비교(출처 : payscale.com, 2022. 02. 23 기준)

데이터 분석가에서 시니어 데이터 분석가를 거쳐 데이터 과학자로 성장해야 연봉이 많아지는 것을 알 수 있습니다. 데이터 분석가의 평균 연봉은 $62,723(환율 1,200원 기준 약 7,500만 원), 데이터 과학자는 $97,159(동일 환율 기준 11,700만 원) 수준의 연봉을 받는 것을 알 수 있습니다. 확실히 데이터 과학자의 연봉이 더 높습니다.

정리하자면 데이터 분석가가 현업에서 주어진 문제를 분석하는 수동적인 직무라면, 데이터 과학자는 주도적으로 프로젝트를 처음부터 끝까지 진행하고 데이터 분석뿐만 아니라 시스템화까지 구현할 수 있는 직무를 뜻한다고 볼 수 있습니다.

2-3 도메인 지식

데이터 분석 프로젝트를 진행하다 보면 도메인 지식(Domain Knowledge)이라는 용어를 자주 접하게 됩니다. 도메인 지식은 특정 분야의 전문 지식을 뜻합니다. 예를 들어, 철강회사의 도메인 지식에는 가속 냉각온도에 따른 후판(비교적 두꺼운 열간압연 강판)의 인장강도(Tensile Strength) 변화, Slab 압연(rolling) 중 디스케일링(descaling) 패턴에 따른 후판 표면 스케일(scale) 생성 변화 등이 있습니다. 들어도 도대체 무슨 말인지 이해하기 힘들 것입니다. 당연합니다. 이것이 이 분야의 도메인 지식이기 때문입니다.

이 도메인 지식은 데이터 분석 프로젝트에서 매우 중요한 역할을 합니다. 물론, 분석하고자 하는 목적이나 산업에 따라 도메인 지식의 영향력은 각기 다릅니다.

예를 들어, 신문 기사에 달린 댓글을 통해 기업의 평판을 분석하고자 한다면 도메인 지식은 크게 중요하지 않습니다. 댓글 내용을 크롤링(crawling)해 말뭉치(Corpus)를 만들고, 워드 클라우드(Word Cloud)를 통해 어떤 단어가 가장 많았는지 보거나 감성 분석(Sentiment Analysis)을 통해 긍정(positive)의 단어가 많았는지 부정(negative)의 단어가 많았는지 확인하는 정도에 그칠 것입니다.

하지만 석탄 화력 발전소의 미세먼지 배출량 감소를 위한 데이터 분석 프로젝트를 진행한다면 발전소의 구조, 미세먼지가 배출되는 공정, 석탄 성상 등 다양한 도메인 지식 없이는 성공적인 프로젝트 진행이 불가능합니다. 따라서 성공적인 사내 데이터 분석 프로젝트를 위해서는 데이터 분석을 진행하는 부서와 도메인 지식을 가진 현업 부서 간에 원활한 의사소통과 내용 공유가 필수적입니다. 그래서 데이터 과학자에게 요구되는 자질 중 소통 능력(Communication Skill)이 매우 중요합니다.

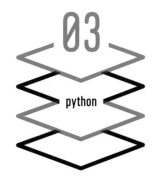

데이터 분석의 발달 과정

3-1 통계학[1]의 등장

인류는 보다 나은 의사결정을 위해 항상 고민해 왔습니다. 고대 이집트, 메소포타미아, 황하 등 4대 문명이 시작된 시대로 거슬러 올라가보더라도 전쟁에 동원할 수 있는 병력을 조사하거나 세금을 거두기 위해서 인구조사가 이뤄진 것을 여러 문헌을 통해서 알 수 있습니다. 통계는 이처럼 아주 오래전부터 국가의 살림을 꾸려나가기 위해 이용되었습니다.

본격적으로 통계학(Statistics)이라는 학문이 등장한 시기는 18세기입니다. 이 시기에 베르누이 (J. Bernoulli), 라플라스(P. S. Laplace), 가우스(C. F. Gauss), 파스칼(B. Pascal) 등의 천재들에 의해 통계학의 기틀이 다져졌습니다. 이 통계학이 바로 수학 과목인 "확률과 통계"입니다.

통계학은 크게 "기술통계"와 "추론통계"로 구분할 수 있습니다.

기술통계는 관측을 통해 얻은 데이터에서 그 데이터의 특징을 뽑아내기 위한 기술을 말하는데 도수분포표나 히스토그램 등과 같이 표와 그래프로 표현하는 방법과 평균이나 표준편차

---

1   박성현, 통계학 연구의 과거 · 현재와 4차 산업혁명 시대의 데이터 사이언스의 역할과 비전, 학술원논문집(자연과학편) 제56
집 2호(2017), pp. 53–82

와 같이 통계량으로 표현하는 방법이 있습니다.

키 구간(계급)	학생수
150~155	2
156~160	4
161~165	5
166~170	7
171~175	6
176~180	3
180~185	2
185초과	1
총합계	30

한 반 학생들의 키 분포 히스토그램

그림 1-13 | 도수분포표 및 히스토그램 예시

추론통계는 통계학 방법과 확률 이론을 섞은 것으로 "전체를 파악할 수 없을 정도의 큰 대상"이나 "아직 일어나지 않은, 미래에 일어날 일"에 관해 추측하는 것입니다. 예를 들어, 투표에서 여론조사를 통해 당선이 유력한 후보를 오차범위 내에서 추측하는 것은 추론통계 덕분에 가능한 일입니다.

	정당	실제 결과	KBS	MBC	SBS
19대 총선	새누리당	152	131~147	130~153	126~151
	민주통합당	127	131~147	128~147	128~150
	통합진보당	13	12~18	11~17	10~21
20대 총선	새누리당	122	121~143	118~136	123~147
	더불어민주당	123	101~123	107~128	97~120
	국민의당	38	34~41	33~42	31~43

표 1-7 | 19~20대 총선 방송 3사 출구조사와 실제 결과 비교

3-2 사람들이 통계를 어려워하는 이유

아마도 많은 사람들이 확률과 통계는 어려운 과목이라고 생각할 것입니다. 왜냐하면 답이 딱 떨어지지 않고, 다소 버거운 느낌(?)을 받기 때문입니다. 그 이유를 곰곰이 생각해 본 결과, 2가지 원인을 찾을 수 있었습니다.

다음 문제 ①, ② 중 어느 것이 더 어렵게 느껴질까요?

---

① 아래 2차 방정식을 풀어라.

$$x^2 + 2x + 1 = 0$$

VS

---

② 어느 고등학교의 전체 학생을 대상으로 생활복 도입에 대한 찬반투표를 한 결과 전체 학생의 80%가 찬성하였고, 20%는 반대하였다. 이 고등학교의 전체 학생의 40%가 여학생이었고, 생활복 도입에 찬성한 학생의 70%가 남학생이었다. 이 고등학교의 전체 학생 중 임의로 선택한 한 학생이 여학생일 때, 이 학생이 생활복 도입에 찬성하였을 확률은?

그림 1-14 | 통계가 어렵게 느껴지는 이유1

대부분은 ②가 더 어렵다고 생각할 것입니다. 왜냐하면 일단 문제에 글이 너무 많아 읽는 순간부터 집중력이 저하되고, 몇 번을 읽어도 무슨 내용인지 헷갈리기 때문입니다.

그러면 조금 문제를 변형해 보도록 하겠습니다. 다음 문제 ①, ② 중에서는 어느 것이 더 쉽게 느껴질까요?

---

① 어느 고등학교의 전체 학생을 대상으로 생활복 도입에 대한 찬반투표를 한 결과 전체 학생의 80%가 찬성하였고, 20%는 반대하였다. 이 고등학교의 전체 학생의 40%가 여학생이었고, 생활복 도입에 찬성한 학생의 70%가 남학생이었다. 이 고등학교의 전체 학생 중 임의로 선택한 한 학생이 여학생일 때, 이 학생이 생활복 도입에 찬성하였을 확률은?

VS

> ② 어느 고등학교의 전체 학생을 대상으로 생활복 도입에 대한 찬반투표를 한 결과 전체 학생 100명 중 80명이 찬성하였고, 20명은 반대하였다. 이 고등학교의 전체 학생 중 40명이 여학생이었고, 생활복 도입에 찬성한 학생 56명은 남학생이었다. 이 고등학교의 전체 학생 중 임의로 선택한 한 학생이 여학생일 때, 이 학생이 생활복 도입에 찬성하였을 확률은?

그림 1-15 | 통계가 어렵게 느껴지는 이유2

대부분 문제 ①보다는 ②가 더 쉽게 느껴질 것입니다. 그 이유는 "%" 기호 때문입니다. "%"가 들어가는 순간 확률에 대한 공포심이 생겨 제대로 계산을 못하는 경우가 많습니다. 이럴 때는 ②와 같이 100%를 100명으로 바꾸면 훨씬 이해가 쉽습니다. 그리고 마치 스도쿠 문제를 푼다고 생각하고, 다음 표와 같이 주어진 데이터(검은색)에 추측한 값(녹색)을 채워 넣으면 모든 값을 알 수 있습니다. 그러면 임의로 선택한 한 학생이 여학생일 때, 이 학생이 생활복 도입에 찬성하였을 확률 0.6을 쉽게 구할 수 있습니다(찬성한 여학생 수/전체 여학생 수 = 24/40 = 3/5 = 0.6).

구분	남학생	여학생	총계
찬성	80 × 0.7 = 56	24	80
반대	4	16	20
총계	60	40	100

표 1-8 | 생활복 도입에 대한 찬반투표 결과

위 문제는 고3 전국연합학력평가 2017년 7월 수학 영역(가형) 13번 문제였습니다.

3-3 컴퓨터의 등장과 인공지능

통계학이 등장하고 난 뒤 1940년대에 컴퓨터가 등장했습니다. 이론은 정립이 되었으나 인간의 두뇌로 계산하기 버거웠던 문제들을 컴퓨터를 이용해 풀기 시작하면서 탄도 계산, 우주

선 개발, 일기 예보 등 다양한 분야의 연구가 가능하게 되었고, 통계학의 발전에도 엄청난 기여를 했습니다. 컴퓨터가 나오기 전까지는 변수가 수십 개인 다중 회귀분석(Multiple Regression Analysis)은 차마 계산할 엄두를 내지 못했지만 이런 일들이 가능해지면서 산업 전반으로 통계학의 영역이 확장되었습니다.

그 결과, 국가 경영을 위한 보조지표로서 뿐만 아니라 산업현장의 다양한 문제를 해결하기 위해 통계가 사용되기 시작했습니다. 특히 제조산업에서 품질관리와 공정관리에 혁명적인 변화를 일으켜 인류의 삶을 변화시켰습니다.

1950년대에 사람의 뇌를 모방한 인공지능(AI, Artificial Intelligence)의 개념이 생겨나기 시작했고, 1956년 미국 다트머스 대학(Dartmouth College)의 존 매카시(John McCarthy) 교수가 개최한 다트머스 회의를 통해 처음으로 인공지능이라는 용어가 사용되기 시작했습니다.

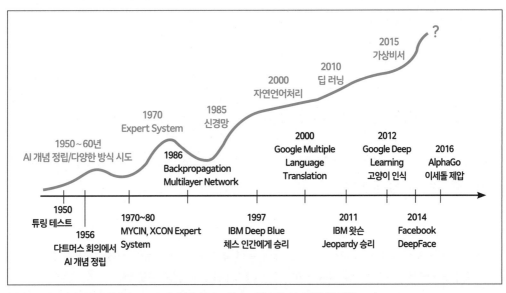

그림 1-16 | 인공지능의 역사(출처 : 소프트웨어정책연구소 - 알파고의 능력은 어디에서 오는가?)

하지만 인공지능을 통해 복잡한 문제들을 해결할 수 있을 것이라는 기대와 달리 컴퓨터 능력의 부족과 극복할 수 없는 몇 가지 근본적인 한계로 원하는 결과물을 얻지 못하자 연구 자금 지원이 중단되는 암흑기를 거쳤습니다.

이후 컴퓨터의 발달과 데이터량의 증가 등 환경적인 요소들이 인공지능 구현에 유리한 상황이 되면서 다시 연구가 활발히 진행되었습니다. 특히 2016년 이세돌 9단과 알파고(AlphaGo)의 대국으로 인해 전 세계적으로 인공지능에 대한 관심이 폭발하게 되었습니다. 이런 상황에 힘입어 인공지능 스피커가 대중화되었고, 구글의 어시스턴트(Assistant), 애플의 시리(Siri), 삼성의 빅스비(Bixby) 등 인공지능 음성 비서 서비스가 널리 사용되게 되었습니다. 이세돌과 알파고(AlphaGo)의 대국이 있은 지 몇 해 지나지 않았지만 그동안 인공지능은 우리 삶에 깊숙이 자리 잡게 되었고, 가장 유망한 미래 산업의 한 분야가 되었습니다.

인공지능을 이용하면 통계학에서의 추론통계를 기존의 통계학적인 방법론보다 높은 정확도로 예측하는 일이 가능합니다. 그래서 데이터 분석에서 통계학을 공부한 뒤 인공지능의 방법론인 머신러닝과 딥 러닝을 배우는 것입니다.

예를 들어, 부모의 키(x)를 이용해 자식의 키(y)를 예측하고자 할 때 통계학의 회귀분석을 이용하는 방법보다 딥 러닝 알고리즘인 DNN(심층 신경망, Deep Neural Network)을 이용할 경우 대체적으로 더 높은 예측 정확도를 기대할 수 있습니다.

3-4 인공지능, 머신러닝 그리고 딥 러닝

우선 인공지능, 머신러닝(Machine Learning) 그리고 딥 러닝(Deep Learning)의 정의를 위키피디아를 참고해 알아보겠습니다.

> "인공지능(Artificial Intelligence)은 인간의 학습 능력, 추론 능력, 지각 능력, 자연언어의 이해 능력 등을 컴퓨터 프로그램으로 실현한 기술이다. 하나의 인프라 기술이기도 하다."
>
> "기계학습 또는 머신러닝(Machine Learning)은 경험을 통해 자동으로 개선하는 컴퓨터 알고리즘의 연구다. 인공지능의 한 분야로 간주된다. 컴퓨터가 학습할 수 있도록 하는 알고리즘과 기술을 개발하는 분야다. 가령, 기계학습을 통해서 수신한 이메일이 스팸인지 아닌지를 구분할 수 있도록 훈련할 수 있다."

> "심층학습 또는 딥 러닝(Deep Learning)은 여러 비선형 변환 기법의 조합을 통해 높은 수준의 추상화(abstractions, 다량의 데이터나 복잡한 자료들 속에서 핵심적인 내용 또는 기능을 요약하는 작업)를 시도하는 기계학습 알고리즘의 집합으로 정의되며, 큰 틀에서 사람의 사고방식을 컴퓨터에게 가르치는 기계학습의 한 분야라고 이야기할 수 있다."

위 정의를 자세히 읽어보면 인공지능과 머신러닝 그리고 딥 러닝이 어떤 관계인지 대략적으로 알 수 있습니다. 그림으로 나타내면 다음과 같습니다.

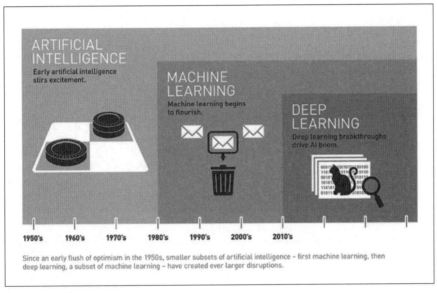

그림 1-17 | 인공지능, 머신러닝, 딥 러닝 관계(출처 : nvidia.co.kr)

딥 러닝은 머신러닝의 방법론 중 하나로 기존 머신러닝의 문제점인 과적합(overfitting, 학습 데이터를 과하게 학습해 실제 데이터에 대해 오차가 증가하는 현상)과 느린 학습 시간을 해결할 수 있는 방법론(오차 역전파)이 등장하면서 단점이 극복되었고, GPU(Graphics Processing Unit, 그래픽 처리 장치)의 발달로 복잡한 행렬 연산에 소요되는 시간이 크게 줄면서 각광받게 되었습니다. 게다가 빅데이터의 등장으로 학습하기에 충분한 데이터가 쏟아진 것도 딥 러닝의 유행에 크게 기여했습니다. 물론, 이세돌 9단과 대국한 알파고에 딥 러닝이 사용된 것도 한몫을 했습니다.

딥 러닝은 다양한 머신러닝 알고리즘 중에서도 대체적으로 높은 예측 정확도를 자랑하고 있습니다. 다만, 딥 러닝을 구현하기 위해서는 충분히 많은 양의 학습 데이터가 필요합니다. 따라서 데이터량이 수백 건 이하라면 딥 러닝을 적용하는 것이 바람직하지 않을 수 있습니다. 머신러닝에는 딥 러닝 외에도 다양한 알고리즘이 존재합니다. 다음은 대표적인 머신러닝과 딥 러닝 알고리즘을 도식화한 것입니다.

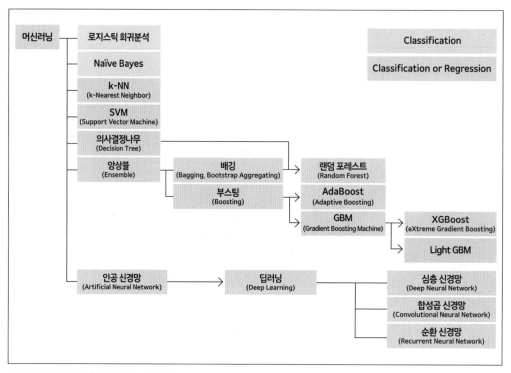

그림 1-18 | 머신러닝과 딥 러닝 알고리즘 종류

지금은 용어가 어렵겠지만 이 책을 한 번 다 읽고 나면 친숙하게(?) 느껴질 것입니다. SVM과 랜덤 포레스트(Random Forest)라는 알고리즘도 유명하지만 특히 XGBoost와 Light GBM은 캐글(Kaggle, 예측 모델 및 분석 대회 플랫폼)에서 우수한 성능을 나타내며 많은 사람들이 활용하는 알고리즘입니다.

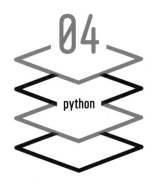

04 데이터 분석 과정

python

4-1 데이터 분석의 결과물

데이터 분석 과정은 결과물의 형태에 따라 달라집니다. 따라서 데이터 분석의 결과물에 대해 살펴보고, 그에 따른 분석 과정을 알아보도록 하겠습니다.

데이터 분석의 결과물은 크게 2가지 형태로 분류할 수 있습니다.

첫 번째는 시각화(visualization) 형태입니다. 예를 들어, 의류 오픈마켓을 운영하는 회사에서 고객 유형을 분류하는 프로젝트를 진행한다고 가정해 보겠습니다.

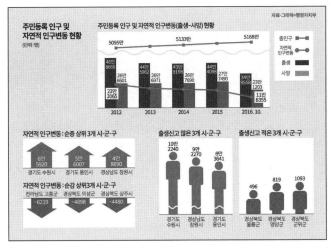

그림 1-19 | 시각화 리포트 예시(출처 : 행정자치부 2016년 10월 주민등록 인구통계 현황)

그러면 현재 회원이 몇 명인지, 어디에 사는지, 최근 1년간 구매 금액이 얼마나 되는지, 구매 주기가 어떻게 되는지 등 다양한 관점에서 의문을 가지며 고객 유형을 분류하기 위한 특징을 찾기 위해 데이터를 분석해 나갈 것입니다. 이런 데이터 분석 방법을 탐색적 자료 분석(EDA, Exploratory Data Analysis)이라고 합니다. 이렇게 분석된 결과는 대부분 표나 그래프를 통한 시각화로 결과물이 도출됩니다.

두 번째는 모델(model) 형태입니다. 위 예시에서 더 나아가 최근 20년 동안의 매출 데이터가 있고, 앞으로 3년 동안 매출 변화가 어떻게 될지 예측하는 프로젝트를 진행한다고 가정해 보겠습니다. 의류의 경우 계절적 특징이 강하므로 시계열 분석을 진행할 수도 있고, 다양한 변수를 활용해 회귀분석을 진행할 수도 있습니다. 이런 분석의 결과는 $y = ax + b$ 형태의 수식이나 복잡한 네트워크 구조로 이뤄진 인공 신경망일 수도 있습니다.

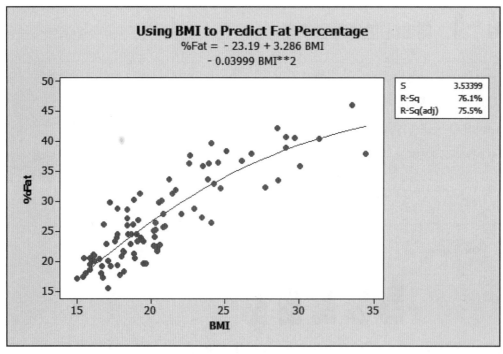

그림 1-20 | 회귀분석 모델 예시(출처 : blog.minitab.com)

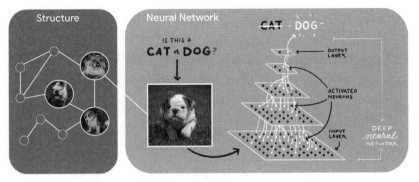

그림 1-21 | 인공 신경망 모델 개념도(출처 : tensorflow.org)

다음 표로 간단하게 정리했으니 참고하기를 바랍니다.

구분	시각화(visualization)	모델(model)
방법론	탐색적 자료 분석(EDA)	회귀분석, 머신러닝 등
목적	현황 파악, 새로운 사실 도출 등	예측, 분류 등
형태	표, 그래프, 워드 클라우드, 텍스트 등	수식, 모델 등
예시	월별 매출 현황 분석, 구매 고객 특징 분석, 상관분석, 가설검정, 뉴스 기사 분석 등	일사량에 따른 태양광 발전 출력 예측, 이미지 판별 모델, 금융사기 판별 모델, 자연어 처리 모델 등
최종 산출물	보고서, 대시보드	시스템

표 1-9 | 데이터 분석의 결과물 형태

4-2 데이터 분석 과정

데이터 분석 방법론에는 대표적으로 KDD(Knowledge Discovery in Database), CRISP-DM(Cross Industry Standard Process for Data Mining)이 있으며, 데이터 분석 과정은 결과물 형태에 따라 다음과 같이 나타낼 수 있습니다.

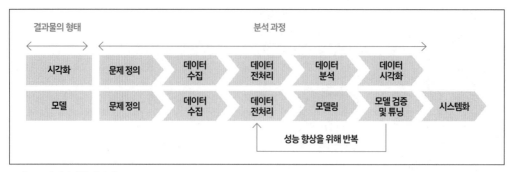

그림 1-22 | 데이터 분석 과정

"문제 정의" 단계는 무엇을 분석할 것인지, 확보 가능한 데이터에는 어떤 것들이 있는지, 예상되는 문제점은 무엇인지 등 본격적인 데이터 분석에 앞서 기본적인 사항들을 정리하는 단계입니다.

"데이터 수집" 단계는 데이터를 한곳에 모으는 행위입니다. 데이터의 형태에 따라 파일이나 데이터베이스에 수집할 수 있습니다. 예를 들어, 태양광 발전량 예측 모델을 만들기 위한 데이터 분석을 진행한다면 발전량, 일사량, 외기온도, 전운량 등의 데이터를 확보해야 합니다. 발전량 데이터는 보유하고 있지만 전운량과 같은 데이터는 기상청이 아니면 수집하기가 어렵기 때문에 기상청 사이트를 통해 전운량 데이터를 확보합니다. 이렇게 데이터를 수집하기 위해서는 어디에 어떤 데이터가 있는지 잘 알아야 하며, 내부 데이터가 아닌 외부 데이터를 활용한다면 추후 시스템화를 고려해 오픈 API가 제공되는지 여부도 반드시 확인해야 합니다.

"데이터 전처리" 단계는 대부분의 데이터 분석 과정에서 가장 오랜 시간이 걸리고, 지루한 과정입니다. 앞의 예를 계속 이용해서 발전량 데이터가 30분 단위고, 기상청의 일사량 데이터가 1분 단위라고 한다면 30분 또는 1분 단위로 데이터의 주기를 통일시켜 줘야 합니다. 그래야 하나의 데이터 셋으로 구성할 수 있기 때문입니다. 그리고 기상청 데이터의 경우에는 계측기가 정상적으로 작동하지 않는 경우가 있기 때문에 13시부터 17시까지의 데이터는 있다가 18시부터 20시까지의 데이터는 없을 수도 있습니다. 이런 경우에는 일부 데이터가 없기 때문에 해당 시점의 전체 데이터를 제거할 수도 있고, 앞뒤 데이터의 분포를 보고 평균값이나 중앙값 등으로 대체할 수도 있습니다. 그리고 딥 러닝 모델을 만들 경우에는 단위(예: 발전량 214,201W, 외기온도 2℃)로 인한 변수 간의 값 차이가 커서 모델의 성능이 떨어지는 경우가 많습니다. 그래서 데이터 정규화(normalization)나 표준화(standardization)와 같은 데이터 스케일링(scaling)을 실시해 서로 다른 변수들을 동일 기준의 값으로 변환합니다. 이런 작업들 때문에 데이터 전처리 과정은 매우 오랜 시간이 걸립니다. 실제 포브스(Forbes)에서 설문 조사한 결과만 보더라도 데이터 전처리(Cleaning and Organizing Data)에 전체 과정의 절반이 넘는 60%의 시간을 소비하는 것으로 나타났습니다. 앞서 설명한 "데이터 수집"과 "데이터 전처리" 두 과정을 합치면 약 80%의 시간을 소비하는 것으로 나타납니다. 그래서 데이터를 분석하는 사람들 사이에서는 데이터 수집과 전처리만 끝내도 거의 다했다는 이야기를 합니다.

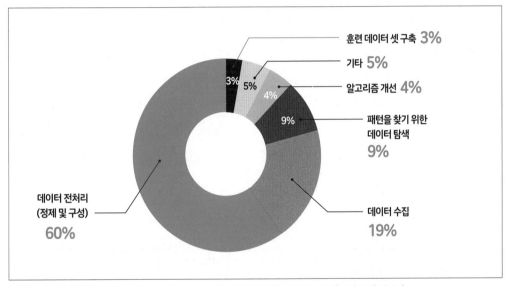

그림 1-23 | 데이터 과학자가 가장 오랜 시간을 소비하는 것은 무엇인가?(출처 : Forbes - Cleaning Big Data)

"데이터 분석" 또는 "모델링" 단계는 본격적인 데이터 분석 단계입니다. 먼저 "탐색적 자료 분석(EDA, Exploratory Data Analysis)"에서는 다양한 차트와 파생변수(분석가가 특정 조건을 만족하거나 특정 함수에 의해 값을 만들어 의미를 부여한 변수)를 만들어 가며 새로운 사실을 찾아내고, 변수들 간의 관계나 패턴을 밝혀냅니다.

"모델링"은 다양한 알고리즘을 활용해 예측하고자 하는 결괏값을 높은 성능으로 맞추는 모델을 만들어 가는 과정입니다. 이런 예측은 지도학습(Supervised Learning) 기반일 경우 회귀(regression)와 분류(classification) 문제로 구분할 수 있고, 비지도학습(Unsupervised Learning) 기반일 경우 군집(clustering)이나 연관규칙(Association Rule) 문제로 구분할 수 있습니다.

구분	지도학습(Supervised Learning)	비지도학습(Unsupervised Learning)
학습 여부	Yes	No
문제 유형	회귀, 분류	군집, 연관규칙
알고리즘	회귀분석, 인공 신경망, 의사결정나무, SVM, 로지스틱 회귀분석, k-NN 등	K-Means Clustering, Market Basket Analysis 등
예시	기온에 따른 의류 매출액 변화 예측, 신용카드 사기 사용 여부 판별 등	고객 유형 분류(단, 유형에 대한 정의는 없음), 식빵을 구매한 사람이 우유도 구매하는지 분석 등

표 1-10 | 지도학습과 비지도학습 비교

이렇게 모델링을 실시하게 되면 데이터 시각화 단계로 바로 넘어가는 것이 아니라 먼저 "모델 검증 및 튜닝" 단계를 거칩니다. 모델 검증은 이 모델이 적합한지 아닌지 평가하는 방법인데 문제의 유형에 따라 평가하는 방법도 달라집니다. 더 상세한 내용은 실습을 진행하면서 설명하겠습니다.

구분	회귀(regression)	분류(classification)
예측값 형태	연속형 숫자	범주형 숫자 또는 문자
평가 방법	결정계수(R^2), MSE(Mean Squared Error), RMSE(Root Mean Squared Error), MAE(Mean Absolute Error), MAPE(Mean Absolute Percentage Error) 등	정오분류표(Confusion Matrix), ROC 커브(Receiver Operation Characteristic Curve) 등

표 1-11 | 회귀와 분류 문제의 평가 방법

모델을 평가한 뒤에는 데이터 전처리 단계에서 스케일 방법(예: Min Max Scale → Standard Scale)에 변화를 준다든지, 결측치(Missing Value)를 삭제하지 않고 중앙값으로 치환한다든지, 모델의 파라미터(Parameter)를 세부적으로 조정하는 등의 튜닝(tuning) 과정을 통해 성능을 만족할 만한 수준까지 향상시키기 위한 작업을 반복합니다.

마지막으로 "데이터 시각화" 단계에서는 데이터의 형태와 시각화 목적에 맞게 다양한 차트를 활용해 볼 수 있도록 시각화 작업을 진행합니다. R과 Python을 통해 시각화도 가능하지만 코드를 작성해야 하는 어려움 때문에 시각화 전용 도구인 태블로(Tableau)와 Microsoft사의 Power BI가 널리 사용되고 있습니다.

유형	시각화 목적	기법
시간	시간 흐름에 따른 경향 파악	막대 그래프, 라인 차트(시계열도)
분포	분류에 따른 분포 파악	파이 차트, 도넛 차트, 트리 맵
관계	변수 또는 집단 간의 상관관계 표현	산점도, 버블차트, 히스토그램
비교	각각의 데이터 간의 차이점과 유사성 확인	히트 맵, 평행 좌표 그래프
공간	지도를 통해 데이터 변화 확인	지도 매핑

표 1-12 | 시각화 목적과 그에 따른 그래프 종류

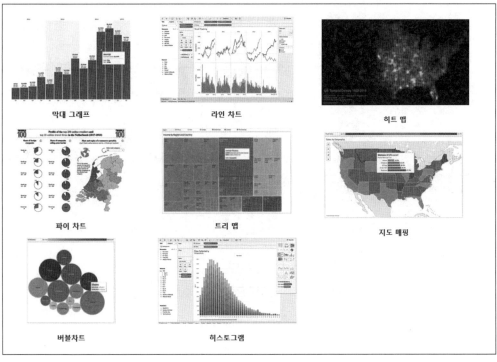

그림 1-24 | 다양한 차트의 종류(출처 : Tableau 백서 - 상황에 맞는 차트 또는 그래프 작성)

05 python 데이터 분석 가이드 맵

처음 데이터 분석을 할 경우 문제에 어떤 식으로 접근하고, 어떤 알고리즘을 써야 하는지에 대해 혼선이 많을 것이라 생각합니다. 100% 완벽하다고 할 수는 없지만 초보자들이 분석 방향을 잡는 데 도움이 될 수 있도록 다음과 같이 목적에 따른 분석 가이드 맵을 작성해 봤으니 참고하기를 바랍니다.

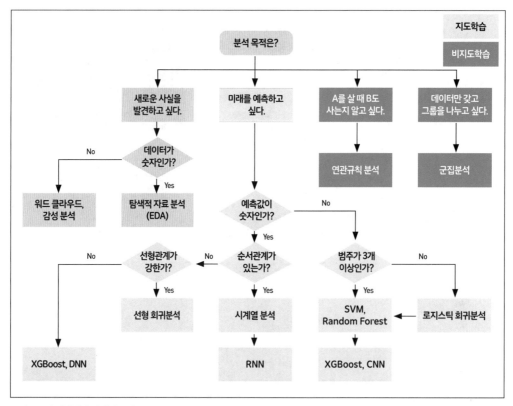

그림 1-25 │ 데이터 분석 가이드 맵

1 데이터의 형태

- 정형(Structured) 데이터는 엑셀이나 관계형 데이터베이스에 저장된 형태
- 반정형(Semi-structured) 데이터는 주로 웹에서 API를 통해 JSON, XML로 제공되는 형태
- 비정형(Unstructured) 데이터는 문자, 이미지, 음성, 영상 등의 형태

2 데이터 → 정보 → 지식 → 지혜

- 데이터(data)는 가공하기 전의 순수한 수치나 기호를 의미
- 정보(information)는 데이터의 가공을 통해 의미를 부여한 것
- 지식(knowledge)은 상호 연결된 정보 패턴을 이해해 이를 토대로 예측한 결과물
- 지혜(wisdom)는 근본 원리에 대한 깊은 이해를 바탕으로 도출되는 창의적 아이디어

3 빅데이터의 정의

빅데이터는 데이터의 양(Volume), 다양성(Variety) 그리고 속도(Velocity), 즉 3V로 정의됨

4 빅데이터가 만들어 내는 변화

빅데이터 시대에는 데이터의 질보다는 양, 표본조사가 아닌 전수조사, 사전처리가 아닌 사후처리, 인과관계가 아닌 상관관계에 더 초점을 맞추고 있음

5 인공지능과 머신러닝 그리고 딥 러닝 관계

인공지능은 가장 포괄적인 개념이고, 머신러닝은 인공지능의 한 분야며, 딥 러닝은 머신러닝의 한 분야임

1   JSON, XML 파일과 같은 데이터 형태를 무엇이라고 하나요?

2   데이터와 정보의 차이점에 대해서 설명해 보세요.

3   빅데이터의 정의 중 3V에 해당하지 <u>않는</u> 것은 무엇인가요?

     ① Variety   ② Volume

     ③ Velocity   ④ Value

4   빅데이터가 등장할 수 있었던 배경에 대해서 설명해 보세요.

5 빅데이터가 등장하면서 변화된 모습이 <u>아닌</u> 것은 무엇인가요?

① 질 → 양   ② 사전처리 → 사후처리

③ 상관관계 → 인과관계   ④ 표본조사 → 전수조사

---

6 통계학은 크게 2가지로 구분할 수 있는데 그 2가지가 무엇인가요?

---

7 인공지능과 머신러닝 그리고 딥 러닝의 관계를 설명해 보세요.

---

8 데이터 분석 과정에서 가장 오랜 시간이 소요되는 과정은 무엇이고, 왜 그런지 설명해 보세요.

2

학습목표

- 다양한 환경(DB, 웹, API)에서 데이터를 수집하는 방법에 대해서
  이해합니다.
- 분석에 적합한 데이터 구조에 대해서 이해합니다.
- 파이썬 언어에 대해서 이해합니다.
- 아나콘다를 설치할 수 있습니다.
- 주피터 노트북을 사용할 수 있습니다.
- 패키지를 설치할 수 있습니다.

데이터 분석을
위한 준비

데이터 분석은 데이터가 있어야 할 수 있습니다. 그렇다면 데이터 수집은 어떻게 이뤄지는지, 데이터 분석에 적합한 데이터 셋의 형태는 어떤 것인지, 파이썬은 어떻게 설치하는지 알아보도록 하겠습니다.

python

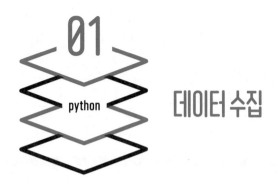

01 python 데이터 수집

1-1 데이터 수집 방법

데이터 분석을 위해 데이터를 수집하는 방법은 주어진 환경과 데이터의 형태에 따라 달라집니다.

예를 들어, TV를 생산하는 한 전자회사가 있다고 가정해 보겠습니다. 이 회사가 하루에 TV를 30대만 생산한다면 굳이 제조실행시스템(MES, Manufacturing Execution System)이나 전사적자원관리(ERP, Enterprise Resource Planning)와 같은 정보관리시스템을 도입하지 않을 것입니다. 대신에 엑셀(Excel)을 이용해 Microsoft사의 One Drive와 같은 클라우드(Cloud)로 생산 데이터를 관리하거나 구글(Google)의 스프레드시트(Spreadsheets)를 이용해 공용 문서로 생산관리를 할 것입니다.

하지만 하루에 TV를 1만 대 생산한다면 MES나 ERP 없이는 제대로 데이터를 관리할 수 없을 것입니다. 따라서 데이터를 관리하지 못해 발생하는 품질비용, 재고비용 등의 손실보다 정보관리시스템을 운영하는 비용이 저렴하다면 당연히 정보관리시스템을 도입할 것입니다. 그러면 각종 운영 시스템의 데이터가 데이터베이스(DB, DataBase)에 저장되고, 데이터 웨어하우스(DW, Data Warehouse)를 구축해 사용자들이 목적에 맞는 데이터 마트(DM, Data Mart)를 이용해 데이터에 쉽게 접근할 수 있는 환경을 구축할 것입니다. 그리고 이런 데이터를 BI(Business

Intelligence)를 통해 단순 표 형태가 아닌 각종 차트나 이미지, 지도 등으로 표현해 효율적인 의사결정이 가능하도록 만들 것입니다.

용어	설명
데이터베이스	동시에 복수의 적용 업무를 지원할 수 있도록 복수 이용자의 요구에 대응해서 데이터를 받아들이고 저장, 공급하기 위해 일정한 구조에 따라서 편성된 데이터의 집합
데이터 웨어하우스	다양한 시스템의 데이터베이스에 축적된 데이터를 공통의 형식으로 변환해서 주제 영역으로 관리하는 데이터베이스
데이터 마트	데이터 웨어하우스를 이용해 부서 단위 또는 주제 중심으로 특정 목적을 달성하기 위해 세분화된 데이터베이스 또는 데이터 셋
BI	기업에서 데이터를 활용해 효율적인 의사결정을 할 수 있게 돕는 애플리케이션과 기술

표 2-1 | 데이터 시스템 관련 용어

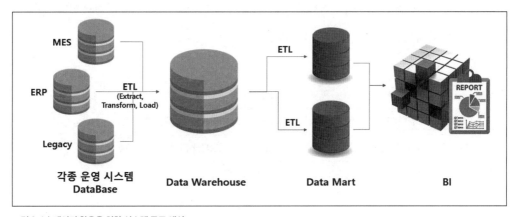

그림 2-1 | 데이터 활용을 위한 시스템 구조 예시

일반적으로 뉴스 기사나 댓글, SNS에서 대중 또는 고객의 현재 이슈나 관심사가 무엇인지 분석하기 위해서는 우선 해당 기사나 댓글 등의 텍스트를 수집해야 합니다. 그리고 기상청에서 제공하는 일기 예보 데이터의 경우 파일 형태로 다운로드받을 수도 있지만 시스템화를 하고자 한다면 API(Application Programming Interface)를 이용해 데이터를 수집해야 합니다.

이렇게 주어진 환경에 따라 수집 가능한 데이터가 엑셀과 같은 파일 형태일 수도 있고, 시스템의 DB 형태일 수도 있습니다. 또한 웹에 흩어져 있는 텍스트 형태일 수도 있고, API 형태일 수도 있습니다.

1-2 데이터베이스에서 데이터 수집 방법 – SQL

엑셀이나 CSV와 같은 파일 형태의 데이터의 경우에는 웹에서 다운로드받거나 메신저를 통해서 전달받을 수 있어 데이터를 수집하는 방법 자체가 어렵지 않지만 관계형 DB의 경우에는 데이터를 수집하기 위해서 SQL(Structured Query Language)이라는 언어를 다룰 수 있어야 합니다. SQL은 '구조화된 질의 언어'로 관계형 DB에서 원하는 데이터를 불러오거나 수정하는 일 등에 사용하는 언어입니다. SQL은 용도에 따라 DDL(Data Definition Language), DML(Data Manipulation Language), DCL(Data Control Language) 총 3가지 종류로 구분됩니다. 데이터 수집을 위해 테이블(Table)에서 데이터를 검색하는 데 사용하는 명령어는 "SELECT"로 데이터 분석 전문가가 되기 위해서는 반드시 익혀야 합니다.

종류	용도	명령어
DDL	테이블이나 관계의 구조 생성	CREATE, DROP, ALTER, TRUNCATE
DML	데이터 검색, 삽입, 수정, 삭제	SELECT, INSERT, UPDATE, DELETE
DCL	데이터의 사용 권한 관리	GRANT, REVOKE

표 2-2 | SQL 문법 종류

SQL의 경우 C나 Java와 같은 프로그래밍 언어와 달리 문법 체계가 표준화되어 있어 관계형 DB 종류(Oracle, MS SQL, PostgreSQL, Tibero 등)가 다르더라도 사용 가능합니다.

SQL을 이용해 DB의 테이블에 존재하는 데이터를 검색하기 위해서는 DB 관리 도구가 필요합니다. 기본적으로 제공해 주는 관리 도구도 있지만 편의성을 위해 여러 가지 DB에 접속할 수 있는 범용 도구를 사용하기도 합니다.

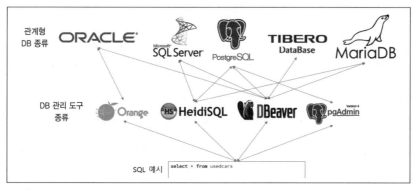

그림 2-2 | 대표적인 DB와 DB 관리 도구 종류

DB의 종류에는 관계형 DB 외에도 JSON과 같은 문서(Document) 형식 데이터에 적합한 NoSQL(Not only SQL), 발전소 설비에 부착된 센서와 같이 실시간 데이터에 적합한 RTDB(Real-Time DataBase) 등이 있습니다.

1-3 웹에서 데이터 수집 방법 – 웹 크롤링

포털의 뉴스 기사나 댓글을 수집하기 위해서는 엄청난 단순 반복 작업이 필요합니다. 예를 들어, 네이버 포털의 뉴스에서 "사회" → "사회 일반" 분야의 2020년 11월 한 달 동안에 발행된 기사 내용에 대한 텍스트 분석을 진행하려고 한다면 해당 섹션의 모든 기사를 수집해야 합니다.

그림 2-3 | 네이버 포털의 뉴스 기사 섹션

기사를 하나하나 클릭해 가며 전체 내용을 복사한 뒤 텍스트 파일에 붙여넣는 작업을 반복할 수 있습니다. 이런 행위를 전문적인 용어로 크롤링(crawling)이라고 합니다. 앞 예시를 그대로 이어가면 크롤링을 하기에는 신문 기사의 양이 너무 많습니다. 해당 섹션에 발행되는 기사가 하루에도 400~500건에 달합니다. 한 달이면 12,000~15,000건 정도 될 텐데 못할 것은 없겠지만 시간과 노동력에 비해 만족할 만한 결과가 나올 것이라고 장담할 수 없습니다. 따라서 이런 경우에는 크롤링을 자동으로 해주는 프로그램인 크롤러(Crawler)를 만들거나 무료 또는 유료 제품을 구입해서 사용합니다.

크롤러는 R과 Python을 이용해 만들 수 있는데 시중에 많은 책들이 출판되어 있고, 인터넷에 소스들이 많기 때문에 웹과 프로그래밍에 관한 지식이 있을 경우 며칠 고생하면 원하는 크롤러를 충분히 개발할 수 있습니다.

1-4 API에서 데이터 수집 방법

데이터의 종류에서 설명했던 API에 대해 좀 더 상세히 설명하겠습니다. 만약 기상청의 일기예보 데이터를 실시간으로 받아야 할 필요성이 있다면 기상청에서 제공하는 API를 이용해야 합니다.

그림 2-4 | 기상청 단기예보 조회서비스 API 정보

공공데이터포털(data.go.kr)에 "기상청 단기예보"를 검색하면 API 정보를 얻을 수 있습니다. API를 이용하기 위해서는 "활용신청"을 해야 하며, 데이터를 파일 또는 DB에 저장할 수 있는 프로그래밍 능력이 요구됩니다. API 활용법은 그림 2-4 아래쪽의 "참고문서"와 같이 가이드를 제공하기 때문에 프로그래밍을 할 수 있는 개발자들이라면 데이터를 쉽게 받아올 수 있지만 그렇지 않은 경우에는 다소 어려운 데이터 수집 방식입니다.

API는 대부분 어떤 애플케이션이나 서비스를 만드는 데 활용되며, 기상청뿐만 아니라 SKT, 네이버, 카카오, 구글 등과 같은 회사에서도 지도, 메신저, 교통량 등 다양한 데이터를 제공하고 있습니다. 필요한 데이터가 있다면 기관별로 제공하는 API를 살펴보기를 바랍니다.

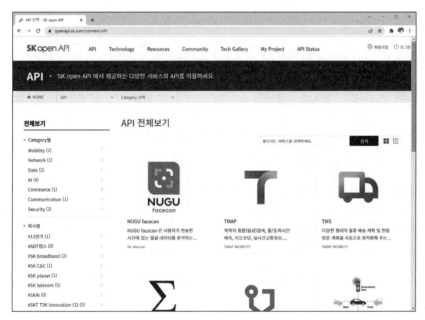

그림 2-5 | SK open API(출처 : openapi.sk.com)

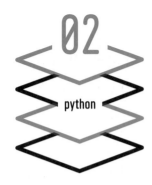

02 python
데이터 셋 준비 시 주의해야 할 점

2-1 분석에 적합한 데이터 형태

데이터 분석을 하다 보면 자연스럽게 익혀지는 부분이기는 하나 책이나 강의 교재의 예제만으로 실습을 한 경우 실제 업무에서 겪게 되는 대표적인 문제에 대해 설명하겠습니다.

바로 적합하지 않은 데이터 형태로 인해 분석이나 시각화가 되지 않는 문제입니다. 책이나 강의 교재에서 사용되는 예제는 실습에 적합한 형태로 이미 가공된 데이터 셋입니다. 그런데 실제 업무에서는 그런 데이터 셋을 찾기가 어렵습니다. 따라서 분석에 적합한 데이터 셋을 만드는 능력이 필요합니다.

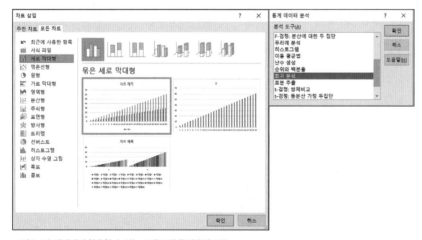

그림 2-6 | 엑셀에서 활용할 수 있는 그래프 및 통계분석 도구

인류의 생산성에 가장 혁명적인 변화를 일으킨 발명 도구로 많은 사람들이 엑셀(Excel) 프로그램을 꼽습니다. 엑셀은 대부분의 학교와 회사 등의 기관에서 사용되며, 이런 기관에서 생산되는 데이터 또한 대부분 엑셀 파일 형태로 저장되고 관리됩니다. 엑셀의 경우 기본적인 막대 그래프, 선형 그래프 외에도 히스토그램, 상자그림, 트리 맵과 같은 그래프까지도 그릴 수있으며, 추가 기능의 "분석 도구"를 이용하면 상관분석, 회귀분석, t-검정(test)까지 웬만한 통계분석은 모두 할 수 있습니다.

엑셀만 잘 다루더라도 탐색적 데이터 분석(EDA)을 수행하는 일은 엑셀이 소화할 수 있는 데이터량(표 2-3 참조)을 벗어나지 않는다면 굳이 R이나 Python까지 이용하지 않고도 가능한 경우가 대부분입니다.

구분	엑셀 2003	엑셀 2007 이후
최대 행 수(Rows)	65,536	1,048,576
최대 열 수(Columns)	256	16,384

표 2-3 | 엑셀 버전에 따른 최대 데이터량

이렇게 대단한 엑셀이지만 로지스틱 회귀분석, 랜덤 포레스트, DNN과 같은 다양한 머신러닝 방법을 적용하기 어렵고, 워드 클라우드와 같은 텍스트 마이닝을 수행하는 데도 적합하지 않습니다. 따라서 엑셀로 수행하기 어려운 데이터 분석이나 시각화는 R이나 Python, Tableau, Power BI 등의 도구를 이용하는 편이 바람직합니다.

하지만 엑셀의 데이터를 위와 같은 언어나 프로그램에서 활용하려면 잘 안 되는 경우가 대부분입니다. 그 이유는 엑셀에 익숙한 사용자들의 데이터 저장 방식 때문입니다. 엑셀은 행과열에 상관없이 데이터의 집계가 가능합니다. 그렇기 때문에 데이터를 엑셀에서 보기 편한 방식으로 저장하다 보니 다른 프로그램에서는 분석이나 시각화에 적합하지 않은 경우가 많습니다.

예를 들어, 행 길이보다 열 길이가 더 많으면 엑셀에서는 상관없지만 파이썬에서 분석을 하거나 시각화를 할 때 적합하지 않습니다. 보통 회계 데이터를 보면 가로에는 월이나 분기 등의 기간을 표기하고, 세로에는 매출, 영업이익, 순이익 등의 항목을 표기하는데 이런 형태는 표를 통한 시각화에는 적합하지만 R이나 파이썬(Python)에서 그래프를 그리거나 데이터를 집계(aggregation)하거나 분석 방법을 적용하기에는 적합하지 않습니다. 파이썬에서 합계, 평균, 최솟값과 같은 데이터의 집계는 열(column)을 기준으로 행(row)의 값을 계산합니다. 그래서 다음의 두 번째 그림과 같이 첫 번째 행이 열 이름이고, 두 번째 행부터 데이터가 들어간 형태가 적합합니다. 또한 엑셀에서 "셀 병합"을 할 경우 파이썬에서 데이터를 불러올 때부터 문제가 생길 수 있기 때문에 "셀 병합"이 없는 데이터 형태가 바람직합니다.

일반적인 엑셀 데이터 셋 형태	항목	2020년				2019년			
		4분기	3분기	2분기	1분기	4분기	3분기	2분기	1분기
	매출	379,066	371,634	364,347	357,203	350,199	343,332	336,600	330,000
	영업이익	56,860	55,745	54,652	53,580	52,530	51,500	50,490	49,500
	순이익	22,744	22,298	21,861	21,432	21,012	20,600	20,196	19,800

집계와 분석에 용이한 데이터 셋 형태	연도	분기	매출	영업이익	순이익
	2020년	4분기	379,066	56,860	22,744
	2020년	3분기	371,634	55,745	22,298
	2020년	2분기	364,347	54,652	21,861
	2020년	1분기	357,203	53,580	21,432
	2019년	4분기	350,199	52,530	21,012
	2019년	3분기	343,332	51,500	20,600
	2019년	2분기	336,600	50,490	20,196
	2019년	1분기	330,000	49,500	19,800

그림 2-7 | 분석에 적합한 데이터 셋 형태 예시

2-2 이항 데이터

이항 데이터(Binomial Data)는 값이 2가지인 데이터를 뜻합니다. 예를 들어, 동전의 앞·뒷면, 사건 발생 유무, 참 또는 거짓 등을 나타낼 때 사용됩니다. 이런 사례들이 실제 업무를 하다 보면 생각보다 많이 접하게 되는 유형입니다. 다시 말해, 제품을 생산하는 공장에서 품질관리 업무를 하고 있다면 정상 제품과 부적합(불량, 한국산업표준KS는 불량 대신 부적합이라는 용어 사용을 장려) 제품을 구분할 때 사용할 수 있으며, 제품 표면에 이물질이 발생한 경우와 그렇지 않은 경우를 구분할 때도 사용할 수 있습니다.

이항 데이터는 보통 숫자 0과 1로 변경해서 사용합니다. 이렇게 되면 분류(classification) 문제로 가정해 머신러닝 기법을 활용할 수 있습니다. 가장 기본적인 로지스틱 회귀분석(Logistic Regression) 방법을 이용하면 다양한 공정변수를 독립변수($x_1 \sim x_n$)로 두고, 종속변수(y)를 이물질 발생 여부(1 또는 0)로 뒀을 때 독립변수에 따른 종속변수의 변화를 확률(probability)로 예측할 수 있습니다. 그렇게 되면 이물질이 발생하는 원인을 파악할 수 있습니다. 이것은 이진 분류 문제를 일반적인 선형 회귀(Linear Regression) 문제로 접근하는 경우가 있어 설명한 것이며, Chapter 6에서 상세히 알아보겠습니다.

2-3 범주형 데이터를 수치화시키는 방법 - One-Hot Encoding

범주형 데이터(Categorical Data)를 다루다 보면 수치화가 필요한 경우들이 있습니다. 예를 들어, 국가별 교육수준에 따른 소득수준에 관한 데이터 분석을 진행한다고 하면 국가라는 범주형 데이터가 분명히 소득수준에 영향을 미칠 것으로 생각되는 독립변수지만 함부로 숫자로 변경해서는 안 됩니다. 왜냐하면 숫자로 치환하는 순간 크기 또는 순서라는 개념이 생기기 때문입니다. 따라서 이런 때에 크기나 순서를 갖지 않는 수치화된 값으로 변환하는 방법이 바로 "One-Hot Encoding"입니다.

국가	교육수준	소득수준		국가_미국	국가_중국	국가_일본	국가_영국	국가_독일	교육수준	소득수준
미국	3	5		1	0	0	0	0	3	5
중국	3	2		0	1	0	0	0	3	2
일본	4	4		0	0	1	0	0	4	4
영국	4	4		0	0	0	1	0	4	4
독일	2	4		0	0	0	0	1	2	4

그림 2-8 | 범주형 데이터 One-Hot Encoding 예시

One-Hot Encoding은 위와 같이 범주형 데이터를 2진수 형태로 0(False)을 Dummy값(의미는 없으나 용도를 위해 공간을 채워 넣는 값)으로 넣고, 해당되는 값을 1(True)로 넣어 변환해 주는 것입니다. 이렇게 되면 국가라는 값이 텍스트가 아니기 때문에 연산이 가능하게 되므로 다양한 머신러닝 방법을 적용할 수 있습니다.

03 python 아나콘다 설치하기

3-1 파이썬이란?

파이썬(Python)은 1991년 네덜란드 출신 프로그래머인 귀도 반 로섬(Guido van Rossum)이 발표한 고급 프로그래밍 언어로 플랫폼에 독립적이며 인터프리터식, 객체지향적, 동적 타이핑 대화형 언어입니다. pandas, scikit-learn(sklearn) 등의 패키지(package) 덕분에 R과 함께 데이터 과학 분야에서 가장 널리 쓰이고 있습니다.

그림 2-9 | 파이썬 로고

3-2 파이썬의 특징

파이썬의 가장 큰 특징을 꼽으라면 다양한 패키지를 추가해 기능을 확장할 수 있다는 점입니다. 앞서 언급한 pandas, scikit-learn 외에도 numpy, sciPy, tensorFlow, xgboost, keras 등의 패키지 덕분에 데이터 전처리 및 머신러닝을 쉽고 빠르게 구현할 수 있습니다. 패키지는 전 세계 다양한 연구자 및 사용자들이 만들어 놓은 함수(function)의 집합체라고 생각하면 이해가 쉽습니다.

예를 들어, 엑셀에서 각 열에 있는 값들의 합을 계산하기 위해서는 "sum"이라는 함수를 사용합니다. 그리고 "vlookup", "index", "match" 등 다양한 함수들이 존재하기 때문에 엑셀로 못하는 일이 없다고 말하곤 합니다. 엑셀에는 몇백 개의 함수들이 존재하지만 파이썬에는 그런함수들이 이미 비교할 수 없을 만큼 많이 만들어져 있고, 프로그래밍 언어기 때문에 직접 만들어서 사용해도 됩니다.

과거에 널리 사용되던 미니탭(Minitab)이나 SPSS, SAS와 같은 통계 프로그램의 경우 버전이 올라감에 따라 다양한 기능이 추가되었고, 그에 따른 비용을 지불해야 했지만 파이썬의 경우는위에 설명한 패키지를 무료로 사용할 수 있기 때문에 비용을 지불하지 않아도 됩니다. 다만,파이썬은 프로그램이 아니라 프로그램을 만드는 언어기 때문에 GUI(Graphic User Interface) 방식이 아니며 이 때문에 코드(Code)를 직접 입력해야 하는 어려움이 따르므로 일반 사용자들이사용하기 위해서는 큰(?) 용기가 필요합니다.

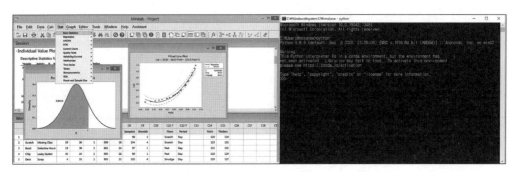

그림 2-10 | 대표적인 데이터 분석 프로그램 미니탭(GUI)과 파이썬(CLI)

접근이 어렵긴 하지만 코드를 직접 입력하는 CLI(Command Line Interface) 방식은 GUI 대비 자유도가 높아 익숙해지면 GUI보다 훨씬 편하고 다양한 기능을 사용할 수 있습니다. 예를 들어, 2000년대에 인터넷 홈페이지 제작이 한창 유행하면서 "나모 웹에디터"라는 국산 HTML 편집 프로그램이 유행했습니다. GUI 기반으로 HTML(HyperText Markup Language)을 몰라도 누구나 쉽게 홈페이지를 만들 수 있었기 때문에 대학에서 교양 필수과목으로 선정될 만큼 널리 사용되었습니다.

하지만 홈페이지 제작 실력이 조금만 늘면 "나모 웹에디터"는 더 이상 사용하지 않게 됩니다. 가장 큰 이유는 소스 코드가 매우 지저분해지기 때문이었습니다. 동일한 결과물을 출력하기 위해 윈도 메모장에서 5줄이면 될 HTML 코드가 "나모 웹에디터"로 작성하게 되면 100줄 가까이 늘어나기도 했습니다. 이렇게 코드가 늘어나면 나중에 수정할 때 어려움이 발생하고, 웹페이지 로딩 속도를 느리게 만들 수도 있습니다. 게다가 코드로는 구현이 가능하나 GUI상의 아이콘과 메뉴만으로는 구현되지 않는 기능들도 많아 기능을 제대로 활용할 수 없는 단점도 크게 부각되었습니다. 그 외에 다양한 문제들로 인해 "나모 웹에디터" 프로그램은 자연스럽게 시장에서 잊히게 되었습니다.

이렇게 GUI 기반은 초보자의 접근성을 올릴 수 있는 장점이 있지만 중급 이상 사용자들에게는 오히려 번거롭고 자유도를 해칠 수 있는 문제점이 있습니다.

마지막으로 파이썬의 matplotlib(맷플롯립) 패키지를 이용하면 다음과 같이 다양하고, 시각적으로 뛰어난 그래프를 그릴 수 있습니다.

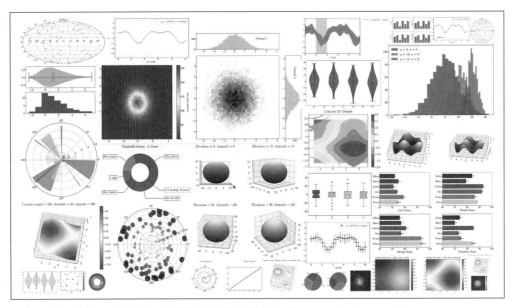

그림 2-11 | 파이썬의 matplotlib 패키지를 활용한 그래프 예시(출처 : https://towardsdatascience.com/)

다음과 같이 파이썬을 포함한 다양한 데이터 분석 프로그램의 특징을 정리해 봤으니 참고하기를 바랍니다.

구분		엑셀	미니탭	SPSS	SAS	R	파이썬
기본사항	가격	30만 원 이내	몇백만 원	몇천만 원	몇천만 원	무료	무료
	사용 방법	GUI	GUI	GUI + CLI	GUI + CLI	CLI	CLI
	R 또는 파이썬 연동	불가	가능	가능	가능	-	-
	시각화	하	중	중	중	상	상
	최대 행 수(Rows)	약 105만	1,000만	거의 무한	거의 무한	거의 무한	거의 무한
고급기능	다중 회귀분석	가능	가능	가능	가능	가능	가능
	로지스틱 회귀분석	불가	가능	가능	가능	가능	가능
	텍스트 마이닝	불가	가능	가능	가능	가능	가능
	자유로운 패키지 사용	불가	불가	불가	불가	가능	가능

그림 2-12 | 데이터 분석 프로그램의 특징 비교

3-3 파이썬을 배울까요? R을 배울까요?

본격적으로 데이터 분석을 공부하려고 할 경우 가장 고민하는 부분이 바로 '어떤 언어를 선택해야 하나?'일 것입니다. 매년 데이터 분석 분야에서 어떤 소프트웨어를 가장 많이 사용하고

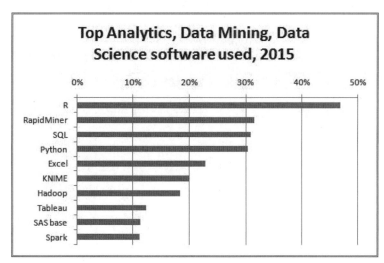

그림 2-13 | 2015년 데이터 사이언스 소프트웨어 사용 투표 결과(출처 : KDnuggets)

있는지 설문조사를 실시하는 KDnuggets(www.kdnuggets.com)라는 기관이 있습니다. 이 기관의 2015년 설문조사 결과는 다음과 같습니다.

2015년에는 그림 2-13의 그래프와 같이 R이 가장 높은 점유율을 차지했고, 그다음으로 RapidMiner, SQL, Python 순이었는데 SQL은 데이터 수집을 위한 언어기 때문에 제외하면 R 〉 RapidMiner 〉 Python 순이었습니다.
하지만 다음 그래프를 보면 순위가 바뀐 것을 확인할 수 있습니다.

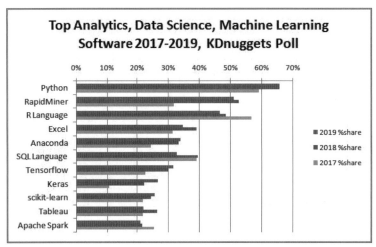

그림 2-14 | 2017~19년 데이터 분석 소프트웨어 사용 투표 결과(출처 : KDnuggets)

Python 〉 RapidMiner 〉 R 순으로 R과 Python의 위치가 바뀌었습니다. 이런 일이 발생한 것은 Python의 부족한 데이터 관련 패키지가 많이 보완되었기 때문입니다. 과거에는 Python이 데이터 분석 분야의 선두주자인 R의 패키지를 따라오지 못했지만 최근에는 R을 뛰어넘을 만큼 다양한 패키지가 생겨났고, 프로그래밍 언어다 보니 시스템화를 하는 데 유리한 부분도 있어 인기가 급상승했습니다. 하지만 전통적인 통계분석 기능과 데이터 시각화 기능은 R 대비 부족한 부분으로 지적됩니다.
태생적으로 R은 통계분석을 위해, Python은 프로그래밍을 위해 생겨났습니다. 그 차이점을 분명히 인지하고, 본인이 공부하고자 하는 방향과 업무에서 활용하는 영역에 맞게 선택하는 것이 좋습니다. 개인적으로는 R을 공부하면서 패키지 사용법과 통계분석, 데이터 시각화에 관한 기본을 익히고, Python을 통해 딥 러닝(Deep Learning) 구현과 구현된 모델을 시스템화시키는 방법에 대해 공부하기를 추천합니다.

3-4 아나콘다 설치하기(Windows 기반)

01 파이썬을 설치하는 방법은 다양합니다. 하지만 필수적인 패키지와 주피터 노트북(Jupyter Notebook)을 한번에 사용할 수 있는 툴킷(toolkit)인 아나콘다(Anaconda)를 통한 설치를 추천합니다. 아나콘다 최신 버전은 "https://www.anaconda.com"에서 다운로드받을 수 있지만 실습에 사용할 소스와 호환성이 모두 검증된 특정 버전(Anaconda3-2020.11-Windows-x86_64)을 다운로드받기 위해서는 구글에서 "anaconda previous version download"라고 검색하면 이전 버전들을 다운로드받을 수 있는 사이트로 접속할 수 있습니다.

> **잠깐만요**
>
> **파이썬 실행 환경**
>
> 파이썬의 경우 OS나 하드웨어 사양으로 인해 패키지 설치나 사용 시 오류가 발생하는 경우가 많으며 특히 맥북 M1(CPU)의 경우 많은 오류가 보고되고 있습니다. 필자가 테스트하는 환경은 다음과 같으며 참고하기를 바랍니다.
> O/S : Windows 10 64bit
> H/W1 : CPU Intel Core i5-6500 3.2GHz / RAM Samsung 16GB / VGA Geforce GTX 1060 3GB
> H/W2 : MacBook Air 2020(부트캠프) / CPU i5-1030NG7 1.10GHz / RAM 8GB

그림 2-15 | "anaconda previous version download" 검색

02 아나콘다 아카이브에는 2013년부터 현재까지 배포된 아나콘다 설치파일들이 있습니다. 최신 버전을 다운받아 사용할 수도 있지만 최신 버전이 마냥 좋은 것만은 아닙니다. 여러 패키지들과 호환성 문제가 생길 수도 있고, 과거에 만들어 놓은 코드를 활용하지 못할 경우도 있습니다. 그래서 보통은 최신 버전보다는 바로 전 버전이나 사람들이 주로 사용하는 버전을 다운로드받아 사용하는 것이 좋습니다. 이 책에서는 "2020.11" 버전에 윈도 64비트(Windows-x86_64)용으로 다운로드받아 설치해 사용하도록 하겠습니다. 다운로드가 완료된 후 설치파일을 실행시키면 설치 화면이 나옵니다.

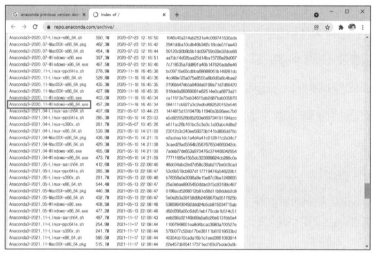

그림 2-16 | 아나콘다 아카이브

03 설치 화면에서 "Next", "I Agree" 버튼을 클릭해 다음으로 넘어갑니다.

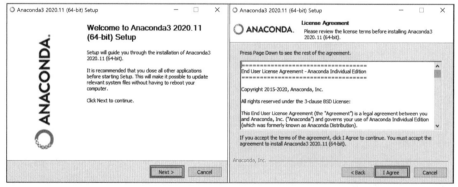

그림 2-17 | 아나콘다 설치 화면1

04 인스톨 대상은 "Just Me"로 해도 무관하지만 이후에 설치되는 경로에 사용자 아이디가 포함되므로 경로를 통일하고자 "All Users"로 선택한 뒤 "Next" 버튼을 클릭합니다.

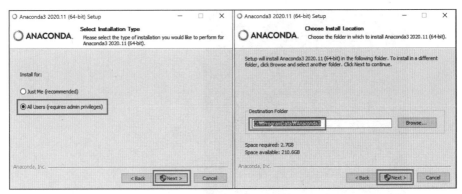

그림 2-18 | 아나콘다 설치 화면2

05 Advanced Options에서 "Add Anaconda3 to the system PATH environment variable"의 경우 기본값은 체크가 없지만 추후 패키지 호환성 문제를 예방하기 위해 "체크"한 뒤 "Install" 버튼을 클릭합니다. 인스톨 이후에 나오는 화면에서는 별도의 튜토리얼 등이 필요 없기 때문에 체크 박스를 모두 해제하고 "Finish"를 클릭합니다.

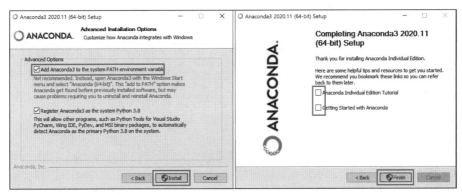

그림 2-19 | 아나콘다 설치 화면3

06 설치가 완료되었습니다. 윈도 키(시작)를 눌러서 프로그램을 살펴보면 Anaconda3(64-bit)가 설치된 것을 확인할 수 있습니다. 설치한 아나콘다는 파이썬 3.8.5 버전입니다.

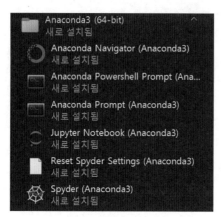

그림 2-20 │ 윈도 시작 메뉴에 설치된 Anaconda3

✋ 잠깐만요

파이썬 버전 확인

커맨드 프롬프트(윈도 + R → 실행 → cmd)에서 "python --version" 입력 시 확인 가능

04 python 주피터 노트북

4-1 주피터 노트북이란?

주피터 노트북(Jupyter Notebook)은 파이썬을 사용자가 보다 쉽고, 알아보기 편하게 코드를 작성할 수 있도록 도와주는 프로그램입니다. 웹 브라우저에서 실행되며 첫 화면은 다음과 같습니다.

그림 2-21 | 주피터 노트북 실행 화면

4-2 기본 사용법

새 노트북을 만들어 기본 사용법을 익혀보겠습니다. 우측 상단의 "New" 버튼을 클릭하면 나타나는 Notebook의 "Python 3"을 클릭합니다.

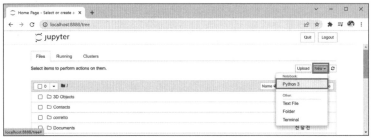

그림 2-22 | 새 노트북 만들기

그러면 다음과 같이 새 탭이 하나 열리면서 "Untitled1"이라는 제목으로 코드(Code)를 입력할 수 있는 노트북이 나옵니다. 상자로 표시한 부분을 셀(Cell)이라고 부르는데 코드(Code)나 마크다운(Markdown)을 입력하는 곳입니다.

그림 2-23 | 새 노트북 화면과 셀(Cell)

제목을 변경하려면 제목 부분을 클릭해 나온 팝업에서 원하는 제목으로 변경한 후 "Rename" 버튼을 클릭하면 수정됩니다.

그림 2-24 | 노트북 제목 변경

노트북에 셀을 추가하기 위해서는 "Insert" 메뉴를 이용하거나 단축키를 사용하면 됩니다. 현재 셀 기준 위에 셀을 삽입하려면 A키, 아래에 삽입하려면 B키를 누르면 됩니다.

그림 2-25 | 셀 추가(Insert) 방법

추가한 셀을 삭제하려면 해당 셀을 선택하고, 키보드의 D키를 연속해서 두 번 입력하면 삭제됩니다.

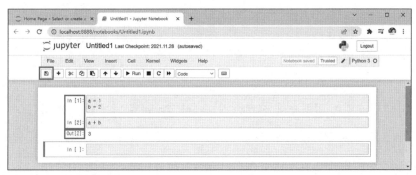

그림 2-26 | 셀 코드 입력과 실행 결과

위와 같이 빈 셀에 임의로 코드를 입력하고, Shift + Enter 키를 누르면 코드가 실행되면서 다음 셀로 넘어갑니다. 코드를 입력한 셀 좌측에는 "In [숫자]"가 표시되며, 코드가 실행된 결과는 "Out [숫자]"로 표시됩니다. 대괄호([]) 안의 숫자는 코드를 실행한 순서에 따라 자동으로 부여됩니다.

노트북에는 자동 저장 기능이 있으며, 수동으로 저장하기 위해서는 플로피 디스크 아이콘을 클릭해서 저장하면 됩니다.

4-3 주석과 마크다운

셀에서 코드가 아닌 주석을 입력하기 위해서는 "#" 기호를 코드 앞에 붙여주면 녹색의 이탤릭체로 표시가 되면서 주석 처리가 됩니다.

그런데 노트북에는 이렇게 주석이 아니라 마치 워드프로세서처럼 서식을 지정해 코드와 무관하게 표식을 추가할 수 있는 기능이 있습니다. 이를 마크다운(Markdown)이라고 합니다.

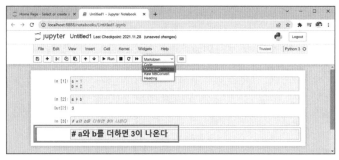

그림 2-27 | 주석과 마크다운

마크다운 기능은 위 그림과 같이 입력 셀을 선택한 상태에서 "Code"로 되어 있는 셀 타입(Cell Type)을 "Markdown"으로 변경하면 됩니다. 그렇게 되면 해당 셀의 좌측에 "In [숫자]"가 사라지게 되고, 원하는 내용을 입력하면 코드 문법 체계와 무관하게 그대로 보이게 됩니다.

마크다운에서 "#" 기호를 이용하면 셀 내용을 제목 형식(Header)으로 표현할 수 있습니다. "#" 개수에 따라 제목의 크기가 결정됩니다. "#"이 하나일 때 가장 크고, "#"이 늘어날수록 제목의 크기가 작아집니다. 총 6단계까지 지정 가능합니다.

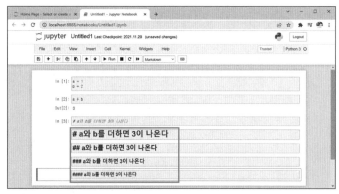

그림 2-28 | "#" 기호 개수에 따른 마크다운 제목 크기

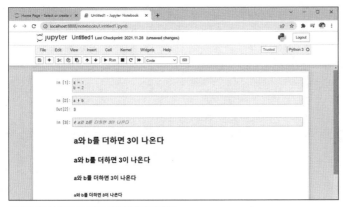

그림 2-29 │ 마크다운 제목 서식이 적용된 결과

"*" 기호를 이용하면 순서와 무관하게 동그라미 표식으로 목록(List)을 표현할 수 있습니다.

그림 2-30 │ "*" 기호를 이용한 순서가 없는 목록 지정 방법

숫자와 마침표(.)를 이용하면 순서가 있는 목록을 표현할 수 있습니다.

그림 2-31 │ 순서가 없는 목록 적용 결과 및 숫자를 이용한 순서가 있는 목록 지정 방법

셀과 셀을 구분하기 위해 구분선이 필요할 때는 하이픈(−) 기호를 3번 입력하면 회색 구분선이 생깁니다.

그림 2-32 | 순서가 있는 목록 적용 결과 및 "---" 기호를 이용한 셀 구분선 지정 방법

마지막으로 ")" 기호를 이용하면 인용문으로 표시할 수 있습니다.

그림 2-33 | 구분선이 적용된 결과 및 ">" 기호를 이용한 인용문 적용 방법

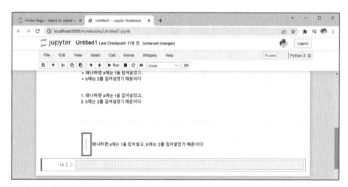

그림 2-34 | 인용문이 적용된 결과

이렇게 노트북의 마크다운 기능을 이용하면 제목, 목록, 구분선, 인용문 등을 활용해 보기 좋게 코드를 정리하고 설명할 수 있는 보고서를 별도의 문서 작업 없이 한번에 만들 수 있습니다.

4-4 메뉴별 주요 기능

노트북의 메뉴별 주요 기능에 대해 알아보겠습니다. 파일(File) 메뉴의 경우 기본적으로 노트북 파일(*.ipynb)을 저장(Save)하고 불러오는(Open) 기능이 있으며, "Download as" 메뉴를 통해 다양한 형태로 파일을 내보낼 수 있습니다.

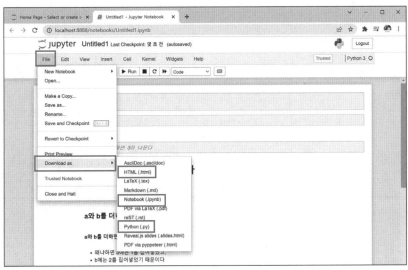

그림 2-35 | 파일(File) 메뉴

"HTML"로 다운로드를 하게 되면 주피터 노트북에서 보여지는 그대로 *.html 파일이 생깁니다. 이를 이용하면 블로그나 웹 페이지를 통해 자신이 만든 코드를 편리하게 공유할 수 있습니다.

"Python"으로 다운로드하게 되면 해당 노트북의 전체 코드를 한번에 실행하는 *.py 파일이 생성되며, 이를 활용해 시스템을 구현할 수 있습니다.

에디트(Edit) 메뉴에는 기본적인 셀 복사(Copy), 잘라내기(Cut), 붙여넣기(Paste), 삭제하기
(Delete), 삭제 되돌리기(Undo Delete) 기능이 있으며, 셀 합치기(Merge) 기능도 있습니다.

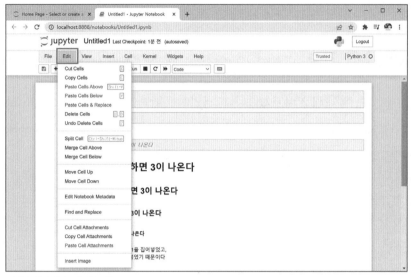

그림 2-36 | 에디트(Edit) 메뉴

셀(Cell) 메뉴에는 셀을 실행(Run)하는 다양한 방법이 존재합니다. 기본 사용법에서 언급한
Shift + Enter 키로 동작하는 "Run Cells and Select Below"를 주로 사용하며, 전체 코드를 실
행시키는 "Run All"도 있습니다.

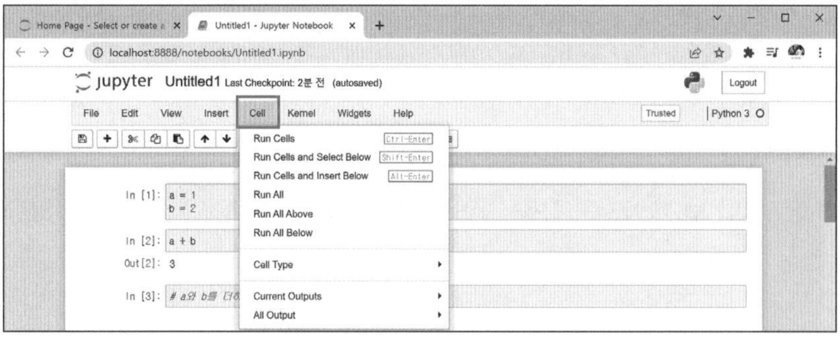

그림 2-37 | 셀(Cell) 메뉴

커널(Kernel) 메뉴에는 실행을 중단(Interrupt)하거나 다시 시작(Restart)하는 등의 기능이 있습니다. 반복문을 잘못 실행해 무한으로 루프가 돌거나 생각보다 학습이 너무 오래 걸리는 상황에서 중단해야 할 경우 해당 기능들을 사용합니다.

그림 2-38 │ 커널(Kernel) 메뉴

헬프(Help) 메뉴에는 노트북, 마크다운 도움말 및 NumPy(넘파이), SciPy(싸이파이) 등 주요 패키지의 레퍼런스(Reference)가 링크되어 있어 사용법을 찾아볼 수 있게 되어 있습니다.

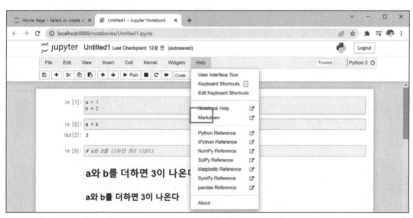

그림 2-39 │ 헬프(Help) 메뉴

그 외의 뷰(View)나 위젯(Widgets) 메뉴의 경우에는 사용자의 개인적인 취향에 따라 화면 구성을 조정하는 기능을 갖고 있습니다.

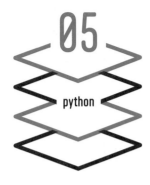

05 python 패키지 설치하기

5-1 패키지란?

패키지는 파이썬을 사용하는 사람들이 개발해 놓은 프로그램으로 여러 모듈을 묶어 놓은 것을 말합니다. 모듈은 기능을 구현한 함수들을 모아 놓은 것으로 결국 패키지를 이용해 손쉽게 다른 사람들이 구현해 놓은 함수들을 사용할 수 있습니다.

다른 프로그래밍 언어에서는 라이브러리라는 용어를 사용하지만 R과 파이썬에서는 패키지라는 용어를 주로 사용합니다.

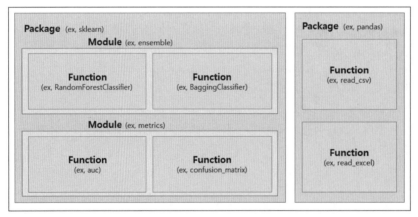

그림 2-40 | 패키지, 모듈, 함수 구조

쉽게 설명하자면 스스로 모든 코드를 입력해서 랜덤 포레스트(Random Forest) 알고리즘을 구현할 수도 있지만 scikit-learn(=sklearn) 패키지를 설치하고, sklearn.ensemble 모듈에서 RandomForestClassifier 함수를 불러오면 1~2줄의 코드만으로 복잡한 랜덤 포레스트 알고리즘을 구현할 수 있습니다.

파이썬에서 사용할 수 있는 패키지는 파이썬 패키지 인덱스 사이트(https://pypi.org)에서 찾아볼 수 있습니다.

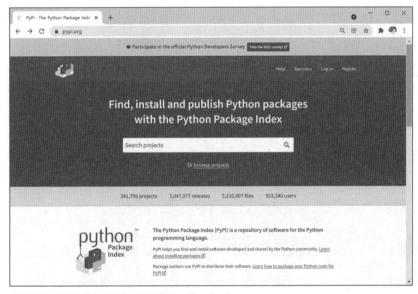

그림 2-41 | 파이썬 패키지 인덱스 사이트(https://pypi.org)

예를 들어, 파이썬으로 여러 개의 pdf 파일을 하나로 합쳐주는 프로그램을 만들고 싶다면 위 사이트에서 "pdf merge"라고 검색하면 해당 기능을 수행할 수 있는 패키지들이 검색됩니다.

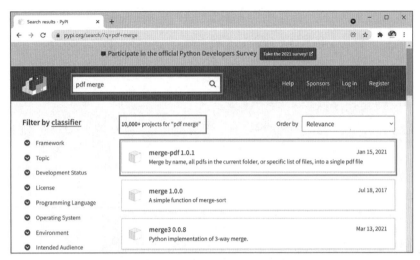
그림 2-42 | 파이썬 패키지 인덱스 "pdf merge" 검색 결과

그리고 패키지를 골라 클릭해 보면 다음과 같이 인스톨(Install) 및 사용법(How to use)을 확인할 수 있습니다.

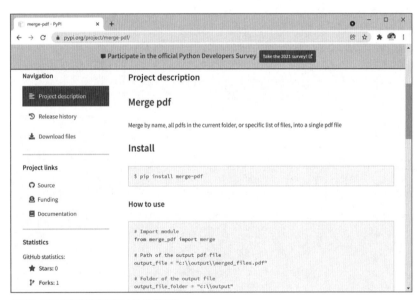
그림 2-43 | 파이썬 패키지별 인스톨 및 사용법

5-2 패키지 설치하기 - 인터넷 연결 환경

패키지를 설치하기에 앞서 현재 시스템에 설치된 패키지 리스트를 조회해 보겠습니다. 주피터 노트북에서 "!pip list"라고 코드를 입력하고, 실행(Ctrl + Enter 또는 Shift + Enter)하면 설치된 패키지 이름과 버전이 표시됩니다. pip(package installer for Python)는 파이썬의 표준 패키지 관리자로 패키지를 설치 및 관리하는 시스템입니다.

> **잠깐만요**
>
> ✋ **pip 명령어 앞에 !를 붙이는 이유**
>
> pip 명령어는 커맨드 프롬프트(윈도 + R → 실행 → cmd)에서 입력하는 명령어로 주피터 노트북에서 동일한 기능을 수행하기 위해서는 pip 앞에 느낌표(!)를 붙여야 합니다.

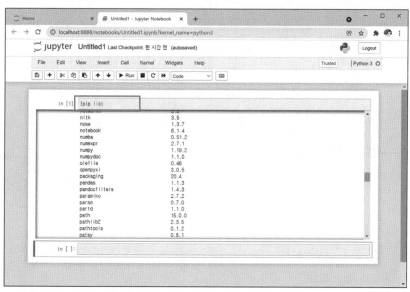

그림 2-44 │ 설치된 패키지 목록 조회

아나콘다를 이용해 파이썬을 설치했기 때문에 필수적인 패키지는 대부분 설치되어 있지만 Chapter 8에서 사용할 예정인 wordcloud 패키지가 설치되어 있지 않기 때문에 해당 패키지를 설치해 보겠습니다. 설치 방법은 "!pip install 패키지명"이므로 "!pip install wordcloud"라고 입력하고 실행해 보겠습니다.

conda, pip, pip3

파이썬에서 패키지를 설치하는 명령어에는 conda, pip, pip3가 있습니다.

conda 명령어는 아나콘다(Anaconda) 환경에서 설치할 때 사용하며, 아나콘다 서버에 있는 패키지만 설치 가능합니다.

pip 명령어는 파이썬2, pip3 명령어는 파이썬3 버전용으로 사용되나 Windows에 파이썬3 버전만 설치되어 있다면 pip나 pip3가 동일합니다. 다만, 리눅스, MacOS 환경 또는 파이썬2, 3 버전을 함께 사용하는 경우는 pip와 pip3를 구분해서 사용해야 합니다.

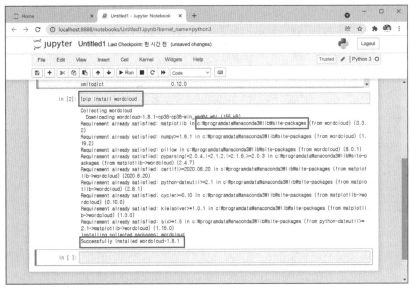

그림 2-45 | 패키지 설치

실행 결과 마지막을 보면 "Successfully Installed wordcloud-1.8.1"이라고 표시되어 정상적으로 설치된 것을 확인할 수 있습니다.

그런데 파이썬을 사용하다 보면 유난히 패키지 간에 버전 충돌이 발생해 정상적으로 실행이 안 되는 경우가 많습니다. 따라서 오류가 발생하지 않는 특정 버전을 설치하는 방법도 알 필요가 있습니다.

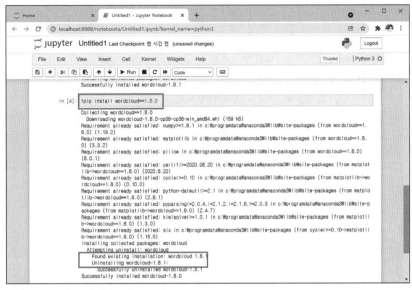

그림 2-46 | 특정 버전을 지정해 패키지 설치

패키지 설치 시 마지막에 "==버전"만 추가해 주면 됩니다. 위 경우 wordcloud 패키지를 1.8.1 에서 바로 전 단계인 1.8.0 버전으로 설치해 보았습니다. "!pip install wordcloud==1.8.0"을 입력해서 실행했고, 기존 1.8.1 버전이 제거된 후 1.8.0 버전 설치가 성공적으로 이뤄진 것을 확인할 수 있습니다.

5-3 패키지 설치하기 – Off-Line 환경

다양한 이유로 인터넷이 연결되어 있지 않은 환경에서 파이썬 패키지를 사용해야 할 경우가 있습니다. 이런 경우에는 당연히 pip 명령어를 실행해도 서버에 연결되어 있지 않기 때문에 설치가 안 됩니다. 따라서 인터넷이 연결되지 않은 환경에서 어떻게 패키지를 설치할 수 있는 지 알아보겠습니다.

우선 인터넷이 가능한 PC가 한 대 있어야 합니다. 이 PC에 아나콘다를 설치하고, 필요한 패키지를 모두 설치합니다. 설치된 패키지는 아나콘다 설치 시 관리자 권한으로 실행해 "All Users"로 별도 경로 변경 없이 설치했다면 "C:₩ProgramData₩Anaconda3₩Lib₩site-packages"에 위치해 있습니다.

그림 2-47 | C 드라이브의 ProgramData 폴더를 보기 위해선 숨긴 항목 표시 필요

해당 경로로 들어가기 위해서는 C:₩의 ProgramData 폴더가 숨김 상태이기 때문에 파일 탐색기에서 "보기" 메뉴의 "숨긴 항목"에 체크를 해야 합니다.

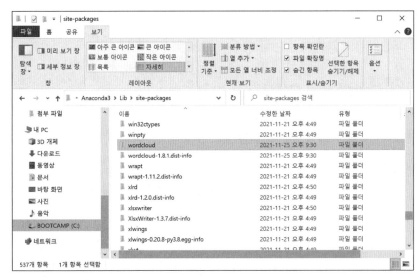

그림 2-48 | 아나콘다 설치 폴더의 Lib₩site-packages 폴더

"C:₩ProgramData₩Anaconda3₩Lib₩site-packages"에는 앞서와 같이 설치된 패키지가 있기 때문에 해당 폴더를 전체 압축해서 Off-Line 환경에 마련된 PC에 동일한 버전의 아나콘다를 설치하고, 그 내부에 생긴 Lib₩site-packages 폴더에 압축을 해제해 파일 추가 또는 교체하면 됩니다.

5-4 패키지 사용하기

설치한 패키지의 함수를 사용하기 위해서는 패키지나 모듈을 불러와야 합니다. 패키지를 불러오는 명령어는 "import 패키지명(또는 모듈명까지 포함)"이며, 특정 패키지의 특정 모듈이나 함수를 불러오려면 "from 패지키명(또는 모듈명까지 포함) import 함수명"으로 입력하면 됩니다.

그림 2-49 | 패키지에서 함수를 불러오는 방법

예를 들어, 다차원 배열(ndarray)을 쉽게 처리할 수 있도록 도와주는 패키지인 numpy의 경우 "import numpy"라고 입력하고 실행하면 해당 모듈을 불러올 수 있습니다. 이후에는 "numpy.함수명()"을 이용해 numpy의 함수를 이용하면 됩니다. 하지만 numpy를 그대로 다 쓰면 번거롭기 때문에 보통 numpy를 줄여서 np로 씁니다. 그래서 "import numpy as np"로 입력해서 numpy 패키지를 불러옵니다. "from"은 주로 sklearn 패키지와 같이 모듈의 종류가 많을 경우에 사용합니다.

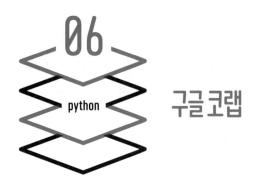

06 python 구글코랩

코랩(Colab, Colaboratory)은 구글에서 제공하는 온라인 파이썬 사용 환경입니다. 무료로 저장 공간과 GPU까지 지원하며, 아나콘다와 같은 별도 프로그램을 설치하지 않고 웹 브라우저에서 파이썬을 바로 사용할 수 있기 때문에 매우 편리합니다. 코랩은 구글에서 "colab"으로 검색하면 바로 접속할 수 있습니다. 단, 구글 계정을 갖고 있어야 합니다.

그림 2-50 | "colab" 검색

코랩의 메인 화면은 다음과 같습니다. 사용법에 대해 자세히 설명되어 있기 때문에 천천히 읽어 보기를 추천하며 기본적인 환경은 앞서 설명한 주피터 노트북과 유사합니다.

그림 2-51 | 코랩 메인 화면

좌측 상단의 "파일" 메뉴에서 "새 노트"를 클릭하면 코드를 입력할 수 있는 노트가 새 탭으로 열립니다.

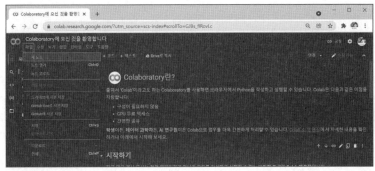

그림 2-52 | 코랩 새 노트 만들기

이제부터는 주피터 노트북과 거의 동일한 모습으로 어렵지 않게 사용할 수 있습니다. 노트의 기본 저장 위치는 본인의 구글 드라이브의 "Colab Notebooks" 폴더입니다.

그림 2-53 | 코랩 노트 화면

코랩은 온라인에서 파이썬을 편리하게 사용할 수 있는 방법이 있다는 것을 알리기 위함이며,
앞으로의 본격적인 실습은 PC나 노트북에 아나콘다를 설치한 환경을 기본으로 합니다.

1 데이터 수집

- 데이터베이스에서 데이터를 수집하기 위해서는 SQL을 이용함
- 기상청의 실시간 일기 예보 데이터는 API를 이용해서 수집함
- 포털의 신문 기사 데이터를 수집하기 위해서는 웹 크롤러가 필요함

2 데이터 셋 준비 시 주의해야 할 점

범주형 데이터(Categorical Data)를 수치화하기 위해서는 크기와 순서의 개념이 적용되지 않는 One-Hot Encoding을 실시해야 함

3 파이썬 환경 구축

아나콘다를 이용하면 주요 패키지와 주피터 노트북을 자동으로 설치해 주기 때문에 편리하며, 구글의 코랩(Colab)을 이용하면 온라인에서도 사용 가능함

4 주피터 노트북

주피터 노트북은 파이썬을 쉽고 편리하게 코딩할 수 있도록 도와주는 웹 브라우저 기반 프로그램으로 마크다운 기능을 이용할 수 있음

구분	내용	단축키 또는 기호	비고
주요 기능	현재 행 위 셀 삽입	A	
	현재 행 아래 셀 삽입	B	
	현재 셀 삭제	D, D (연속으로)	
	현재 셀 실행	Ctrl + Enter	
	현재 셀 실행 뒤 아래 행 선택	Shift + Enter	
마크다운	제목 크기 설정	#	최대 6개
	순서가 없는 목록 표시	*	
	순서가 있는 목록 표시	숫자.	마침표 필수
	행 구분선 표시	---	
	인용문 표시	>	> 중첩 가능
	줄 바꿈	스페이스바 2번	

5 파이썬의 특징

무료이며, 수천 개의 다양한 패키지를 사용할 수 있고, 별도 그래픽 패키지를 이용해 뛰어난 시각화도 가능하지만 프로그래밍 언어기 때문에 코드를 직접 작성해야 하는 어려움이 있음

1 데이터베이스에서 데이터를 조회할 수 있는 언어를 무엇이라고 하나요?

2 방대한 웹에서 원하는 데이터만 추출해서 수집해 주는 프로그램을 무엇이라고 하나요?

3 기상청에서 일기 예보 데이터를 실시간으로 받고자 합니다. 이를 위해서는 기상청에서 제공하는 어떤 기술을 사용할 수 있어야 하나요?

4 파이썬의 특징이 <u>아닌</u> 것은 무엇인가요?

① 유료 소프트웨어   ② 뛰어난 시각화 기능   ③ 수많은 패키지   ④ 인터프리터

5 파이썬 활용을 편하게 할 수 있도록 도와주는 프로그램은 다양합니다. 그중 구글에서 제공하는 코랩과 유사한 프로그램은 무엇인가요?

6 파이썬에서 다양한 패키지를 설치하고 관리하는 시스템 이름은 무엇인가요?

3

학습목표

- 파이썬 문법 체계에 대해서 이해합니다.
- 데이터 프레임에 대해서 이해합니다.
- 결측치와 이상치를 처리하는 방법에 대해서 이해합니다.
- 스케일링을 하는 이유에 대해서 이해합니다.

데이터 다루기

python

데이터 분석에 앞서 데이터를 다루는 방법에 대해서 알아보도록 하겠습니다. 기본적인 파이썬 문법은 어떻게 되는지, 다양한 형태의 데이터는 어떻게 불러오는지, 파이썬에서 다룰 수 있는 데이터 유형에는 어떤 것들이 있는지 등에 대해서 알아보도록 하겠습니다.

01

파이썬 문법에
대한 이해

python

1-1 파이썬 문법 체계

파이썬은 C나 Java와 같은 프로그래밍 언어지만 데이터 분석만을 목적으로 사용한다면 프로그래밍이 익숙하지 않은 일반 사용자들도 쉽게 익힐 수 있습니다. 여러 가지 이유가 있겠지만 아마도 파이썬이 인터프리터(Interpreter) 언어인 점이 크다고 생각합니다. 인터프리터 언어는 명령어들을 한 번에 한 줄씩 읽어들여 실행합니다. 따라서 전체 문장이 맞아야 실행되는 C와 같은 컴파일러(Complier) 언어보다 오류를 찾기 쉽고, 소스를 해석하기 쉽습니다.

이런 파이썬 언어의 문법 체계를 예시로 나타내 봤습니다. 다음 그림을 보면 res라는 변수에 파이썬에서 회귀분석을 할 수 있는 ols(statsmodels.formula.api 모듈 안에 있음)라는 함수로 만든 모델을 fit() 메소드를 이용해 학습시켜 집어넣는다고 이해하면 됩니다. ols라는 함수에 사용되는 문법은 이미 정해져 있기 때문에 외우거나 statsmodels의 홈페이지(https://www.statsmodels.org)에서 사용법을 찾아보면 됩니다.

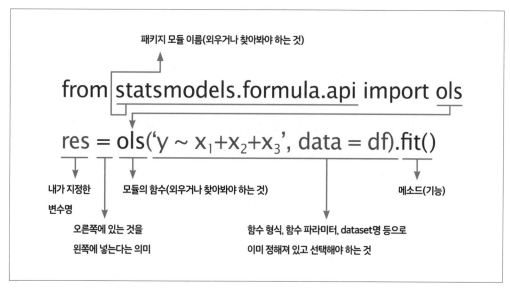

그림 3-1 | 파이썬 문법 체계

C, Java 그리고 파이썬에서 프로그래밍 언어를 배울 때 가장 먼저 실습해 보는 "Hello, world!"라는 텍스트 메시지를 화면에 띄우는 코드가 어떻게 다른지 비교해 봤습니다.

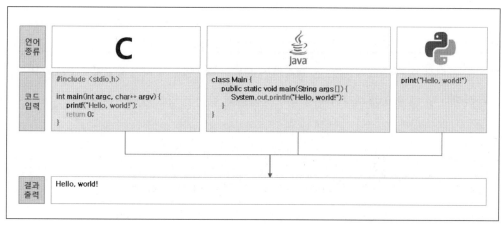

그림 3-2 | 프로그래밍 언어별 차이

위 그림과 같이 화면에 "Hello, world!"라는 텍스트를 출력하기 위해서 C나 Java 대비 파이썬은 코드가 훨씬 짧습니다.

1-2 변수

앞에서 간단히 언급한 변수(Variable)에 대해서 좀 더 설명하겠습니다. 프로그래밍에서 의미하는 변수는 특정값을 저장하는 공간을 뜻합니다. 그래서 변수를 흔히 그릇이나 장바구니에 비유합니다. 파이썬에서는 이 변수에 데이터 셋을 집어넣기도 하고, 모델을 집어넣기도 합니다. 물론, 문자를 집어넣는 일도 가능합니다. 다만, 파이썬에서 변수를 만들 때 시작 글자에 숫자는 올 수 없습니다. 다음과 같이 "1a"라는 변수명은 만들지 못하지만 "a1", "a_1"이라는 변수명은 만들 수 있습니다. 그리고 "-"은 변수명을 만들 때 쓸 수 없습니다.

```
In [1]:  1a = 1
           File "<ipython-input-1-cc67e5ecf289>", line 1
             1a = 1
              ^
         SyntaxError: invalid syntax


In [2]:  a1 = 1


In [3]:  a_1 = 1
```

그림 3-3 | 다양한 변수명 조합

데이터 분석 측면에서 변수는 특징이라고도 불리며 영어로는 feature를 뜻합니다. 다시 말해, 데이터 셋에서 열(column) 이름으로 생각하면 됩니다. 이 변수가 예측하고자 하는 대상인지, 예측하고자 할 때 필요한 대상인지에 따라 다음 표와 같이 명칭이 달라집니다.

구분	명칭
입력(X)	독립변수(Independent Variable), 관측치(Observation) 등
출력(Y)	종속변수(Dependent Variable), 라벨(Label), 클래스(Class) 등

표 3-1 | 변수 명칭

1-3 함수

함수(Function)는 데이터를 처리하는 기능을 뜻합니다. 예를 들어, 데이터 셋의 특정 열 평균을 계산하거나 결측치를 평균값으로 바꾸거나 훈련 데이터 셋을 AdaBoost(에이다부스트) 알고리즘을 적용해 학습시키는 일 등의 기능들은 모두 함수를 이용해서 할 수 있습니다. 함수는 직접 만들 수도 있고, 앞서 설명한 패키지를 설치해 다른 사람이 미리 만들어 놓은 함수를 불러와서 사용할 수도 있습니다.

이 책에서는 대부분의 함수를 패키지를 통해 불러와서 활용할 예정이나 사용자 정의 함수를 만드는 법을 알아 두면 도움이 되기에 간단히 설명하겠습니다.

❀ **[사용자 정의 함수 만드는 법]**

def 함수명(매개변수):

예를 들어, a에 2를 곱하고, b를 더한 뒤 화면에 출력(print)하는 사용자 정의 함수 my_calc를 만들고자 한다면 다음과 같이 코드를 입력하고 실행하면 됩니다.

 코딩실습

```
In  [1]      # 사용자 정의 함수 my_calc
             def my_calc(a, b):
                 c = a*2 + b
                 print(c)
In  [2]      my_calc(1, 2)
Out [2]      4
```

1-4 조건문 //

엑셀에서 if 함수를 이용해 조건문을 사용하는 것과 같이 파이썬에서도 당연히 if문을 이용해 조건문을 사용할 수 있습니다.

✿ **[if ~ else문 사용법]**

if 조건식 :
    조건식이 참(True)이면 실행
else :
    조건식이 거짓(False)이면 실행

예를 들어, a가 0.3일 때 a가 0.5보다 작으면 0, 0.5보다 크면 1을 출력하는 조건문을 작성해 보겠습니다.

🔟 코딩실습
In [1]   a = 0.3
In [2]   # a가 0.5보다 작으면 0, 0.5보다 크면 1을 출력
            if a < 0.5 :
                print(0)
            else :
                print(1)
Out [2]   0

만약 조건을 추가해야 할 경우가 더 있다면 if와 else 사이에 elif를 입력해 추가 조건을 넣을 수도 있습니다. 이 부분은 별도 실습을 생략하겠습니다.

1-5 반복문

반복문은 여러 번 코드를 반복적으로 입력해야 하는 작업을 효율적으로 줄일 수 있는 방법입니다. for문과 함께 자주 사용하는 range() 함수 사용법도 같이 알아보겠습니다. 먼저 range() 함수의 사용법은 다음과 같습니다.

❋ **[range() 함수 사용법]**

range(종료 값)
range(시작값, 종료 값)
range(시작값, 종료 값, 증감값)

그리고 for 문의 사용법은 다음과 같습니다.

❋ **[for문 사용법]**

for 변수 in range(범위) :
　　　실행문

예를 들어, 리스트(list) 타입의 변수에 0부터 9까지의 데이터를 입력하는 방법을 코드로 작성하면 다음과 같습니다.

 코딩실습

```
In  [1]     a = [0, 1, 2, 3, 4, 5, 6, 7, 8, 9]
In  [2]     b = [ ]
In  [3]     for i in range(10) :
                 b.append(i)
In  [4]     b
Out [4]     [0, 1, 2, 3, 4, 5, 6, 7, 8, 9]
```

---

a 변수에서와 같이 0부터 9까지의 모든 데이터를 하나씩 입력할 수도 있지만 for문을 이용하면 b라는 리스트 타입의 데이터를 담을 수 있는 그릇을 하나 만들고, 리스트에 요소를 추가할 수 있는 append() 함수를 이용해서 10(종료 값) 미만까지 b에 데이터를 추가하라고 for문을 작성할 수도 있습니다. range() 함수의 기본 증감량은 1이며, 앞에서 설명한 함수 사용법을 참고해서 증감량을 조절할 수도 있습니다.

1-6 자료형

파이썬에서 제공하는 자료형(Data Type)을 다음 표로 정리했습니다. 지금 모든 것을 이해하기보다는 앞으로 실습을 해가면서 왜 이런 데이터 타입을 사용해야 하는지 직접 느껴보는 것이 더 중요합니다. 간단히 이 정도가 있다는 것만 알고 넘어가도록 하겠습니다.

구분		Type	특징	예시
Numeric	Integer	int	정수	1, 200, 3000
	Float	float	실수	1.2, 4.32, 5.947
	Complex	complex	복소수	1+2j
Sequence	String	str	문자	'setosa', 'versicolor', '붓꽃'
	List	list	연속된 데이터 저장, index 존재	[200, 'setosa', 5.947]
	Tuple	tup	내용 수정 불가한 list	(200, 'setosa', 5.947)
Boolean		bool	참/거짓	True, False
Set		set	index가 없는 list	{200, 'setosa', 5.947}
Dictionary		dict	JSON과 유사한 Key : Value 구조	{'name' : 'John Snow', 'family' : 'Stark'}

표 3-2 | 파이썬 자료형

위 예시로 나타낸 것은 별도 코드로 정리하지 않았으나 한 번 실행해 보기를 바랍니다. 참고로 데이터 타입을 확인하는 함수는 type()입니다.

02 python

pandas의 데이터 프레임

2-1 데이터 프레임이란?

데이터 분석을 하면서 다룰 수 있는 데이터 셋의 종류는 다양하지만 주로 사용하는 것은 pandas 패키지의 데이터 프레임(Data Frame) 형태입니다. 데이터 프레임은 엑셀의 시트(Sheet)와 같습니다. 행(row)과 열(column)이 존재하는 형태로 분석 기법 및 분석 대상에 따라 다를 수는 있겠지만 가장 보편적으로 사용됩니다.

데이터 프레임에 대해서 알아보기 위해 데이터 분석을 공부하는 데 있어 가장 널리 사용되고 있는 iris라는 데이터 셋을 불러오도록 하겠습니다. sklearn 패키지의 datasets 모듈에 iris 데이터 셋을 기본적으로 탑재하고 있기 때문에 다음과 같이 필요한 모듈을 불러온 뒤 load_iris() 함수를 이용해 iris 데이터 셋을 출력(print)하겠습니다.

코딩실습

```
In [1]    # pandas 패키지 불러오기 및 pd라는 약어로 지칭하기
          import pandas as pd
          # sklearn 패키지의 datasets 모듈에서 load_iris 함수 불러오기
          from sklearn.datasets import load_iris
In [2]    iris = load_iris()   # iris 변수에 iris 데이터 셋 입력
```

```
In  [3]    # iris 데이터 셋의 독립변수(feature) 이름 및 데이터 출력
           print(iris.feature_names)
           print(iris.data)
Out [3]    ['sepal length (cm)', 'sepal width (cm)', 'petal length (cm)', 'petal
           width (cm)']
           [[5.1 3.5 1.4 0.2]
            [4.9 3.  1.4 0.2]
            [4.7 3.2 1.3 0.2]
            [4.6 3.1 1.5 0.2]
            [5.  3.6 1.4 0.2]
            [5.4 3.9 1.7 0.4]
            … 생략 …
In  [4]    # iris 데이터 셋의 종속변수(target) 이름 및 데이터 출력
           print(iris.target_names)
           print(iris.target)
Out [4]    ['setosa' 'versicolor' 'virginica']
           [0 0 0 0 0 0 0 0 0 0 0 0 0 0 0 0 0 0 0 0 0 0 0 0 0 0 0 0 0 0
            0 0 0 0 0 0 0 0 0 0 0 0 0 0 0 0 0 0 0 0 1 1 1 1 1 1 1 1 1 1
            1 1 1 1 1 1 1 1 1 1 1 1 1 1 1 1 1 1 1 1 1 1 1 1 1 1 1 1 1 1
            1 1 2 2 2 2 2 2 2 2 2 2 2 2 2 2 2 2 2 2 2 2 2 2 2 2 2 2 2 2
            2 2 2 2 2 2 2 2 2 2 2 2 2 2 2 2 2 2 2 2]
```

iris 데이터 셋은 독립변수(feature)와 종속변수(target)가 각각 이름(names)과 데이터로 나누어져 있습니다. 그리고 데이터 타입은 뒤에서 다시 설명하겠지만 다차원 배열(ndarray) 형태기 때문에 실습을 위해 데이터 프레임(Data Frame)으로 변경하도록 하겠습니다. 앞서 불러온 pandas 패키지의 DataFrame() 함수를 이용하면 데이터 타입을 변경할 수 있으며, 컬럼명이 없기 때문에 iris.feature_names의 데이터로 컬럼명을 채워 df라는 변수에 집어넣겠습니다. 그리고 head() 메소드를 이용해 df 데이터 셋의 상위 5개 데이터만 확인해 보겠습니다.

함수와 메소드

메소드(method)는 객체(object)에 속하는 함수(function)를 뜻합니다. 예를 들어, 다음 예제의 경우 head()를 사용할 때 df 다음에 "."을 찍고 head()를 사용했습니다. df가 객체기 때문에 이 경우 head()를 메소드라고 부릅니다. 다만, 메소드는 결국 함수의 부분집합이기 때문에 함수라고 불러도 틀린 말은 아닙니다.

코딩실습

```
In  [5]    # iris.data 데이터 셋 타입 확인
           type(iris.data)
Out [5]    numpy.ndarray
In  [6]    # ndarray 타입의 iris.data를 pandas 패키지를 이용해 데이터 프레임으로 변경
           df = pd.DataFrame(data = iris.data, columns = iris.feature_
           names)
In  [7]    # df 데이터 셋에 species열을 추가하고 iris.target을 추가
           df['species'] = iris.target
In  [8]    # head() 함수를 이용해 df 데이터 셋의 상위 5개 데이터만 출력
           df.head(5)
```

Out [8]

	sepal length(cm)	sepal width(cm)	petal length(cm)	petal width(cm)	species
0	5.1	3.5	1.4	0.2	0
1	4.9	3.0	1.4	0.2	0
2	4.7	3.2	1.3	0.2	0
3	4.6	3.1	1.5	0.2	0
4	5.0	3.6	1.4	0.2	0

이제 본격적인 데이터 프레임 다루기 실습에 활용할 iris 데이터 셋 준비가 완료되었습니다. 그러면 iris 데이터 셋이 무엇인지 설명하겠습니다. iris는 붓꽃을 말합니다. 붓꽃은 다음 그림과 같이 생겼습니다. iris 데이터 셋은 3가지 종류의 붓꽃에 대해 각각의 꽃받침의 길이와 너비, 꽃잎의 길이와 너비를 측정해 기록한 결과물입니다. 3가지 종류의 붓꽃에 각각 50개의 측정값이 존재해 총 150행으로 이뤄져 있습니다.

그림 3-4 | 붓꽃 종류 모양(출처 : rpubs.com)

열은 다음 표와 같이 총 5개로 이뤄져 있습니다.

열 이름	설명	데이터 형태
sepal length (cm)	꽃받침의 길이 데이터	수치형(연속형)
sepal width (cm)	꽃받침의 너비 데이터	수치형(연속형)
petal length (cm)	꽃잎의 길이 데이터	수치형(연속형)
petal width (cm)	꽃잎의 너비 데이터	수치형(연속형)
species	붓꽃의 종류(setosa, versicolor, virginica)	범주형(명목형)

표 3-3 | iris 데이터 셋 정보

이렇게 준비한 iris 데이터 셋은 5개의 열(column)과 150개의 행(row)으로 이뤄진 데이터 프레임 형태입니다. 실제 대부분의 엑셀 파일과 관계형 DB의 데이터 형태가 바로 데이터 프레임 타입입니다.

iris 데이터 셋의 특징

iris 데이터 셋이 데이터 분석 교육용으로 가장 널리 사용되는 이유는 수치형(numerical) 데이터뿐만 아니라 붓꽃의 종류라는 범주형(categorical) 데이터까지 존재해 회귀(regression)와 분류(classification) 문제 모두를 실습해 볼 수 있기 때문입니다.

데이터 프레임 형태의 iris 데이터 셋을 바로 불러오는 방법

seaborn 패키지의 load_dataset('iris')를 이용하면 됩니다.

[예시]

```
import seaborn as sns
iris = sns.load_dataset('iris')
iris.head()
```

2-2 데이터 프레임 다루기

데이터 프레임은 가장 많이 다루게 될 데이터 형태기 때문에 데이터 프레임을 자유자재로 다룰 수 있어야 원활한 데이터 분석이 가능합니다. iris 데이터 셋을 이용해 실습을 해보겠습니다.

1 열 이름 변경하기

Raw Data(원천 데이터)를 바로 이용하다 보면 열 이름이 너무 길거나 알아보기 힘들어 활용하기 쉬운 형태로 변경하는 경우가 많습니다. 우선 열 이름만 먼저 확인해 보겠습니다. 열 이름은 df 객체의 columns 속성(attribute)으로 조회할 수 있습니다.

pandas의 속성

속성(attribute)은 함수(function)와 변수(variable) 형태로 나뉘며 앞서 설명한 head()의 경우는 함수 형태로 이를 메소드(method)라고 불렀습니다. pandas에서 ()가 붙지 않는 변수 형태의 columns, index, dtypes, values, shape 등은 속성(attribute)이라고 부릅니다.

🖋 코딩실습

In [9]
```
# df 데이터 셋의 컬럼명 확인
df.columns
```

Out [9]
```
Index(['sepal length (cm)', 'sepal width (cm)', 'petal length (cm)',
       'petal width (cm)', 'species'],
      dtype='object')
```

총 5개의 열 이름이 출력된 것을 확인할 수 있습니다. 열 이름이 너무 길어 알파벳 2글자로 줄여보도록 하겠습니다. 예를 들어, "sepal length (cm)"은 "sl"로 바꾸는 식입니다. df 데이터 셋에 열이 총 5개 존재하기 때문에 5개의 이름을 모두 바꿔줍니다. 데이터 프레임의 열 이름에 바꿔줄 이름을 그냥 집어넣기만 하면 됩니다. 다음과 같이 실행해 보겠습니다.

```
In [10]    # 컬럼명 변경
           df.columns = ['sl','sw','pl','pw','sp']
In [11]    df.head(5)
Out [11]           sl     sw     pl     pw     sp
           0       5.1    3.5    1.4    0.2    0
           1       4.9    3.0    1.4    0.2    0
           2       4.7    3.2    1.3    0.2    0
           3       4.6    3.1    1.5    0.2    0
           4       5.0    3.6    1.4    0.2    0
```

처음에 df 데이터 셋의 길었던 열 이름에서 두 글자로 줄인 "sl", "sw", "pl", "pw", "sp"로 변경된 것을 확인할 수 있습니다.

이제 특정 열 이름만 변경해 보도록 하겠습니다. 앞서 2글자로 줄인 이름 중 5번째인 "sp"를 "s"로 바꿔보겠습니다. 열 이름을 변경하기 위해서는 rename() 메소드를 이용하며, inplace = True 파라미터를 추가해야 바뀐 부분이 적용됩니다.

```
In [12]    # 5번째 컬럼명만 sp에서 s로 변경
           df.rename(columns = {'sp' : 's'}, inplace = True)
In [13]    df.head(5)
Out [13]           sl     sw     pl     pw     s
           0       5.1    3.5    1.4    0.2    0
           1       4.9    3.0    1.4    0.2    0
           2       4.7    3.2    1.3    0.2    0
           3       4.6    3.1    1.5    0.2    0
           4       5.0    3.6    1.4    0.2    0
```

② 특정 데이터만 추출하기

데이터 프레임에서 특정 데이터만 선택해서 추출하기 위해서는 먼저 인덱스(index)의 개념을 알아야 합니다. 앞서 불러온 데이터 프레임 df의 경우를 보면 "sl", "sw" 등과 같은 열 이름은 곧 열 인덱스(Column Index)를 뜻하는데 제일 좌측 행을 보면 위에서부터 아래로 0부터 4까지 별도로 부여하지 않은 숫자가 보입니다. 이것이 행 인덱스(Row Index)입니다. 데이터 프레임은 데이터(values), 열 인덱스(columns), 행 인덱스(index) 이렇게 3가지 구성 요소로 이뤄진 형태라고 말할 수 있습니다. 다음과 같이 입력해 보면 그 의미를 이해할 수 있습니다.

코딩실습

```
In [14]    # df 데이터 프레임의 데이터 확인
           df.values
Out [14]   array([[5.1, 3.5, 1.4, 0.2, 0. ],
                  [4.9, 3. , 1.4, 0.2, 0. ],
                  [4.7, 3.2, 1.3, 0.2, 0. ],
                  [4.6, 3.1, 1.5, 0.2, 0. ],
                  [5. , 3.6, 1.4, 0.2, 0. ],
                  [5.4, 3.9, 1.7, 0.4, 0. ],
                  … 생략 …
In [15]    # df 데이터 프레임의 열 인덱스 확인
           df.columns
Out [15]   Index(['sl', 'sw', 'pl', 'pw', 's'], dtype='object')
In [16]    # df 데이터 프레임의 행 인덱스 확인
           df.index
Out [16]   RangeIndex(start=0, stop=150, step=1)
```

행 인덱스의 경우 자동적으로 번호가 부여되지만 사용자가 index에 직접 값을 넣어 지정할 수도 있습니다. 시계열 데이터 셋의 경우 주로 날짜 형태(예: YYYY-MM-DD HH:MM:SS)의 데이터를 행 인덱스로 사용합니다. 참고로 파이썬의 경우는 행 인덱스가 0부터 시작하지만 R 언어의 경우는 1부터 시작합니다.

데이터 프레임에서 행과 열의 인덱스를 이용하면 원하는 행과 열의 데이터만 추출하는 것이 가능합니다. 기본적으로 행과 열의 인덱스를 활용하는 방법을 설명하겠습니다.

먼저 행 인덱스 방법입니다. df 뒤에 대괄호([])를 이용해 다음과 같이 0:4라고 입력하면 행을 기준으로 0에서 4까지(미만)의 데이터를 필터링(슬라이싱)합니다. 참고로 0은 시작점이기 때문에 생략하고 :4라고 입력해도 결과는 동일합니다.

데이터프레임명[시작행 인덱스:마지막행(미포함) 인덱스]

코딩실습

In [17]	# df 데이터 프레임에서 0~3번째 행의 데이터만 불러오기
	df[0:4]

Out [17]		sl	sw	pl	pw	s
	0	5.1	3.5	1.4	0.2	0
	1	4.9	3.0	1.4	0.2	0
	2	4.7	3.2	1.3	0.2	0
	3	4.6	3.1	1.5	0.2	0

여기서 주의할 부분은 행 인덱스에서 범위의 마지막 값인 4를 포함하지 않은 그 이전까지의 값을 가져온다는 것입니다. 이를 이용해서 3번째 행만 가져오고 싶다면 df[3]이 아니라 df[3:4]라고 입력하면 됩니다.

코딩실습

In [18]	# df 데이터 프레임에서 3번째 행의 데이터만 불러오기
	df[3:4]

Out [18]		sl	sw	pl	pw	s
	3	4.6	3.1	1.5	0.2	0

열 인덱스 방법도 행 인덱스 방법과 유사하나 하나의 열만 가져올 경우와 2개 이상의 열을 가져올 경우 대괄호의 개수에 차이가 있습니다.

하나의 열만 필터링할 경우 : 데이터프레임명['열이름'], 데이터프레임명.열이름
2개 이상의 열을 필터링할 경우 : 데이터프레임명[['열이름1', '열이름2', …, '열이름n']]

df에서 sl열만 필터링해 보겠습니다.

코딩실습

```
In  [19]    # df 데이터 프레임에서 sl열의 데이터만 불러오기
            df['sl']
Out [19]    0      5.1
            1      4.9
            2      4.7
            3      4.6
            4      5.0
                   ...
            145    6.7
            146    6.3
            147    6.5
            148    6.2
            149    5.9
            Name: sl, Length: 150, dtype: float64
```

이제 df에서 sl, pl, s 총 3개 열을 필터링해 보겠습니다.

In [20]   # df 데이터 프레임에서 sl, pl, s열의 데이터만 불러오기

df[['sl','pl','s']]

Out [20]

	sl	pl	s
0	5.1	1.4	0
1	4.9	1.4	0
2	4.7	1.3	0
3	4.6	1.5	0
4	5.0	1.4	0
...	...	...	...
145	6.7	5.2	2
146	6.3	5.0	2
147	6.5	5.2	2
148	6.2	5.4	2
149	5.9	5.1	2

150 rows × 3 columns

이제는 앞서 실습해 본 행 인덱스와 열 인덱스를 조합해서 동시에 원하는 행과 열을 필터링해 보겠습니다. 행은 처음부터 3번째 행까지, 열은 "sl"과 "s"만 필터링하려면 다음과 같이 입력하면 됩니다.

In [21]   # 3번째 행까지 sl, s열의 데이터만 불러오기

df[0:4][['sl','s']]

Out [21]

	sl	s
0	5.1	0
1	4.9	0
2	4.7	0
3	4.6	0

하지만 이렇게 행과 열을 동시에 필터링하는 경우는 주로 loc, iloc 속성을 이용합니다. 앞서와 동일한 조건으로 필터링한다고 할 경우 대괄호 때문에 헷갈릴 염려가 다소 줄어듭니다. 주의할 부분은 loc 속성을 사용할 경우 행 인덱스의 범위에서 시작은 동일하나 마지막 인덱스까지 포함하기 때문에 유의해야 합니다.

데이터프레임명.loc[행 인덱스, 열 인덱스]

🔷 **코딩실습**

In [22]	# 3번째 행까지 sl, s열의 데이터만 불러오기

```
df.loc[0:3,('sl','s')]
```

Out [22]		sl	s
	0	5.1	0
	1	4.9	0
	2	4.7	0
	3	4.6	0

---

loc 속성은 라벨 형식의 인덱스를 이용해 필터링할 수 있게 해준다면, iloc 속성은 순서를 나타내는 정수(integer) 인덱스를 이용해 필터링할 수 있게 해줍니다. iloc 사용 시 주의할 부분은 loc와 달리 행과 열 모두 순서를 기반한 정수를 인덱스로 사용하기 때문에 범위를 지정하면 마지막 인덱스를 포함하지 않는다는 것입니다. 위와 동일한 기준으로 필터링한다면 다음과 같이 코드를 입력하면 됩니다.

데이터프레임명.iloc[행 순서 인덱스, 열 순서 인덱스]

코딩실습　In [23]　# 3번째 행까지 sl, s열의 데이터만 불러오기

df.iloc[0:4,[0, 4]]

Out [23]

	sl	s
0	5.1	0
1	4.9	0
2	4.7	0
3	4.6	0

pandas에서 제공하는 인덱싱은 위와 같습니다. iloc의 경우는 단순히 특정 행과 열의 데이터를 가져와야 할 때 사용하며, loc의 경우는 비교 및 논리 연산자를 사용할 수 있기 때문에 좀 더 복잡한 경우에 사용합니다.

잠깐만요

인덱싱(indexing), 슬라이싱(slicing)

파이썬에서는 인덱싱과 슬라이싱이라는 용어를 많이 사용합니다. 인덱싱은 개별 요소만 얻고자 할 때, 슬라이싱은 연속적인 요소를 얻고자 할 때 사용합니다. 즉, 슬라이스 기호(:)를 이용해 범위의 개념이 들어가면 슬라이싱인 것입니다. 다만, 이 책에서는 인덱싱, 슬라이싱이라는 용어보다는 원하는 데이터만 뽑아서 추출한다는 뜻에서 보다 범용적인 필터링(filtering)이라는 용어를 주로 사용합니다.

이제 공부한 인덱스를 통해 df 데이터 셋에서 원하는 데이터만 추출해 4가지 케이스의 데이터 셋을 만들어 보도록 하겠습니다.

첫 번째 케이스에서는 df 데이터 셋에서 열 이름 "s"가 1인 대상만 추출해 df_1이라는 변수에 넣어보겠습니다. 그리고 pandas에서 제공하는 info(), head() 메소드를 이용해 데이터가 제대로 추출되었는지 확인해 보겠습니다. 참고로 파이썬에서 같다는 의미의 비교 연산자는 "=="입니다.

코딩실습　In [24]　# df 데이터 셋에서 컬럼 s가 1인 대상만 추출해 df_1에 넣음

df_1 = df[df.s == 1]

```
In  [25]    # 데이터 프레임의 경우 info() 함수를 이용해 데이터 셋 정보 확인 가능
            df_1.info()
Out [25]    <class 'pandas.core.frame.DataFrame'>
            Int64Index: 50 entries, 50 to 99
            Data columns (total 5 columns):
             #   Column  Non-Null Count  Dtype
            ---  ------  --------------  -----

             0   sl          50 non-null      float64
             1   sw          50 non-null      float64
             2   pl          50 non-null      float64
             3   pw          50 non-null      float64
             4   s           50 non-null      int32
            dtypes: float64(4), int32(1)
            memory usage: 2.1 KB
In  [26]    # tail() 함수를 이용하면 끝에서부터 위로 원하는 행만큼 조회 가능
            df_1.tail(5)
Out [26]          sl    sw    pl    pw    s
            95    5.7   3.0   4.2   1.2   1
            96    5.7   2.9   4.2   1.3   1
            97    6.2   2.9   4.3   1.3   1
            98    5.1   2.5   3.0   1.1   1
            99    5.7   2.8   4.1   1.3   1
```

품종 "s"에 3가지 품종이 50개씩 들어가 총 150개의 행으로 이뤄진 데이터 셋이었는데 "s"가
1인 대상만 추출되어 행 인덱스 기준 50부터 99까지 50개만 나왔고, tail() 메소드를 이용해 끝
에서부터 위로 5번째 행까지 데이터를 출력해 본 결과, 원하는 대로 데이터가 필터링된 것을
확인할 수 있습니다.

두 번째 케이스에서는 df 데이터 셋에서 열 이름 "sl"이 6보다 크고, "s"가 1인 대상만 추출해
df_2라는 변수에 넣어보겠습니다. 조건이 2가지 모두를 만족해야 하기 때문에 and 연산자인
"&" 기호를 사용합니다.

```
In  [27]    # df 데이터 셋에서 sl이 6보다 크고, s가 1인 대상만 추출해 df_2에 넣음

            df_2 = df[(df.sl > 6) & (df.s == 1)]

In  [28]    df_2

Out [28]           sl     sw     pl     pw     s

            50     7.0    3.2    4.7    1.4    1

            51     6.4    3.2    4.5    1.5    1

            52     6.9    3.1    4.9    1.5    1

            54     6.5    2.8    4.6    1.5    1

            56     6.3    3.3    4.7    1.6    1

            … 생략 …
```

df_2 전체의 데이터를 확인한 결과, 정확히 필터링되었음을 확인할 수 있습니다.

세 번째 케이스에서는 df 데이터 셋에서 열 이름 "s"가 0인 대상에서 "sl", "sw", "s"열만 선택해서 추출해 df_3이라는 변수에 넣어보겠습니다. loc를 이용해 행 조건에 "df.s ==0", 열 조건에 단순히 추출할 인덱스만 입력해 주면 됩니다.

```
In  [29]    # df 데이터 셋에서 s가 0인 대상의 sl, sw, s열만 추출해 df_3에 넣음

            df_3 = df.loc[df.s == 0, ['sl','sw','s']]

In  [30]    df_3.info()

Out [30]    <class 'pandas.core.frame.DataFrame'>

            Int64Index: 50 entries, 0 to 49

            Data columns (total 3 columns):

             #  Column  Non-Null Count  Dtype

            --- ------- --------------- --------------

             0  sl          50 non-null    float64

             1  sw          50 non-null    float64

             2  s           50 non-null    int32

            dtypes: float64(2), int32(1)

            memory usage: 1.4 KB
```

info() 메소드를 이용해 확인한 결과, 50개의 데이터에 3개의 열만 필터링되었음을 확인할 수 있습니다.

네 번째 케이스에서는 df 데이터 셋에서 열 이름 "s"만 제외하고 추출해 df_4라는 변수에 넣어보겠습니다. 현재 데이터 셋의 경우 열 이름이 5가지로 적지만 수백 개의 열 이름이 존재한다면 그중 몇 개만 제외하려고 하면 매우 암담(?)할 것입니다. 이 경우 다음과 같이 columns. difference() 메소드를 이용하면 됩니다.

코딩실습

```
In  [31]    # df 데이터 셋에서 s열만 제외하고 추출해 df_4에 넣음
            df_4 = df[df.columns.difference(['s'])]
In  [32]    df_4.head(5)
Out [32]         pl    pw    sl    sw
            0    1.4   0.2   5.1   3.5
            1    1.4   0.2   4.9   3.0
            2    1.3   0.2   4.7   3.2
            3    1.5   0.2   4.6   3.1
            4    1.4   0.2   5.0   3.6
```

"s"열이 제거된 것을 head() 메소드를 이용해 확인해 보았습니다.

앞에서 사용한 주요 연산자 기호를 다음 표와 같이 정리했으니 참고하기를 바랍니다.

구분	연산자 기호	설명	비고
비교 연산자	>, <	크다, 작다	
	>=, <=	크거나 같다, 작거나 같다	
	==	같다	주의!
	!=	같지 않다	
비트 논리 연산자	&	그리고(and)	
	|	또는(or) (Shift + W 키)	

표 3-4 | 파이썬에서 사용하는 주요 연산자 기호

03 python numpy의 다차원 배열

3-1 다차원 배열이란?

다차원 배열(ndarray)은 데이터 분석에서 pandas의 데이터 프레임과 함께 자주 사용되는 데이터 셋 형태입니다. 배열은 대학 시절 즐겁게(?) 배웠던 선형대수학(Linear Algebra)의 스칼라(0차원 배열), 벡터(1차원 배열), 행렬(2차원 배열), 텐서(3차원 이상 배열)를 뜻합니다.

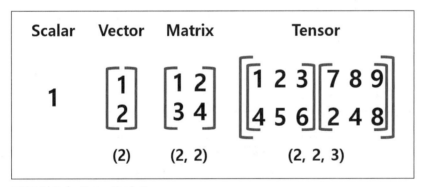

그림 3-5 | Scalar, Vector, Matrix, Tensor

다차원 배열 구조의 특징은 모든 원소가 같은 자료형이라는 것과 빠른 데이터 처리 속도를 들수 있습니다. 이런 특징 덕분에 머신러닝과 딥 러닝에서 주로 사용되는 데이터 셋 형태입니다. 특히 Chapter 6에서 주로 다루게 될 sklearn 패키지의 경우 다차원 배열 데이터 셋을 기본으로 합니다. 참고로 딥 러닝의 대표 패키지인 텐서플로(tensorflow)에서 텐서가 앞에서 언급한 바로 그 텐서입니다.

이제 numpy 패키지를 이용해 다차원 배열을 직접 구현해 보겠습니다.

코딩실습

```
In [1]    # numpy 패키지 불러오기 및 np라는 약어로 지칭하기
          import numpy as np
In [2]    # 스칼라
          a0 = np.array(1)
          a0
Out [2]   array(1)
In [3]    # 벡터
          a1 = np.array([1, 2])
          a1
Out [3]   array([1, 2])
In [4]    # 행렬
          a2 = np.array([[1, 2],[3, 4]])
          a2
Out [4]   array([[1, 2],
                 [3, 4]])
In [5]    # 텐서
          a3 = np.array([[[1, 2, 3],
                          [4, 5, 6]],
                         [[7, 8, 9],
                          [2, 4, 8]]])
          a3
Out [5]   array([[[1, 2, 3],
                  [4, 5, 6]],

                 [[7, 8, 9],
                  [2, 4, 8]]])
```

이렇게 구현한 배열의 차원과 크기는 ndim과 shape 속성을 이용해 확인할 수 있습니다.

코딩실습

In [6]	# ndim 속성을 이용해 배열의 차원 확인
	print(a0.ndim, a1.ndim, a2.ndim, a3.ndim)
Out [6]	0 1 2 3
In [7]	# shape 속성을 이용해 배열의 크기 확인
	print(a0.shape, a1.shape, a2.shape, a3.shape)
Out [7]	() (2,) (2, 2) (2, 2, 3)

3-2 다차원 배열 다루기

분석 대상 및 주어진 환경에 따라 다르겠지만 일반적으로 다차원 배열을 필터링(인덱싱 또는 슬라이싱)할 일은 데이터 프레임을 다루는 경우에 비하면 상대적으로 적습니다. 따라서 앞에서 만들어 본 3차원 배열인 a3를 이용해 간단한 실습만 해보겠습니다.

코딩실습

In [8]	# 3차원 배열에서 1번째 행렬 필터링
	a3[0]
Out [8]	array([[1, 2, 3],
	[4, 5, 6]])
In [9]	# 3차원 배열에서 1번째 행렬의 2번째 행 필터링
	a3[0, 1]
Out [9]	array([4, 5, 6])
In [10]	# 3차원 배열에서 1번째 행렬의 2번째 행의 3번째 열 필터링
	a3[0, 1, 2]
Out [10]	6

인덱싱만 다뤘지만 데이터 프레임처럼 슬라이스 기호(:)를 이용한 슬라이싱도 가능합니다. 별도 실습은 생략하겠습니다.

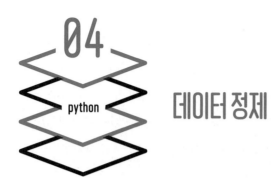

04 데이터 정제

4-1 결측치(NaN)

데이터를 다루다 보면 아주 다양한 이유로 데이터가 잘못 들어오거나 저장이 안 되는 경우가 있습니다. 예를 들어, 미세먼지 측정 데이터를 공유하고 있는 에어코리아(airkorea.or.kr)에서 미세먼지 측정소별 확정 자료를 조회해 보면 그림과 같이 데이터가 없어 비어 있는 행을 쉽게 찾아볼 수 있습니다. 아마도 미세먼지를 측정하는 계측기가 오작동했거나 통신 장애가 발생해서 데이터가 넘어오지 못했을 것으로 생각됩니다.

그림 3-6 | 에어코리아 미세먼지 측정 데이터(출처 : airkorea.or.kr)

앞 그림과 같이 값이 없는 데이터를 결측치(NaN, Not a Number)라고 합니다. 데이터 분석에 앞서 정제 단계에서는 이런 결측치를 제거하거나 대체해야 합니다. 대부분 제거를 하지만 데이터량이 적을 경우 최대한 많은 데이터를 살려야 하기 때문에 대체하는 방법을 검토합니다. 결측치가 주변 값과 유사해 중앙값(median)이나 평균값(mean)으로 대체할 수 있는 경우가 있을 수 있으며 결측치가 두 점 사이의 값으로 추정 가능한 경우 회귀분석이나 선형 보간법(Linear Interpolation)을 이용할 수도 있습니다.

선형 보간법이란?

선형 보간법(Linear Interpolation)은 끝점의 값이 주어졌을 때 그 사이에 위치한 값을 추정하기 위해 직선 거리에 따라 선형적으로 계산하는 방법입니다. 예를 들어, 다음 표와 같이 1시간마다 일사량 데이터를 측정했을 때 09시 데이터가 결측치라면 08시와 10시 데이터의 평균인 700으로 보간해서 결측치를 대체할 수 있습니다.

측정 시각	05:00	06:00	07:00	08:00	09:00	10:00	11:00	12:00	13:00
일사량	0	100	300	500	NaN	900	1,100	1,300	1,300

1 결측치 확인하기

실습을 통해 결측치를 찾고, 제거하는 방법에 대해 알아보겠습니다. 지금부터 사용하는 데이터 셋은 외부 파일이기 때문에 데이터 파일이 위치하는 경로가 중요합니다. 윈도 기준 주피터 노트북 실행 시 기본 위치는 "C:₩사용자₩본인계정명"입니다. 여기에 주피터 노트북에서 New → Folder를 이용해 새 폴더를 만들고, rename 기능을 이용해 이름을 "python-study"로 변경해 줍니다.

그림 3-7 | 주피터 노트북에서 폴더 만들기 및 이름 변경(rename)

그리고 해당 폴더에 실습용 데이터 셋을 다운로드(https://datawithnosense.tistory.com)받아 압축을 해제한 뒤 저장하고, 새 노트북을 만들어서 진행하겠습니다.

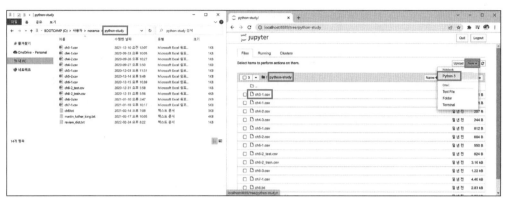

그림 3-8 | python-study 폴더에 실습용 데이터 셋 준비 및 새 노트북 만들기

이제 실습용 데이터 셋을 불러오겠습니다. 실습용 데이터 셋은 그림 3-6의 에어코리아 종로 측정소 2020년 6월 1일 1시간 단위 미세먼지 측정 데이터입니다.

우선 pandas 패키지를 import시키고, 해당 패키지의 read_csv() 함수를 이용해서 csv 데이터 파일을 불러와서 air라는 변수에 집어넣겠습니다.

코딩실습

In [1] # pandas 패키지 불러오기 및 pd라는 약어로 지칭하기

import pandas as pd

In [2] # read_csv() 함수 활용 데이터 셋 불러오기

air = pd.read_csv('ch3-1.csv')

In [3] air

Out [3]

	MMDDHH	PM10	PM25	O3	NO2	CO	SO2
0	06-01-01	28.0	18.0	0.039	0.009	0.3	0.002
1	06-01-02	19.0	14.0	0.041	0.007	0.3	0.002
2	06-01-03	15.0	13.0	0.043	0.006	0.3	0.002
3	06-01-04	16.0	13.0	0.042	0.006	0.3	0.002
4	06-01-05	14.0	11.0	0.041	0.008	0.3	0.003
5	06-01-06	14.0	10.0	0.040	0.009	0.3	0.003
6	06-01-07	15.0	10.0	0.038	0.014	0.3	0.002

7	06-01-08	20.0	10.0	0.034	0.019	0.3	0.002
8	06-01-09	28.0	15.0	0.032	0.022	0.4	0.003
9	06-01-10	28.0	12.0	0.035	0.017	0.4	0.003
10	06-01-11	29.0	9.0	0.038	0.015	0.4	0.003
11	06-01-12	32.0	11.0	0.039	0.012	0.3	0.003
12	06-01-13	32.0	11.0	0.038	0.015	0.3	0.003
13	06-01-14	NaN	NaN	NaN	NaN	NaN	NaN
14	06-01-15	NaN	NaN	NaN	NaN	NaN	NaN
15	06-01-16	NaN	NaN	0.038	0.020	0.4	0.003
16	06-01-17	27.0	12.0	0.041	0.022	0.4	0.003
17	06-01-18	24.0	14.0	0.048	0.016	0.4	0.003
18	06-01-19	25.0	12.0	0.048	0.014	0.3	0.003
19	06-01-20	26.0	14.0	0.043	0.020	0.4	0.003
20	06-01-21	28.0	15.0	0.049	0.017	0.4	0.003
21	06-01-22	25.0	13.0	0.045	0.020	0.4	0.003
22	06-01-23	29.0	14.0	0.035	0.023	0.4	0.003
23	06-01-24	25.0	15.0	0.028	0.027	0.4	0.003

데이터를 확인해 본 결과, air 데이터 셋은 7개의 열과 24개의 행으로 구성되어 있는데 14시부터 16시까지의 측정값 일부가 누락되어 있습니다. 실제 csv 데이터 파일에는 해당 시점의 데이터가 존재하지 않으며 불러올 때 데이터가 없기 때문에 자동으로 NaN으로 표시되었습니다.

위 예제는 데이터가 적기 때문에 전체 데이터를 다 불러와서 육안으로 결측치를 확인할 수 있지만 데이터가 많을 경우에는 결측치를 확인하는 일도 쉽지 않습니다. 따라서 pandas 패키지의 info(), isnull() 메소드를 이용해 결측치를 확인하는 방법도 알아보겠습니다. 먼저 info() 메소드는 데이터 셋의 전반적인 정보를 제공해 주는데 여기서 Non-Null Count 부분을 통해 어떤 열에 결측치가 몇 개 있는지 알 수 있습니다.

```
In  [4]    # 결측치 확인하기1
           air.info()
Out [4]    <class 'pandas.core.frame.DataFrame'>
           RangeIndex: 24 entries, 0 to 23
           Data columns (total 7 columns):
            #   Column   Non-Null Count   Dtype
           ---  -------  --------------- -------------
            0   MMDDHH   24 non-null      object
            1   PM10     21 non-null      float64
            2   PM25     21 non-null      float64
            3   O3       22 non-null      float64
            4   NO2      22 non-null      float64
            5   CO       22 non-null      float64
            6   SO2      22 non-null      float64
           dtypes: float64(6), object(1)
           memory usage: 1.4+ KB
```

데이터가 총 24개씩 존재하는데 MMDDHH열을 제외하고는 모두 24개보다 적은 것을 확인할 수 있습니다. 이를 통해 PM10열에는 3개, O3열에는 2개 등 결측치를 역으로 계산할 수 있습니다.

이 방법 외에도 데이터 자체에 결측치를 논리 자료형(Boolean)인 True 또는 False로 나타내 주는 메소드가 있습니다. 바로 isnull()입니다.

```
In  [5]    # 결측치 확인하기2
           air.isnull()
Out [5]         MMDDHH   PM10    PM25   O3      NO2     CO      SO2
            0   False    False   False  False   False   False   False
            1   False    False   False  False   False   False   False
            2   False    False   False  False   False   False   False
```

3	False	False	False	False	False	False	False
4	False	False	False	False	False	False	False
5	False	False	False	False	False	False	False
6	False	False	False	False	False	False	False
7	False	False	False	False	False	False	False
8	False	False	False	False	False	False	False
9	False	False	False	False	False	False	False
10	False	False	False	False	False	False	False
11	False	False	False	False	False	False	False
12	False	False	False	False	False	False	False
13	False	True	True	True	True	True	True
14	False	True	True	True	True	True	True
15	False	True	True	False	False	False	False
16	False	False	False	False	False	False	False
17	False	False	False	False	False	False	False
18	False	False	False	False	False	False	False
19	False	False	False	False	False	False	False
20	False	False	False	False	False	False	False
21	False	False	False	False	False	False	False
22	False	False	False	False	False	False	False
23	False	False	False	False	False	False	False

하지만 이 방법도 데이터가 너무 많을 경우에는 육안으로 알아보기가 쉽지 않습니다. 그래서 여기에 합계를 계산해 주는 sum() 메소드를 추가적으로 사용하면 일목요연하게 변수별 결측치 현황을 확인할 수 있습니다.

코딩실습

In [6]

```
# 결측치 확인하기3
air.isnull().sum()
```

Out [6]
```
MMDDHH    0
PM10      3
PM25      3
```

```
                        O3      2
                        NO2     2
                        CO      2
                        SO2     2
                        dtype: int64
```

True는 1, False는 0에 대응하기 때문에 sum() 메소드를 사용해서 열의 모든 값을 더하면
True인 값만 카운팅되는 원리를 이용한 것입니다.

② 결측치 제거하기

결측치가 포함된 행을 제거하기 위해서는 pandas 패키지의 dropna() 메소드를 사용합니다.
다음과 같이 air_d라는 새로운 변수를 만들고, 여기에는 dropna() 메소드를 이용해 결측치를
제외한 데이터만 저장되도록 하겠습니다.

코딩실습

```
In  [7]    # 결측치 제거(axis = 0 : 행 제거, axis = 1 : 열 제거)
           air_d = air.dropna(axis=0)
In  [8]    air_d
Out [8]         MMDDHH   PM10  PM25  O3      NO2     CO   SO2
           0    06-01-01  28.0  18.0  0.039   0.009   0.3  0.002
           1    06-01-02  19.0  14.0  0.041   0.007   0.3  0.002
           2    06-01-03  15.0  13.0  0.043   0.006   0.3  0.002
           3    06-01-04  16.0  13.0  0.042   0.006   0.3  0.002
           4    06-01-05  14.0  11.0  0.041   0.008   0.3  0.003
           5    06-01-06  14.0  10.0  0.040   0.009   0.3  0.003
           6    06-01-07  15.0  10.0  0.038   0.014   0.3  0.002
           7    06-01-08  20.0  10.0  0.034   0.019   0.3  0.002
           8    06-01-09  28.0  15.0  0.032   0.022   0.4  0.003
           9    06-01-10  28.0  12.0  0.035   0.017   0.4  0.003
           10   06-01-11  29.0   9.0  0.038   0.015   0.4  0.003
```

11	06-01-12	32.0	11.0	0.039	0.012	0.3	0.003
12	06-01-13	32.0	11.0	0.038	0.015	0.3	0.003
16	06-01-17	27.0	12.0	0.041	0.022	0.4	0.003
17	06-01-18	24.0	14.0	0.048	0.016	0.4	0.003
18	06-01-19	25.0	12.0	0.048	0.014	0.3	0.003
19	06-01-20	26.0	14.0	0.043	0.020	0.4	0.003
20	06-01-21	28.0	15.0	0.049	0.017	0.4	0.003
21	06-01-22	25.0	13.0	0.045	0.020	0.4	0.003
22	06-01-23	29.0	14.0	0.035	0.023	0.4	0.003
23	06-01-24	25.0	15.0	0.028	0.027	0.4	0.003

결측치가 포함되었던 14~16시 행만 제외된 것을 확인할 수 있습니다.

❸ 결측치를 평균값으로 대체하기

결측치를 제거하지 않고, 평균값으로 대체해 보도록 하겠습니다. 우선 각 열의 평균을 mean() 메소드를 이용해 구해보겠습니다.

코딩실습

In [9]   # 결측치 평균 대체를 위해 평균 확인
          air.mean()

Out [9]   PM10   23.761905
          PM25   12.666667
          O3   0.039773
          NO2   0.015364
          CO   0.350000
          SO2   0.002727
          dtype: float64

그리고 이 값으로 결측치를 대체하기 위해서는 fillna() 메소드를 이용하면 됩니다.

```
In  [10]  # 평균값으로 결측치 대체
          air_m = air.fillna(air.mean())
In  [11]  air_m
```

Out [11]		MMDDHH	PM10	PM25	O3	NO2	CO	SO2
	0	06-01-01	28.000000	18.000000	0.039000	0.009000	0.30	0.002000
	1	06-01-02	19.000000	14.000000	0.041000	0.007000	0.30	0.002000
	2	06-01-03	15.000000	13.000000	0.043000	0.006000	0.30	0.002000
	3	06-01-04	16.000000	13.000000	0.042000	0.006000	0.30	0.002000
	4	06-01-05	14.000000	11.000000	0.041000	0.008000	0.30	0.003000
	5	06-01-06	14.000000	10.000000	0.040000	0.009000	0.30	0.003000
	6	06-01-07	15.000000	10.000000	0.038000	0.014000	0.30	0.002000
	7	06-01-08	20.000000	10.000000	0.034000	0.019000	0.30	0.002000
	8	06-01-09	28.000000	15.000000	0.032000	0.022000	0.40	0.003000
	9	06-01-10	28.000000	12.000000	0.035000	0.017000	0.40	0.003000
	10	06-01-11	29.000000	9.000000	0.038000	0.015000	0.40	0.003000
	11	06-01-12	32.000000	11.000000	0.039000	0.012000	0.30	0.003000
	12	06-01-13	32.000000	11.000000	0.038000	0.015000	0.30	0.003000
	13	06-01-14	23.761905	12.666667	0.039773	0.015364	0.35	0.002727
	14	06-01-15	23.761905	12.666667	0.039773	0.015364	0.35	0.002727
	15	06-01-16	23.761905	12.666667	0.038000	0.020000	0.40	0.003000
	16	06-01-17	27.000000	12.000000	0.041000	0.022000	0.40	0.003000
	17	06-01-18	24.000000	14.000000	0.048000	0.016000	0.40	0.003000
	18	06-01-19	25.000000	12.000000	0.048000	0.014000	0.30	0.003000
	19	06-01-20	26.000000	14.000000	0.043000	0.020000	0.40	0.003000
	20	06-01-21	28.000000	15.000000	0.049000	0.017000	0.40	0.003000
	21	06-01-22	25.000000	13.000000	0.045000	0.020000	0.40	0.003000
	22	06-01-23	29.000000	14.000000	0.035000	0.023000	0.40	0.003000
	23	06-01-24	25.000000	15.000000	0.028000	0.027000	0.40	0.003000

14~16시 행의 결측치가 평균값으로 잘 대체되었습니다.

4 결측치를 중앙값으로 대체하기

결측치를 중앙값으로 대체해 보도록 하겠습니다. 중앙값은 데이터를 크기 순서대로 나열했을 때 가장 중앙에 위치한 값으로 평균과는 그 의미가 조금 다릅니다. 평균(average, mean)의 경우 어떤 값이 너무 크거나 작으면 전체를 대표할 때 왜곡이 발생할 수 있으므로 이런 때 중앙값을 사용합니다. 주로 신문 기사에서 서울시 아파트 가격을 나타낼 때 중앙값을 사용하는 이유가 이 때문입니다.

결측치를 중앙값으로 대체하는 방법은 평균값으로 대체하는 방법과 동일합니다. 우선 각 열의 중앙값을 구하고, fillna() 메소드를 이용해 대체해 주면 됩니다. 중앙값을 계산하는 메소드는 median()입니다.

코딩실습

```
In [12]    # 중앙값 확인
           air.median()

Out [12]   PM10    25.0000
           PM25    13.0000
           O3       0.0395
           NO2      0.0155
           CO       0.3500
           SO2      0.0030
           dtype: float64

In [13]    # 중앙값으로 결측치 대체
           air_md = air.fillna(air.median())

In [14]    air_md
```

	MMDDHH	PM10	PM25	O3	NO2	CO	SO2
0	06-01-01	28.0	18.0	0.0390	0.0090	0.30	0.002
1	06-01-02	19.0	14.0	0.0410	0.0070	0.30	0.002
2	06-01-03	15.0	13.0	0.0430	0.0060	0.30	0.002
3	06-01-04	16.0	13.0	0.0420	0.0060	0.30	0.002
4	06-01-05	14.0	11.0	0.0410	0.0080	0.30	0.003
5	06-01-06	14.0	10.0	0.0400	0.0090	0.30	0.003
6	06-01-07	15.0	10.0	0.0380	0.0140	0.30	0.002
7	06-01-08	20.0	10.0	0.0340	0.0190	0.30	0.002

8	06-01-09	28.0	15.0	0.0320	0.0220	0.40	0.003
9	06-01-10	28.0	12.0	0.0350	0.0170	0.40	0.003
10	06-01-11	29.0	9.0	0.0380	0.0150	0.40	0.003
11	06-01-12	32.0	11.0	0.0390	0.0120	0.30	0.003
12	06-01-13	32.0	11.0	0.0380	0.0150	0.30	0.003
13	06-01-14	25.0	13.0	0.0395	0.0155	0.35	0.003
14	06-01-15	25.0	13.0	0.0395	0.0155	0.35	0.003
15	06-01-16	25.0	13.0	0.0380	0.0200	0.40	0.003
16	06-01-17	27.0	12.0	0.0410	0.0220	0.40	0.003
17	06-01-18	24.0	14.0	0.0480	0.0160	0.40	0.003
18	06-01-19	25.0	12.0	0.0480	0.0140	0.30	0.003
19	06-01-20	26.0	14.0	0.0430	0.0200	0.40	0.003
20	06-01-21	28.0	15.0	0.0490	0.0170	0.40	0.003
21	06-01-22	25.0	13.0	0.0450	0.0200	0.40	0.003
22	06-01-23	29.0	14.0	0.0350	0.0230	0.40	0.003
23	06-01-24	25.0	15.0	0.0280	0.0270	0.40	0.003

14~16시 행의 결측치가 중앙값으로 잘 대체되었습니다.

4-2 이상치(Outlier)

결측치가 데이터가 존재하지 않는 것이라면, 이상치는 다른 데이터와 동떨어진 데이터를 말합니다. 사람의 키를 측정한 데이터가 183cm, 165cm, 191cm, 173cm, 423cm라면 누구나 데이터에 대해서 의심하게 됩니다. 사람의 키가 423cm라는 것은 상식적으로 받아들이기 어렵기 때문입니다. 이렇게 일반적인 분야 외에도 전문적인 분야에 종사하고 있는 사람들은 대부분 본인이 다루고 있는 숫자에 대한 감이 있기 때문에 갑자기 이상한 데이터가 발생하면 바로 의심을 하게 됩니다.

품질관리 분야에서는 관리도(Control Chart)를 이용해 규격 한계 범위를 벗어난 대상을 부적합품으로 판정합니다. 부적합품이 바로 이상치입니다.

이상치에 대한 기준은 정하기 나름입니다. 일반적으로는 상자그림(Boxplot)을 이용해 이상치를 정의하거나 데이터의 분포를 확인할 수 있는 히스토그램을 이용해 평균(μ)±n*표준편차(σ)의 범위를 벗어나면 이상치로 정의하기도 합니다. 상자그림과 히스토그램에 관한 내용은 Chapter 4에서 상세하게 다룰 예정입니다.

이렇게 정의된 이상치는 데이터 분석을 할 때 잘못된 결과를 야기할 가능성이 높기 때문에 제외하고 데이터 셋을 구성합니다.

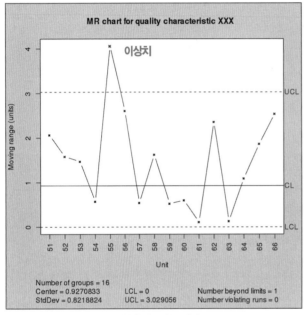

그림 3-9 | Shewhart 관리도 예시(출처 : Wikipedia)

4-3 스케일링(Scaling)

스케일링은 서로 다른 변수 간에 단위로 인한 값 차이가 너무 클 경우 해당 변수가 영향이 있음에도 불구하고 크기로 인해 영향이 없는 것처럼 왜곡될 수 있는 문제를 해결하기 위해 데이터의 범위를 변환하는 데 사용하는 방법입니다.

예를 들어, 아파트 가격(y)에 영향을 미치는 변수로 도시별 인구수(x_1)와 근로자 평균 연봉(x_2)이라는 데이터가 다음과 같다고 가정해 보겠습니다.

도시	인구수(명, x_1)	근로자 평균 연봉(천만 원, x_2)	아파트 중위 가격(원, y)
A	150,000	6.0	500,000,000
B	500,000	5.5	450,000,000
C	1,000,000	4.5	300,000,000
D	5,000,000	4.0	450,000,000
E	10,000,000	3.5	1,000,000,000

표 3-5 | 스케일링 설명용 예시

인구수의 단위는 명, 연봉은 천만 원, 아파트 가격은 원으로 단위가 서로 다르고, 그로 인해 표현되는 값의 절대적인 크기도 다릅니다. 위와 같은 경우라면 근로자 평균 연봉이라는 변수는 그 값의 크기가 너무 작아 아파트 중위 가격에 큰 영향을 미치지 않는 인자로 취급될 수도 있습니다. 하지만 실제 인구수보다는 상관관계가 낮지만 유의미한 상관관계를 갖는 인자입니다. 이렇게 단위로 인한 값의 절대적인 차이를 줄이는 방법을 스케일링이라고 하며, 스케일링에는 다양한 방법들이 있습니다. 가장 대표적인 3가지 방법에 대해서 간단히 다음과 같이 표로 정리했으니 참고하기를 바랍니다.

방법	설명
MinMax Scaling	각 변수의 최솟값(Min)과, 최댓값(Max)을 특정값으로 변환. 대부분의 경우 최솟값을 0, 최댓값을 1로 정함 $x_{scale} = \dfrac{x - x_{min}}{x_{max} - x_{min}}$
Standard Scaling	각 변수의 평균(Mean, μ)을 0, 표준편차(Standard Deviation, σ)를 1로 변환 $x_{scale} = \dfrac{x - \mu}{\sigma}$
Robust Scaling	Standard Scaling과 유사하지만 평균과 분산 대신 중앙값과 사분위수를 이용해 변환 $x_{scale} = \dfrac{x - median}{IQR}$ $(IQR = Q3{-}Q1)$

표 3-6 | 스케일링의 종류

이런 스케일링은 데이터 크기 차이로 인한 문제 외에도 딥 러닝 시 학습률(Learning Rate)을 크게 저하시키는 문제를 방지하기 위한 목적도 있습니다. 그리고 다양한 머신러닝 모델 구현 시, 특히 거리 기반의 알고리즘일 경우 스케일링 방법에 따라 데이터의 분포(왜도, 첨도)가 변해 예측 성능에 큰 영향을 줍니다. 추후에 구체적으로 다시 설명하겠습니다.

왜도(skewness)와 첨도(kurtosis)

데이터의 분포를 설명할 때 왜도와 첨도를 이용합니다. 왜도는 분포가 얼마나 비대칭인지를 나타내는 척도고, 첨도는 분포의 가운데가 얼마나 뾰족한 형태인지를 나타내는 척도입니다.

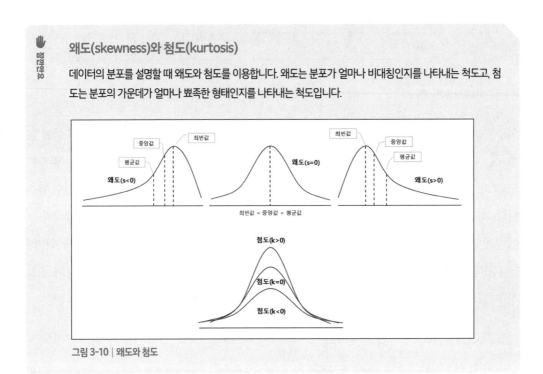

그림 3-10 | 왜도와 첨도

1 파이썬 문법에 대한 이해

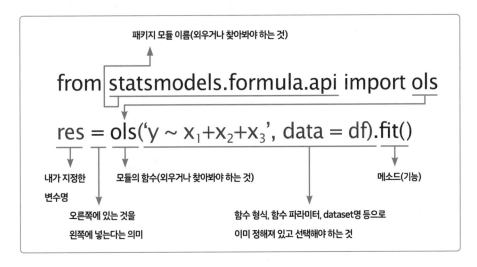

2 파이썬의 자료형

파이썬에는 숫자(int, float, complex), 시퀀스(str, list, tup), 논리(bool), 세트(set), 사전(dict) 형태의 자료형이 있음

3 pandas의 데이터 프레임

데이터 분석 분야에서 가장 널리 사용되는 데이터 셋 형태로 데이터, 행 인덱스, 열 인덱스로 구성되어 있으며 loc, iloc 속성을 이용해 원하는 데이터만 추출할 수 있음

필터링 조건	사용 예시
df에서 s열이 1인 대상만 추출	df[df.s == 1]
df에서 sl열이 6보다 크고, s열이 1인 대상만 추출	df[(df.sl > 6) & (df.s == 1)]
df에서 s열이 0인 대상의 sl, sw, s열만 추출	df.loc[df.s == 0, ['sl','sw','s']]
df에서 s열만 제외하고 추출	df[df.columns.difference(['s'])]

4 numpy의 다차원 배열

배열은 행렬 형태로 연산 속도가 빨라 딥 러닝에서 주로 사용되며, 모든 원소가 동일한 자료형이어야 함

5 파이썬 관계 및 논리 연산자 기호

파이썬의 관계 및 논리 연산자는 다른 프로그래밍 언어와 대부분 유사하며, 프로그래밍에 익숙하지 않은 사용자가 헷갈릴 수 있는 관계 연산자는 "같다"의 의미를 가진 "=="임

6 데이터 정제 방법

pandas 패키지의 isnull(), dropna(), fillna() 함수를 이용해 결측치를 찾고, 제거하거나 대체할 수 있음

방법	경우	비고
제거	결측치(NaN), 이상치(Outlier)	
대체	결측치(NaN)	중앙값, 평균값 등으로 대체
스케일링	단위로 인한 값의 크기 차이가 클 때	MinMax, Standard, Robust

1   C 언어는 전체 문장이 맞아야 실행되는 컴파일러 언어입니다. 반면에 파이썬은 한 줄씩 실행되는 언어입니다. 이런 언어를 무엇이라고 하나요?

2   다음 중 파이썬에서 변수로 사용할 수 <u>없는</u> 것은 무엇인가요? (정답 2개)

     ① a1   ② 1a   ③ a_1   ④ a.1

3   다음 중 주피터 노트북의 마크다운 기능에서 제목의 크기를 설정할 수 있는 기호는 무엇인가요?

     ① #   ② !   ③ ---   ④ *

4   가장 널리 사용되는 데이터 타입으로 행과 열로 이뤄져 있고, 서로 다른 열에 숫자와 문자가 혼용 가능한 테이블 형태의 데이터 타입을 무엇이라고 하나요?

5   다음 중 파이썬에서 사용되는 주요 연산자의 기호와 의미가 맞지 <u>않게</u> 연결된 것은 무엇인가요? (기호 : 의미)

     ① == : 같다   ② != : 같지 않다   ③ & : 그리고   ④ $: 또는

6 pandas 패키지에서 행과 열 순서를 이용해 데이터를 필터링(인덱싱과 슬라이싱)하는 메소드는 무엇인가요?

7 pandas 패키지에서 결측치를 제거하기 위해 사용하는 메소드는 무엇인가요?

8 가장 대표적인 스케일링 방법으로 각 변수의 최솟값을 0, 최댓값을 1로 주로 변환하는 방법은 무엇인가요?

본격적인 실습에 앞서…

Chapter 4부터는 본격적인 파이썬 활용 데이터 분석 실습 단계로 Chapter 1과 3은 건너뛰고, Chapter 2의 3(아나콘다 설치하기), 4(주피터 노트북)만 읽고 바로 넘어와도 무방합니다.

실습에 사용할 데이터(csv)는 저자의 블로그(https://datawithnosense.tistory.com/), 깃허브(https://github.com/datawithnosense/Python)에서 다운받을 수 있습니다.

이제부터 가상의 1인 기업을 운영하는 김 대표가 되어 업무에서 데이터 분석을 활용해 보도록 하겠습니다.

분 | 석 | 스 | 토 | 리

김 대표는 글로벌 축산기업을 만들겠다는 원대한 꿈을 안고 양계산업에 뛰어들었습니다. 대학에서 경영학을 전공하고, 누구나 선망하는 대기업 경영전략실에서 5년간 근무했지만 언젠간 본인의 사업을 하겠다는 꿈이 있었기에 회사를 박차고 나와 양계농장을 차렸습니다. 회사를 다니면서 양계산업의 규모, 성장 가능성, 경쟁사 현황 분석 등 철저한 준비를 마쳤기 때문에 자신감이 넘쳤고, 이제부터 자신만의 회사를 성장시킬 생각에 가슴이 벅차올랐습니다. 하지만 찬란할 것만 같은 김 대표의 앞날에도 다양한 문제들이 도사리고 있습니다. 과연 김 대표는 앞으로 회사를 잘 키워나갈 수 있을까요?

4

**분석
스토리**

김 대표의 양계장에는 7개의 부화장이 있고, 부화장마다 최대 30개의 알을 부화시킬 수 있습니다. 사전에 공부한 바에 따르면 병아리가 부화하는 데 걸리는 기간은 약 21일입니다. 어제까지 딱 21일이 지났습니다. 드디어 김 대표 양계장에 처음으로 생명이 탄생했는데 총 몇 마리의 병아리가 부화했는지 알아보도록 하겠습니다.

통계분석과
기본 그래프

데이터 분석의 가장 기본이 되는 평균, 표준편차, 정규분포, 그래프 그리기 등 통계에 관해 아주
간단하고 쉽게 꼭 필요한 부분만 알아보도록 하겠습니다.

python

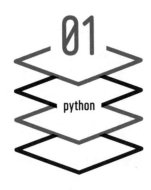

어제까지 몇 마리의 병아리가 부화했을까?
(기초 통계량)

◆ 실습 작업공간 설정

실습에 앞서 작업공간 설정을 위해 주피터 노트북에서 새 폴더를 만들겠습니다. 주피터 노트북의 기본 위치는 "C:\사용자\본인계정명"으로 여기에 "python-study"라는 폴더를 만들고, 실습에 사용할 데이터(csv) 파일들을 해당 폴더에 다운로드하세요.

1-1 데이터 불러오기

```
ch4-1.csv
1  hatchery,chick
2  A,30
3  B,30
4  C,29
5  D,26
6  E,24
7  F,28
8  G,27
```

그림 4-1 | 데이터 형태

데이터를 불러오기에 앞서 데이터의 형태에 대해서 알아보겠습니다. ch4-1.csv 파일(Comma-separated Values)은 콤마(,)로 구분된 텍스트 데이터 형태입니다. 첫 행(row)에는 hatchery, chick라는 열(column) 이름이 존재하고, 2행부터 8행까지 총 7행에 데이터가 들어 있습니다. hatchery열은 A부터 G까지 부화장 이름(범주)이고, chick열은 부화된 병아리 마릿수(숫자) 데이터입니다.

파이썬의 pandas 패키지를 이용해 csv 파일 데이터를 불러오기 위해서는 read_csv() 함수를 이용합니다. 일단, 다음과 같이 코드를 작성하고 실행해 봅니다.

🐟 코딩실습

In [1]	# pandas 패키지 불러오기 및 pd라는 약어로 지칭하기
	import pandas as pd
In [2]	hat = pd.read_csv('ch4-1.csv') # hat 변수에 데이터 셋 입력

hat이라는 변수에 ch4-1.csv라는 파일의 데이터를 집어넣는다는 뜻입니다.

Q **csv 파일 말고, 다른 파일(txt, 엑셀 등)은 어떻게 불러오나요?**

A pandas 패키지에서는 다양한 파일을 불러올 수 있습니다. 일반적으로 데이터 파일은 csv(콤마 구분 텍스트), txt(텍스트), xls(엑셀97~2003), xlsx(엑셀) 확장자를 주로 사용합니다. csv와 txt 파일은 read_csv() 함수를 이용하고, 엑셀 파일은 read_excel() 함수를 이용합니다. 파일이 아닌 데이터베이스에 존재하는 데이터를 불러오는 것도 가능한데 데이터베이스 종류에 따른 별도 패키지 설치가 필요합니다.

코딩실습

In [3]	hat		
Out [3]		hatchery	chick
	0	A	30
	1	B	30
	2	C	29
	3	D	26
	4	E	24
	5	F	28
	6	G	27

위에서 생성한 hat 변수를 실행하면 데이터를 확인할 수 있습니다. 김 대표의 부화장은 7개밖에 되지 않아 한 화면에 표시가 가능하지만 하○, 체리부○와 같은 양계 대기업의 경우 셀 수 없을 만큼 부화장이 많을 것입니다. 그럴 경우에는 위와 같이 데이터를 조회해서 보기가 어렵습니다. 그럴 때 사용하는 것이 바로 head()와 tail() 메소드입니다. head()는 데이터 셋의 처음부터 5행까지의 데이터를 보여주고, tail()은 데이터 셋의 끝에서부터 이전 5행까지의 데이터를 보여줍니다.

코딩실습

In [4]	hat.head() # 위에서부터 5개 데이터 확인		
Out [4]		hatchery	chick
	0	A	30
	1	B	30
	2	C	29
	3	D	26
	4	E	24

꼭 5행이 아니라 원하는 행만큼도 보여줄 수가 있는데 그 경우에도 다음과 같이 head(원하는 행 길이) 또는 tail(원하는 행 길이) 메소드를 사용하면 됩니다.

```
In  [5]    hat.tail(3) # 아래에서부터 3개 데이터 확인
Out [5]          hatchery   chick
           4       E        24
           5       F        28
           6       G        27
```

hat 데이터 셋의 아래에서부터 위로 3행까지 데이터를 표시해 봤습니다. 데이터가 엄청나게 많아서 불러오는 행위 자체가 시스템에 큰 부하를 일으킬 때 유용하므로 반드시 기억해 두기를 바랍니다.

1-3 기초 통계량 구하기

본격적으로 기초 통계량을 구해보도록 하겠습니다. 엑셀의 함수 기능을 사용할 수 있다면 전혀 어렵지 않은 내용입니다. 먼저 가장 기초적인 데이터의 합을 구해보도록 하겠습니다. 엑셀과 동일하게 합은 sum() 메소드를 사용합니다. 여기서 합을 계산할 데이터는 hat 데이터 셋의 chick(부화된 병아리 마릿수)열인데 pandas 데이터 프레임에서 특정 열을 지정할 때는 마침표(.)를 사용하거나 대괄호([]) 안에 열 이름을 직접 입력하면 됩니다.

```
In  [6]    hat.chick.sum() # 합계 구하기
Out [6]    194
In  [7]    hat['chick'].sum() # 합계 구하기
Out [7]    194
```

김 대표는 7개의 부화장에 30개씩 총 210개의 달걀을 준비했는데 그중에 부화한 것은 총 194개입니다. 만약 부화율이라는 파생변수(사용자가 특정 조건이나 함수에 의해 값을 만들어 의미를 부여한

변수)를 만든다면 194/210 = 92.4(%)가 됩니다.

이제 부화장별 부화된 병아리 마릿수 평균을 구해보겠습니다. 엑셀에서는 평균을 구할 때 average() 함수를 사용하지만 pandas 패키지에서는 mean() 메소드를 사용합니다.

```
In  [8]      hat['chick'].mean() # 평균 구하기
Out [8]      27.714285714285715
```

부화장별로 약 28마리의 병아리가 부화했습니다.

표준편차도 구해보겠습니다. 표준편차는 Standard Deviation의 약자인 std()를 사용합니다.

```
In  [9]      hat['chick'].std() # 표준편차 구하기
Out [9]      2.2146697055682827
```

표준편차가 2.21 정도로 나왔습니다. 표준편차는 데이터가 퍼진 정도를 나타내는 매우 중요한 통계 지표 중 하나입니다. 이것은 이후에 더 자세하게 설명할 것이므로 계산만 간단히 해보고 나머지 중요한 기초 통계량인 중앙값과 최솟값, 최댓값을 구해보겠습니다. 각각의 메소드명은 median(), min(), max()입니다.

> **참고** | 중앙값은 데이터를 크기 순서대로 배열했을 때 중앙에 위치하게 되는 값입니다.

```
In  [10]     hat['chick'].median() # 중앙값 구하기
Out [10]     28.0
In  [11]     hat['chick'].min() # 최솟값 구하기
Out [11]     24
In  [12]     hat['chick'].max() # 최댓값 구하기
Out [12]     30
```

1-4 데이터 정렬하기

sort_values() 메소드를 이용해 데이터를 정렬해 보면 중앙값이 28, 최솟값이 24, 최댓값이 30
으로 정상적으로 구해진 것을 확인할 수 있습니다.

코딩실습

```
In  [13]   # 데이터 정렬하기, chick열을 기준으로 오름차순 정렬
           hat.sort_values(by=['chick'], ascending=True)
Out [13]       hatchery   chick
           4      E        24
           3      D        26
           6      G        27
           5      F        28
           2      C        29
           0      A        30
           1      B        30
```

> **참고** | 내림차순 정렬의 경우 ascending 파라미터에 False를 입력하면 됩니다.

지금까지 pandas에서 제공하는 다양한 메소드를 이용해 hat 데이터 셋의 기초 통계량을 구해
봤는데 요약해서 별도의 표로 나타내면 다음과 같습니다.

항목	합계(sum)	평균(mean)	표준편차(std)	중앙값(median)	최솟값(min)	최댓값(max)
값	194	27.71	2.21	28	24	30

표 4-1 | hat 데이터 셋의 기초 통계량

1-5 막대 그래프 그려보기

앞서의 데이터를 보기 쉽게 그래프로 표현해 보겠습니다.

우선 가장 기본적인 막대 그래프로 부화장별 병아리 부화 마릿수를 나타내 보겠습니다. 파이썬에서는 그래프를 그리기 위해 matplotlib 패키지의 pyplot 모듈을 주로 사용합니다. 여기서 bar(가로축, 세로축) 함수를 이용하면 막대 그래프를 쉽게 그릴 수 있습니다.

🐥 **코딩실습**

In [14]   # 그래프용 matplotlib.pyplot 모듈 불러오기 및 plt라는 약어로 지칭하기

```python
import matplotlib.pyplot as plt
```

In [15]   # 막대 그래프 그리기

```python
plt.bar(hat['hatchery'], hat['chick'])
plt.show()
```

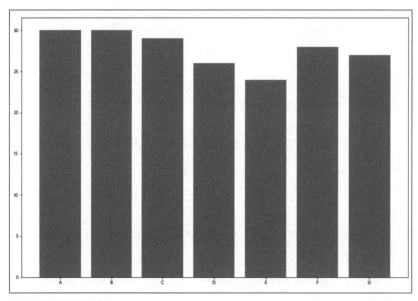

그림 4-2 | 기본 막대 그래프

잠깐만요 주피터 노트북에서 함수 도움말 사용

함수 사용법은 자주 사용하는 것은 자연스레 외워지지만 너무나 많고 다양하기 때문에 어렵습니다. 이 경우 주피터 노트북에서는 패키지를 import시킨 뒤 함수( ) 부분 안에 커서를 두고, Shift + Tab 키를 누르면 도움말이 나타나 해당 함수에 적용 가능한 파라미터와 사용법 등을 확인할 수 있습니다.

마지막에 show() 함수를 입력해야만 주피터 노트북상에 그래프가 표시되는 것은 아니지만 일반적으로 입력해 줍니다. 그래프를 그리긴 했는데 크기도 작고, 색깔도 파란색으로 단조로우며, 축 제목이 없어 보기에 불편합니다. 총체적 난국인 이 그래프에 다양한 함수를 지정해 보기 좋은 그래프로 탈바꿈시켜 보겠습니다.

코딩실습

In [16]
```python
# 막대 그래프 그리기, 다양한 파라미터 추가
plt.figure(figsize=(10, 7))
plt.bar(hat['hatchery'], hat['chick'], color = ('red','orange','yellow',
'green','blue','navy','purple'))
plt.title('부화장별 병아리 부화현황')
plt.xlabel('부화장')
plt.ylabel('부화마릿수')
plt.show()
```

지금까지 실습 중 가장 긴 코드가 나왔습니다. 하지만 너무 어려운 내용이 아니니 천천히 따라해 보기를 바랍니다. 우선 위 코드는 총 7줄로 이뤄져 있습니다. pyplot 모듈에서 사용할 수 있는 함수는 더 많지만 이번 그래프에 적합한 옵션만 적용해 봤습니다.

참고 | pyplot 모듈에서 사용할 수 있는 함수는 다음 사이트에서 확인 가능합니다.
https://matplotlib.org/stable/api/_as_gen/matplotlib.pyplot.html

- figure() : 그래프 크기 지정, figsize(가로, 세로)
- title() : 그래프 제목
- xlabel() : x축 이름(label) 표시
- ylabel() : y축 이름(label) 표시

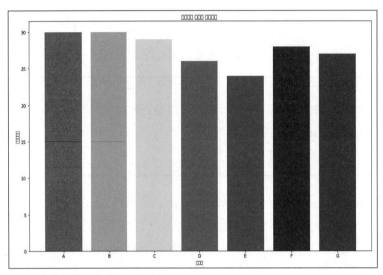

그림 4-3 | 다양한 함수를 지정해 본 막대 그래프

1-6 한글 폰트 지정 및 그래프 색상 바꿔보기

예상치 못한 문제가 발생했습니다. 한글로 입력한 그래프 제목, 축 이름, 범례가 모두 네모로 표시되었습니다. 파이썬에서 기본 폰트가 한글을 지원하지 못해서 발생한 문제로 font_manger와 rc 모듈을 이용해 윈도 기본 폰트인 "맑은고딕"을 지정해서 해결하겠습니다.

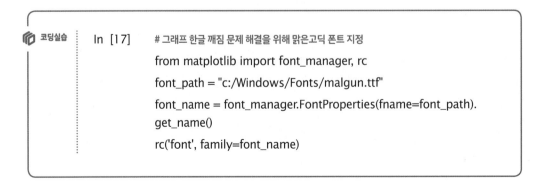

코딩실습　In [17]
```
# 그래프 한글 깨짐 문제 해결을 위해 맑은고딕 폰트 지정
from matplotlib import font_manager, rc
font_path = "c:/Windows/Fonts/malgun.ttf"
font_name = font_manager.FontProperties(fname=font_path).
get_name()
rc('font', family=font_name)
```

그리고 색상의 경우 7개 항목이라 무지개 색깔로 지정해 봤는데 아무래도 색상 전문가의 도움이 필요할 것 같습니다. 데이터 시각화 패키지인 seaborn을 불러와서 미리 만들어진 다양한 팔레트를 이용해 색상을 지정해 보겠습니다. seaborn의 다양한 팔레트 중 Pastel2를 선택해 7개의 색상만 가져오도록 코드를 작성하고, 막대 그래프의 테두리 색상도 검은색으로 추가적으로 지정하겠습니다.

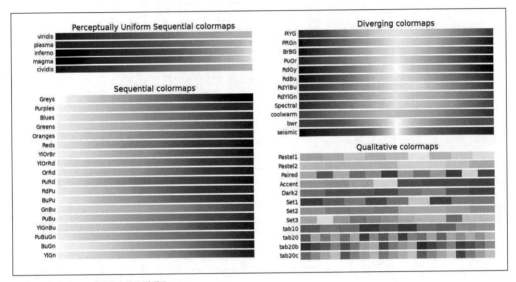

그림 4-4 | seaborn 패키지의 주요 팔레트

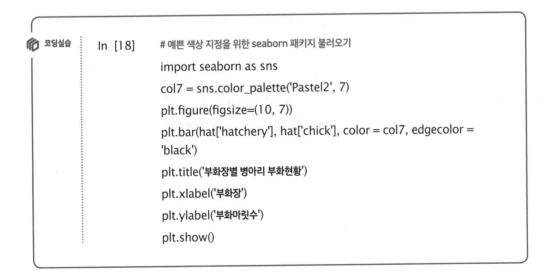

코딩실습

In [18]
```
# 예쁜 색상 지정을 위한 seaborn 패키지 불러오기
import seaborn as sns
col7 = sns.color_palette('Pastel2', 7)
plt.figure(figsize=(10, 7))
plt.bar(hat['hatchery'], hat['chick'], color = col7, edgecolor = 'black')
plt.title('부화장별 병아리 부화현황')
plt.xlabel('부화장')
plt.ylabel('부화마릿수')
plt.show()
```

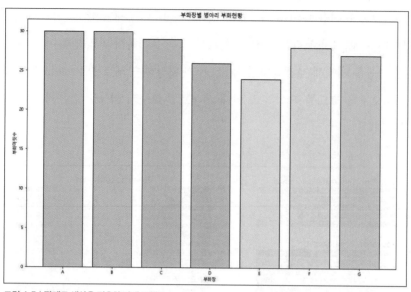

부화장별 병아리 부화현황

그림 4-5 | 팔레트 색상을 적용한 막대 그래프

1-7 그래프 위에 텍스트 추가하기

막대 그래프가 기존보다 훨씬 예쁜 색상으로 바뀌었습니다. 이제 막대 그래프 위에 값을 한 번 표시해 보겠습니다. 사실 이 부분은 엑셀에서는 매우 간단하게 마우스 클릭만으로 표시가 가능하지만 파이썬에서는 표현이 조금 어렵습니다. pyplot 모듈에서 그래프 위에 텍스트를 표시하기 위해서는 text() 함수를 이용하며, 사용법은 text(x 좌표, y 좌표, 표시할 텍스트)입니다. 앞서 그린 막대 그래프에 부화장별 부화된 병아리 마릿수를 표시하기 위해서 각 막대의 x 좌표, y 좌표 그리고 표시해 줄 병아리 마릿수 데이터가 필요합니다.

x 좌표는 len() 함수를 이용해 hat['hatchery']의 길이를 환산하면 7이 됩니다. range() 함수를 이용하면 7 미만까지 0부터 간격이 1인 범위 값이 자동으로 생성되기 때문에 x 좌표로 0부터 6까지 생성됩니다. y 좌표는 hat['chick']가 숫자기 때문에 그대로 활용하되 막대 그래프 끝에 텍스트가 바로 붙게 되어 알아보기가 불편한 문제가 있어 0.5 정도만 더해서 띄어 주는 것이 좋습니다. 마지막으로 표시해 줄 텍스트는 y 좌표와 동일합니다. 그리고 이런 내용을 이전 Chapter에서 공부한 for문과 사용자 정의 함수를 이용해 구현하면 text() 함수를 7개나 입

력하지 않고 단 몇 줄로 구현할 수 있습니다. 추가적으로 ha(horizontal alignment) 파라미터에 center를 지정해 막대의 가로 기준 중앙에 텍스트를 표시하도록 하겠습니다.

코딩실습 In [19]
```python
# 텍스트 추가 사용자 정의 함수 만들기
def addtext(x,y):
    for i in range(len(x)):
        plt.text(i,y[i]+0.5,y[i], ha = 'center')
```

위와 같이 addtext()라는 이름의 사용자 정의 함수를 만들었으며 이를 이용해 다시 막대 그래프를 그려보도록 하겠습니다. 추가적으로 제목 크기가 작은 것 같아 기본 폰트 크기(10)에서 17로 키워봤습니다.

코딩실습 In [20]
```python
# 막대 위에 텍스트 추가하기
col7 = sns.color_palette('Pastel2', 7)
plt.figure(figsize=(10, 7))
plt.bar(hat['hatchery'], hat['chick'], color = col7, edgecolor = 'black')
addtext(hat['hatchery'], hat['chick']) # 텍스트 표시 사용자 정의 함수 추가
plt.title('부화장별 병아리 부화현황', fontsize =17)
plt.xlabel('부화장')
plt.ylabel('부화마릿수')
plt.show()
```

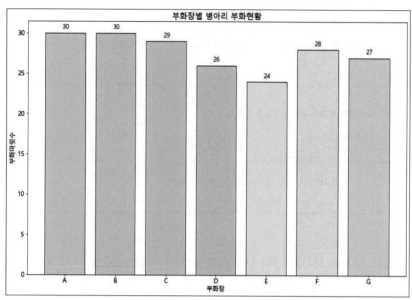

그림 4-6 | 텍스트가 추가된 막대 그래프

그래프의 폰트 크기 일괄 조정 방법

pyplot 모듈에 별도 설정을 하지 않았다면 기본 폰트의 크기는 10입니다. 이것이 너무 작다면 fontsize 파라미터를 이용해 하나씩 조절할 수도 있지만 rcParams.update() 함수를 이용해 일괄적으로 키울 수 있습니다. matplotlib.pyplot을 plt로 import했다면 다음과 같이 입력하면 폰트 크기가 14로 일괄 조정됩니다.

plt.rcParams.update({'font.size': 14})

1-8 그래프 위에 선 추가하기

마지막으로 막대 그래프에 수평 방향 점선을 추가해 보겠습니다. 부화장별 최대 30마리의 병아리가 부화했기 때문에 y축을 기준으로 30에 빨간색 점선을 한 번 그어보겠습니다. 수평선 추가는 hlines() 함수를 사용합니다. 사용법은 hlines(y 좌푯값, x 좌표 최솟값, x 좌표 최댓값)으로, 색상과 선 종류는 각각 colors, linestyles 파라미터를 이용해 지정할 수 있습니다.

```
In [21]    # 빨간색 수평선 추가하기
           col7 = sns.color_palette('Pastel2', 7)
           plt.figure(figsize=(10, 7))
           plt.bar(hat['hatchery'], hat['chick'], color = col7, edgecolor =
           'black')
           addtext(hat['hatchery'], hat['chick']) # 텍스트 표시 사용자 정의 함수 추가
           plt.hlines(30, -1, 7, colors = 'red', linestyles = 'dashed')
           plt.title('부화장별 병아리 부화현황', fontsize =17)
           plt.xlabel('부화장')
           plt.ylabel('부화마릿수')
           plt.show()
```

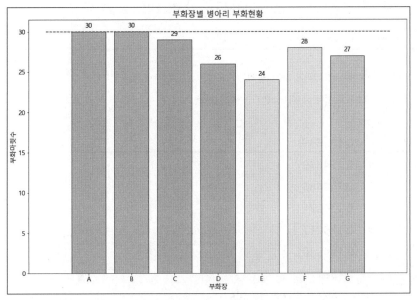

그림 4-7 | y값 30을 기준으로 빨간색 수평선이 추가된 막대 그래프

위에서 x 좌표 최솟값과 x 좌표 최댓값은 x 좌표가 시작되는 값이 0, x 항목이 7개라서 끝나는 값은 6입니다. 따라서 끝에서 각각 1만큼씩 여유를 두고, 수평선이 그어질 수 있도록 0보다 1 작은 -1, 6보다 1 큰 7을 지정했습니다. 참고로 수직선을 추가하기 위해서는 vlines() 함수를

사용합니다.

> **참고** | hlines() 또는 vlines() 함수에서 linestyles 파라미터를 이용해 지정할 수 있는 선 종류에는 solid, dashed, dashdot, dotted가 있습니다.

1-9 파이 차트 그려보기

파이 차트는 주로 전체에서 항목별 비율을 확인할 때 사용합니다. 파이 차트를 통해 부화장별로 병아리 부화 비율을 나타내 보겠습니다.

우선 병아리 부화 비율을 pct라는 변수를 만들어 계산해 보겠습니다. 부화 비율은 각 부화장별 태어난 병아리 마릿수를 전체 병아리 합으로 나눠준 값으로 정의하겠습니다.

코딩실습

In [22]
```
# 파이 차트를 그리기 위해 비율 계산
pct = hat['chick']/hat['chick'].sum()
pct
```

Out [22]
```
0    0.154639
1    0.154639
2    0.149485
3    0.134021
4    0.123711
5    0.144330
6    0.139175
Name: chick, dtype: float64
```

파이 차트는 pie() 함수를 통해 그릴 수 있습니다. 먼저 그려봤던 막대 그래프와는 조금 다르지만 다양한 파라미터를 한번에 다 지정해 보겠습니다.

162

In [23]

```
# 파이 차트 그리기
col7 = sns.color_palette('Pastel2', 7)
plt.figure(figsize=(10, 10))
plt.pie(pct, labels = hat['hatchery'], autopct='%.1f%%', colors =
col7, startangle = 90, counterclock = False)
plt.show()
```

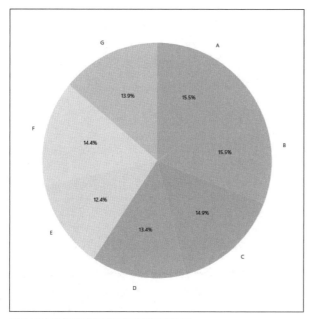

그림 4-8 │ 다양한 옵션을 적용해 그려본 파이 차트

파이 차트에서 라벨은 부화장 이름인 hat['hatchery']로 지정했고, autopct는 비율을 표시하는 파라미터로 %.1f%%일 경우 소수점 첫째 자리까지 표시, %.2f%%일 경우 소수점 둘째 자리까지 표시한다는 의미입니다. 색상은 이전 막대 그래프와 동일하게 적용했으며 startangle은 첫 번째 pie의 시작 각도를 의미합니다. 마지막으로 counterclock = False의 의미는 라벨 값의 시계 방향 순서대로 영역이 표시된다는 뜻입니다. 이외에도 explode 파라미터를 이용하면 파이 조각이 중심에서 벗어나는 정도를 지정할 수 있습니다. 이렇게 다양한 파라미터가 있으니 Shift + Tab 키를 눌러서 함수 기능을 확인해 여러 가지로 바꿔보면 금방 실력이 늘 것입니다.

**분석
스토리**

이렇게 김 대표는 기초 통계량 및 기본 그래프를 통해 어제까지 194마리의 병아리가 부화했고, 부화장별 평균 약 28마리가 태어난 것을 확인했으며, 부화장 A, B에서는 모든 알이 병아리로 부화한 것을 알 수 있게 되었습니다. 아마도 2~3일 정도 더 기다린다면 나머지 부화장의 알도 대부분 부화할 것입니다.

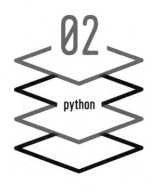

02

python

부화한 병아리들의 몸무게는 얼마일까?
(정규분포와 중심극한정리)

분석
스토리

체계적인 사육을 위해 김 대표는 부화된 병아리 모두에 GPS 위치 추적기가 탑재된 Tag를 부착해 병아리 개별 데이터를 수집하기로 했습니다. 그리고 병아리들의 몸무게를 측정해 봤는데 병아리의 몸무게는 얼마일까요?

2-1 데이터 불러와서 구조와 유형 확인하기

ch4-2.csv 파일의 경우 ch4-1.csv 파일보다 데이터가 더 많아졌습니다. B 부화장에서 부화된 병아리 30마리의 몸무게 데이터기 때문인데 b라는 변수를 만들어 데이터를 불러온 뒤 어떤 형태인지 확인해 보겠습니다. pandas 패키지를 불러오고, head() 메소드를 이용하겠습니다.

코딩실습

```
In  [1]    # pandas 패키지 불러오기 및 pd라는 약어로 지칭하기
           import pandas as pd
In  [2]    b = pd.read_csv('ch4-2.csv') # b 변수에 데이터 셋 입력
In  [3]    b.head() # 데이터 상위 5개만 확인
Out [3]        chick_nm    weight
           0     b01         37
           1     b02         39
           2     b03         41
           3     b04         45
           4     b05         37
```

병아리의 이름(문자)과 몸무게(숫자)가 입력되어 있습니다. 변수 b를 입력해서 총 30개의 데이터가 입력되어 있는 것을 확인할 수도 있지만 데이터 구조(structure)와 유형(class)을 확인할 수 있는 info() 메소드를 이용해 보겠습니다.

코딩실습

```
In  [4]    b.info() # b 데이터 셋 정보 확인
Out [4]    <class 'pandas.core.frame.DataFrame'>
           RangeIndex: 30 entries, 0 to 29
           Data columns (total 2 columns):
            #   Column      Non-Null Count  Dtype
           ---  ---------   --------------  -------
            0   chick_nm    30 non-null     object
            1   weight      30 non-null     int64
           dtypes: int64(1), object(1)
           memory usage: 608.0+ bytes
```

출력된 결과를 해석해 보겠습니다. "DataFrame"이라는 용어가 나왔습니다. 우리가 일반적으로 엑셀에서 사용하는 행과 열이 존재하는 데이터 구조(structure)를 pandas 패키지에서는 데

이터 프레임(Data Frame)이라고 합니다. "30 entries"는 30개의 관측치를 갖고 있다는 뜻이고, "total 2 columns"는 변수(feature)가 2개라는 의미입니다. 이후 각 변수별로 변수명, non-null 개수, 데이터 타입을 표시합니다. 현재 데이터 셋의 경우 변수와 데이터 개수가 적지만 수백 개의 변수와 몇천만 건의 데이터를 분석해야 할 경우 데이터의 구조와 유형을 확인하는 일조 차 어려울 수 있습니다. 이럴 때 info() 메소드가 유용하게 사용됩니다.

> 🛡 **참고** | 데이터 구조와 유형에 따라 활용할 수 있는 데이터 분석 방법들이 달라지기 때문에 이를 이해하는 것은 매우 중요합니다. 데이터 구조와 유형에 대한 상세한 설명은 Chapter 3을 확인해 보기를 바랍니다.

2-2 통계량으로 분포 확인하기

이제는 병아리 몸무게 데이터(b.weight)가 어떻게 분포되어 있는지 describe() 메소드를 이용해 구해보겠습니다.

📱 **코딩실습**

```
In  [5]    b.describe() # b 데이터 셋 기초 통계량 확인
Out [5]    weight
           count  30.000000
           mean   38.400000
           std    3.286335
           min    31.000000
           25%    36.250000
           50%    39.000000
           75%    40.750000
           max    45.000000
```

mean(), std(), min(), max() 등의 메소드를 실행해야 확인할 수 있는 통계량을 한번에 구할 수 있습니다. 1사분위수(25%), 3사분위수(75%)와 같이 잘 모르는 통계량도 있습니다. 이 부분은 뒤에 상자그림(Boxplot)을 통해 상세히 설명하겠습니다.

통계량 확인 결과, 표준편차가 3.286335로 나왔습니다. 이 숫자가 의미하는 바에 대해서 설명하겠습니다. 평균이 수많은 데이터의 특징을 하나의 값으로 설명한다면, 표준편차는 데이터가 어떻게 분포하고 있는지를 설명하는 통계량입니다. 계산하는 공식은 다음과 같습니다.

$$\text{(모) 표준편차}(\sigma) = \sqrt{\frac{1}{n}\sum_{i=1}^{n}(x_i - \bar{x})^2}\ ,\ (x_i\colon \text{개별 값},\ \bar{x}\colon \text{평균},\ n\colon \text{데이터 개수})$$

데이터의 분포를 아는 것이 왜 중요한지 다음 그래프로 설명하겠습니다.

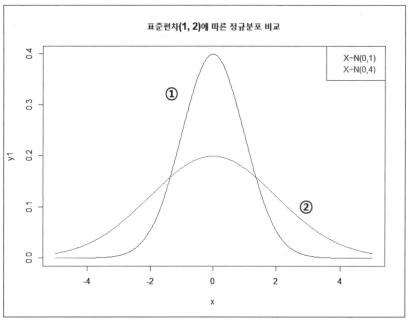

그림 4-9 | 표준편차에 따른 데이터 분포 변화

위 그래프는 평균이 동일한 데이터의 분포를 그린 그래프입니다. x축이 무엇인지, y축이 무엇인지 살펴볼 필요는 없습니다. 단지 그래프의 형상만 보면 됩니다. 그래프 ①은 그래프 ② 대비 종 모양이 좁은 형태를 보여주고 있습니다. 즉, 데이터가 평균(0)에 더 많이 분포하고 있다는 의미입니다.

만약 부화장 A와 B의 병아리 몸무게 평균이 38g으로 동일하더라도 표준편차가 크면 병아리를 사육하는 데 문제가 있을 수 있습니다. 몸무게 분포가 좁은 집단은 동일한 사료를 먹고 키우더라도 성장하는 데 큰 무리가 없지만 몸무게 분포가 넓은 집단은 왜소한 병아리가 상대적으로 거대한(?) 병아리한테 먹이를 빼앗겨 잘 먹지 못하고 있을 수 있기 때문입니다. 즉, 평균의 함정에 빠지는 문제를 보완하기 위해 데이터의 분포를 알아야 하고, 그 분포를 설명해 주는 지표가 바로 표준편차입니다.

다음 정규분포에 대한 설명을 보면 더 이해가 잘될 것입니다.

> **⚠ 참고** | pandas 패키지에서 std() 메소드는 표본 표준편차를 기본값으로 계산하며, numpy 패키지에서 std() 함수는 모 표준편차를 기본값으로 계산합니다. 이 두 함수 모두 ddof 파라미터를 적용할 수 있는데 이 값을 0으로 지정하면 모 표준편차, 1로 지정하면 표본 표준편차가 됩니다. 모 표준편차와 표본 표준편차에 대한 차이는 인터넷 검색을 통해 한 번 찾아보세요!

2-3 히스토그램으로 분포 확인하기

평균, 최솟값, 최댓값, 표준편차 등 숫자로만 데이터를 확인하니 분포에 대한 감이 잘 잡히지 않습니다. 그래프를 그려서 병아리 몸무게 분포를 확인해 보겠습니다.

코딩실습

```
In [6]    # 그래프용 matplotlib.pyplot 모듈 불러오기 및 plt라는 약어로 지칭하기
          import matplotlib.pyplot as plt
In [7]    # 히스토그램 그리기
          plt.figure(figsize=(10, 7))
          plt.hist(b.weight, bins = 7)
          plt.title('B 부화장 병아리 무게 분포 현황', fontsize =17)
```

```
plt.xlabel('병아리 무게(g)')
plt.ylabel('마릿수')
plt.show()
```

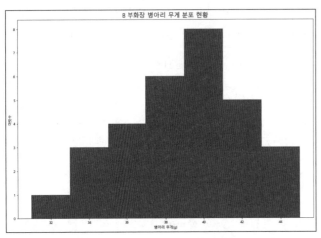

그림 4-10 | 히스토그램

일반 막대 그래프처럼 보이지만 위 그래프는 히스토그램(histogram)이라고 합니다. hist() 함수로 그릴 수 있습니다. 가로축은 병아리 무게(측정값) 구간(계급), 세로축은 마릿수(도수, 데이터 개수)로 해서 도수 분포의 상태를 막대 모양의 그래프로 나타낸 것입니다. 히스토그램은 데이터의 분포를 확인할 때 사용하는 가장 대표적인 그래프입니다. 히스토그램의 분포 형태가 익숙해 보이는 것은 학창 시절 수학의 통계 과목에서 다룬 정규분포(Normal Distribution)가 떠오르기 때문입니다.

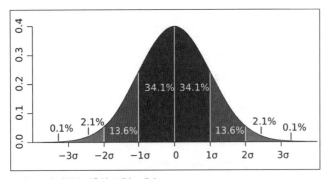

그림 4-11 | 정규분포(출처 : Wikipedia)

정규분포는 평균(μ)과 표준편차(σ)에 의해 모양이 결정되는 연속확률분포(이런 것이 있다는 정도만 알면 충분합니다!)의 하나로 N(μ, σ^2)으로 표기합니다. 병아리 몸무게 이야기를 하다가 갑자기 정규분포를 언급하는 이유는 바로 우리 주변에서 흔히 볼 수 있는 다양한 데이터의 분포가 정규분포에 가까운 형태를 보이고 있기 때문입니다.

지금 설명하는 병아리의 몸무게 분포 외에도 ○○중학교 3학년 3반 학생들의 키 분포, ○○과수원에서 수확한 사과의 당도 분포 등 굉장히 다양한 데이터들이 있는데 이런 **데이터가 적당히 많을 경우**(일반적으로 30건 이상) **정규분포에 가까워진다**는 것을 정리한 것이 바로 중심극한정리입니다. 이 중심극한정리를 이용하면 **평균과 표준편차만 알고 있어도 대략적인 데이터의 분포를 알아낼 수 있기 때문에 매우 유용합니다.** 이 부분은 마지막에 다시 설명하겠습니다.

2-4 상자그림으로 분포 확인하기

다른 그래프를 하나 더 그려보겠습니다. 상자그림(Boxplot)이라는 그래프인데 이 그래프도 히스토그램과 마찬가지로 데이터의 분포를 확인할 때 주로 사용합니다.

코딩실습

```
In [8]    # 상자그림 그리기
          plt.figure(figsize=(8, 10))
          plt.boxplot(b.weight)
          plt.title('B 부화장 병아리 무게 상자그림', fontsize =17)
          plt.ylabel('병아리 무게(g)')
          plt.show()
```

boxplot() 함수를 사용하며 그림 4-12의 그래프에서 세로축은 병아리 무게(측정값)를 나타냅니다. 그리고 상자로 표시된 부분은 전체 데이터에서 중앙값(상자 가운데 선, 50%)을 기준으로 위·아래로 각각 25%씩 총 데이터의 50%가 포함되는 범위(IQR, Inter Quantile Range)를 나타냅니다.

describe() 메소드에서 출력되었던 25%(1사분위수), 75%(3사분위수)가 각각 상자의 아랫변과 윗변에 해당하는 측정값을 뜻합니다. 상자그림은 이렇게 전체 데이터를 4등분해 데이터의 분포를 간략히 파악하는 데 큰 도움이 되며, 서로 다른 2개 이상의 집단 간 데이터 분포를 비교할 때 주로 사용됩니다.

이 부분은 뒤에 추가로 설명할 예정입니다.

상자그림에 대한 상세한 설명은 그림 4-13을 참고해 주기를 바랍니다.

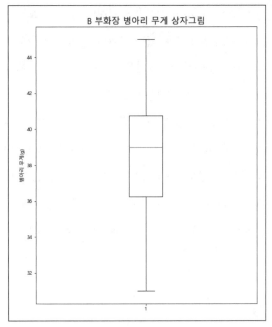

그림 4-12 | 상자그림

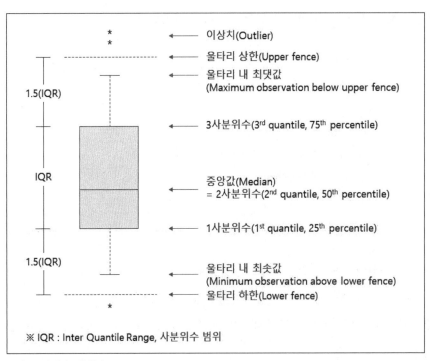

그림 4-13 | 상자그림 설명

2-5 다중 그래프로 분포 확인하기

병아리 몸무게 분포를 확인하기 위해 히스토그램과 상자그림을 그려봤습니다. 이번에는 2가지 그래프를 한꺼번에 그려서 살펴보겠습니다.

코딩실습

```
In [9]    # 히스토그램과 상자그림 한꺼번에 표시
          plt.figure(figsize=(10, 12))
          plt.subplot(2, 1, 1)
          plt.hist(b.weight, bins = 7)
          plt.title('B 부화장 병아리 무게 분포 현황', fontsize = 17)
          plt.subplot(2, 1, 2)
          plt.boxplot(b.weight, vert = False)
          plt.show()
```

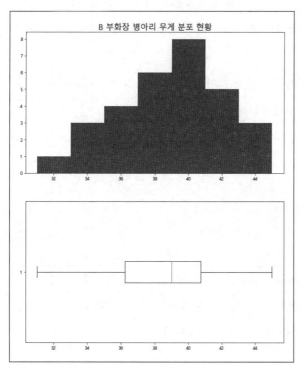

그림 4-14 | 히스토그램(위)과 상자그림(아래)

pyplot 모듈을 이용해 그래프를 2개 이상 한꺼번에 그리기 위해서는 subplot() 함수를 이용합니다. 사용법은 subplot(표시할 행 개수, 표시할 열 개수, 인덱스)로 앞서와 같이 행 2개, 열 1개로 해서 2개의 그래프를 배치하고자 했기 때문에 첫 번째 그래프는 subplot(2, 1, 1), 두 번째 그래프는 subplot(2, 1, 2)로 설정했습니다.

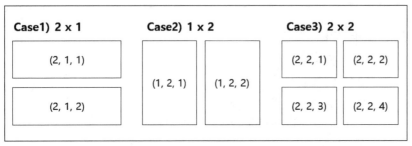

그림 4-15 | Case에 따른 subplot() 함수 인덱스

그리고 boxplot() 함수에서 vert = False라는 파라미터를 추가했는데 처음에 그린 상자그림은 세로로 긴 형태였지만 히스토그램과 같이 보기 위해 상자그림을 가로로 긴 형태로 변경했습니다. 이렇게 데이터 분포를 확인하니 병아리 몸무게가 어느 정도인지 시각적으로 확실히 알 수 있게 되었습니다.

마지막으로 앞에서 설명한 중심극한정리를 이용해 병아리 몸무게의 평균과 표준편차만으로 대략적인 분포를 구해보는 방법을 알아보겠습니다.

앞서 계산한 결과에 따르면 병아리 몸무게의 평균(μ)은 38.4고, 표준편차(σ)는 3.286335입니다. 이 2가지 값만 이용해 최솟값, 1, 3사분위수, 최댓값을 대략적으로 추정하면 다음 표와 같습니다.

구분	최솟값	1사분위수	3사분위수	최댓값
실제 값	31.00	36.25	40.75	45.00
추정값	28.54	36.18	40.62	48.26
추정값 계산식	$\mu-3\sigma$	$\mu-0.6745\sigma$	$\mu+0.6745\sigma$	$\mu+3\sigma$

표 4-2 | 평균과 표준편차를 이용한 병아리 몸무게 분포 추정

비록 최솟값과 최댓값은 다소 차이가 있지만 1, 3사분위수는 거의 비슷하게 맞췄습니다. 이것이 가능한 것은 바로 중심극한정리를 이용했기 때문입니다. 병아리 몸무게 데이터가 30건으로 충분히 많고, 정규분포에 가까운 형태기 때문에 정규분포를 따른다고 가정해 시그마(표준편차, σ)에 따른 확률을 이용해 계산한 것입니다. 다음 그림을 보면 이해가 될 것입니다.

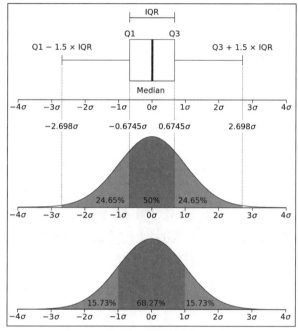

그림 4-16 | 상자그림과 정규분포(출처 : Wikipedia)

참고 | 위 그림은 상자그림과 정규분포를 비교한 그림으로 매우 유용하기 때문에 따로 저장(https://en.wikipedia.org/wiki/Box_plot)하거나 중요 값들(예시 : ±3 시그마 범위일 때 확률값 99.73%)을 외우면 공정관리나 품질관리, 데이터 분석 업무를 하는 데 큰 도움이 됩니다.

**분석
스토리** | 히스토그램과 상자그림을 통해 병아리 몸무게가 어느 정도인지 확인한 결과, 30마리의 체중이 30g과 45g 사이에 분포하며 그중 절반은 36.25g(1사분위수)과 40.75g(3사분위수) 사이에 분포하고 있음을 알 수 있었습니다. 게다가 중심극한정리를 이용해 평균과 표준편차만으로도 대략적인 몸무게의 분포를 추정할 수 있음을 알게 되었습니다.

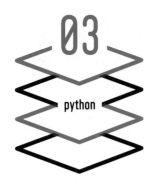

사료 제조사별 성능 차이가 있을까? (가설검정)

분석 스토리

병아리가 부화한 지 5일이 지났습니다. 그런데 이상한 점을 발견했습니다. 부화장 A에서 태어난 병아리 대비 부화장 B에서 태어난 병아리의 덩치가 더 작아 보입니다. 서로 다른 사료를 먹이고 있긴 한데 기분 탓인지, 아니면 정말 작은지 한 번 검정해 보겠습니다.

3-1 데이터 불러와서 확인하기

태어난 지 5일 된 병아리의 몸무게 데이터인 ch4-3.csv 파일을 불러온 뒤 어떤 데이터인지 확인해 보겠습니다.

코딩실습

```
In [1]    # pandas 패키지 불러오기 및 pd라는 약어로 지칭하기
          import pandas as pd
In [2]    test = pd.read_csv('ch4-3.csv') # test 변수에 데이터 셋 입력
          test
Out [2]       hatchery  chick_nm  weight
          0     A        a01       112
```

1	A	a05	116
2	A	a09	106
3	A	a12	104
4	A	a15	116
5	A	a17	118
6	A	a26	110
7	A	a28	112
8	A	a29	106
9	A	a30	108
10	B	b01	100
11	B	b02	110
12	B	b07	98
13	B	b11	100
14	B	b13	104
15	B	b17	112
16	B	b22	106
17	B	b27	106
18	B	b28	96
19	B	b30	110

위 데이터는 부화장 A와 B 각각에서 태어난 30마리의 병아리 중에서 10마리씩 샘플링한 몸무게 데이터입니다.

3-2 상자그림으로 분포 비교하기

얼핏 데이터를 살펴보더라도 부화장 A의 병아리들이 몸무게가 조금 더 나가는 것처럼 보입니다. 앞에서 배운 상자그림을 통해 이 두 그룹의 몸무게를 비교해 보겠습니다.

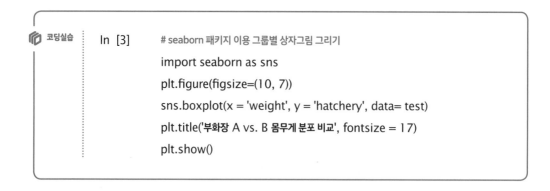

```
In [3]    # seaborn 패키지 이용 그룹별 상자그림 그리기
          import seaborn as sns
          plt.figure(figsize=(10, 7))
          sns.boxplot(x = 'weight', y = 'hatchery', data= test)
          plt.title('부화장 A vs. B 몸무게 분포 비교', fontsize = 17)
          plt.show()
```

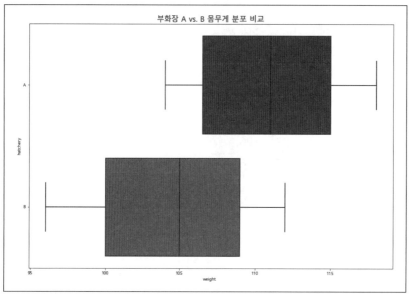

그림 4-17 | 상자그림을 통한 집단 간 분포 비교

한 열(hatchery)에 2개의 그룹이 존재하는 데이터 셋 형태로 인해 seaborn 패키지의 boxplot()
함수로 부화장(hatchery)별 몸무게(weight)를 상자그림으로 그렸습니다.

상자그림으로 비교해 보니 부화장 A의 병아리 몸무게가 B보다 높게 분포함을 알 수 있습니
다. 그런데 통계적으로 두 집단 간의 몸무게가 같은지 다른지는 어떻게 설명할 수 있을까요?
이럴 때 사용하는 것이 바로 "가설검정"입니다. 가설검정이란 추론통계의 영역으로 '비교하
는 값과 차이가 없다'는 가정의 귀무가설(H_0, Null Hypothesis)과 반대인 대립가설(H_1, Alternative
Hypothesis)을 설정해 검정 통계량으로 가설의 진위를 판단하는 방법입니다. 내용이 다소 어렵

기는 하지만 한 번 다뤄보도록 하겠습니다.

3-3 정규분포인지 검정하기

두 집단 간의 몸무게 평균이 같은지 다른지 가설검정의 방법론인 t-test를 통해 진행하겠습니다. t-test는 데이터가 정규분포를 한다는 가정하에 평균이 데이터의 대푯값 역할을 한다고 전제합니다. 따라서 t-test를 수행하기 전에 데이터가 정규분포를 따르는지 샤피로-윌크 검정(Shapiro-Wilk Test)을 통해 판정합니다. 파이썬에서 샤피로 - 윌크 검정을 하기 위해서는 scipy 패키지를 이용합니다.

코딩실습

In [4]   # 가설검정을 위한 scipy 패키지 불러오기 및 sp라는 약어로 지칭하기
         import scipy as sp

In [5]   # 부화장 A만 별도로 데이터 셋 구성
         test_a = test.loc[test.hatchery == 'A', 'weight']

In [6]   # 부화장 B만 별도로 데이터 셋 구성
         test_b = test.loc[test.hatchery == 'B', 'weight']

In [7]   # 부화장 A 샤피로 - 윌크 검정 실시
         sp.stats.shapiro(test_a)

Out [7]   ShapiroResult(statistic=0.9400018453598022,
         pvalue=0.5530343055725098)

In [8]   # 부화장 B 샤피로 - 윌크 검정 실시
         sp.stats.shapiro(test_b)

Out [8]   ShapiroResult(statistic=0.939068615436554,
         pvalue=0.5426967740058899)

우선 슬라이싱을 이용해서 test_a, test_b라는 변수에 각각 부화장 A, B의 병아리 몸무게 데이터를 집어넣겠습니다. 변수 test_a, test_b의 데이터를 각각 scipy.stats 모듈의 shapiro() 함수를 이용해 샤피로 - 윌크 검정을 진행합니다. 그리고 결과 해석을 하자면 샤피로 - 윌크 검정

에서 귀무가설은 '정규분포한다'고, 대립가설은 '정규분포하지 않는다'입니다. p-value(p값)가 test_a는 0.553, test_b는 0.5427로 둘 다 신뢰수준을 95%로 설정할 때의 유의수준인 0.05보다 크기 때문에 귀무가설을 채택합니다. 즉, test_a, test_b 데이터 셋 모두 정규분포합니다.

> ✋ 참견한요 **신뢰수준, 유의수준, p-value**
>
> - 신뢰수준(1-α) : 통계에서 어떤 값이 알맞은 추정값이라고 믿을 수 있는 정도를 뜻하며 주로 95%를 사용합니다. 신뢰도라고도 부릅니다.
> - 유의수준(α) : 통계적인 가설검정에서 사용되는 기준값을 말합니다.
> - p-value(유의확률) : 귀무가설이 맞다고 가정할 때 얻은 결과보다 극단적인 결과가 실제로 관측될 확률을 말합니다. p값이 유의수준보다 작으면 귀무가설을 기각하고 대립가설을 채택하며, 반대일 경우에는 귀무가설을 채택합니다.

3-4 t-test로 두 집단 간 평균 검정하기

정규분포를 따른다는 사실을 알았으니 이제 t-test를 통해 부화장 A, B의 병아리 몸무게 평균이 같은지 다른지 검정해 보겠습니다.

🐧 코딩실습

```
In [9]    # 부화장 A, B 두 집단 간 평균 검정
          sp.stats.ttest_ind(test_a, test_b)

Out [9]   Ttest_indResult(statistic=2.842528280230058,
          pvalue=0.0108039906339242202)
```

ttest_ind() 함수를 이용해 부화장(hatchery)별 몸무게(weight)의 평균이 같은지 다른지 검정해 봤습니다. 결과는 p-value를 보면 됩니다. p-value가 0.0108로 0.05보다 작기 때문에 95% 신뢰수준에서 대립가설을 채택합니다. 즉, **부화장 A와 B의 병아리 몸무게 평균은 서로 다르다고 판단합니다**(만약 신뢰수준을 99%로 설정했다면 p-value가 0.01보다 크기 때문에 귀무가설을 채택합니다. 즉,

부화장 A와 B의 병아리 몸무게 평균은 서로 같다고 판단합니다).

분석
스토리

부화장 B의 병아리들이 부화장 A의 병아리들보다 덩치가 작았던 것은 기분 탓이 아니었습니다. 납품 기한 문제로 인해 불가피하게 수급한 B사의 사료 품질이 A사 대비 떨어졌기 때문이었습니다. 김 대표는 B사와 거래를 끊고, 며칠 간 발품을 팔아 새로운 사료 제조사인 C사와 거래를 하게 되었고, 다행히 A사와 동일한 품질의 사료임을 t-test를 통해 판정할 수 있었습니다. 그 후 김 대표는 사료 수급처를 다변화하면서 안정적인 사료 공급망을 구축해 위기를 모면하게 되었습니다. 기본적인 병아리 생산 현황 파악 및 사료 문제를 해결한 김 대표는 본격적으로 병아리가 건강하게 성장할 수 있는 방법을 모색하기 시작합니다.

1 데이터 불러오기

파일 형태	필요 패키지	함수	사용 예시
txt		read_csv()	pd.read_csv('test.txt')
csv	pandas	read_csv()	pd.read_csv('test.csv')
xlsx		read_excel()	pd.read_excel('test.xlsx')

2 pandas 데이터 확인하기 및 정렬하기

구분	메소드	사용 예시
처음부터 5행	head()	test.head(10) # 처음부터 10번째까지
끝에서부터 5행	tail()	test.tail(10) # 끝에서 위로 10번째까지
데이터 구조 및 자료형	info()	test.info()
오름차순 정렬하기	sort_values()	test.sort_values(by = ['a'], acending = True) # a열 기준 오름차순 정렬하기
내림차순 정렬하기		test.sort_values(by = ['a'], acending = False) # a열 기준 내림차순 정렬하기

3 pandas 기초 통계량

통계량	메소드	사용 예시
합계	sum()	iris['sw'].sum() # iris의 sw열 합 계산
평균	mean()	iris['sw'].mean()
표준편차	std()	iris['sw'].std()
최솟값	min()	iris['sw'].min()
최댓값	max()	iris['sw'].max()
중앙값	median()	iris['sw'].median()
요약	describe()	iris['sw'].describe()

4 matplotlib 그래프

종류	함수	사용 예시
막대 그래프	bar()	plt.bar(test['x'], test['y'])
파이 차트	pie()	plt.pie(항목별 비율)
히스토그램	hist()	plt.hist(test['y'], bins = 7) # 히스토그램 7개 구간 나눔
상자그림	boxplot()	plt.boxplot(test['y'], vert = False) # 상자그림 가로로 표시

5 matplotlib 그래프 주요 함수

함수	기능	사용 예시
figure()	그래프 크기	plt.figure(figsize = (10, 10))
title()	그래프 제목	plt.title('title')
xlabel()	x축 이름	plt.xlabel('x')
ylabel()	y축 이름	plt.ylabel('y')
hlines()	수평선 추가	plt.hlines(y, x_{min}, x_{max}) # y값 기준, x_{min} ~ x_{max}까지 수평선 추가
vlines()	수직선 추가	plt.vlines(x, y_{min}, y_{max}) # x값 기준, y_{min} ~ y_{max}까지 수직선 추가
subplot()	여러 개 표시	subplot(표시할 행 개수, 표시할 열 개수, 인덱스)

6 scipy 두 집단 간 평균이 같은지 검정할 경우(독립 이표본 t검정)

검정	함수	비고
정규성 검정 (샤피로 - 윌크 검정)	shapiro()	정규분포인지 검정, p-value가 0.05보다 크면(귀무가설 채택) 95% 신뢰수준에서 정규분 포함
t-test	ttest_ind()	정규분포일 경우 진행, p-value가 0.05보다 작으면 95% 신뢰수준에서 대립가설(두 집단 간 평균 다름) 채택

세상에서 가장 유명한 iris(붓꽃)라는 교육용 데이터 셋이 있습니다. 앞에서 배웠던 병아리 예제를 바탕으로 iris 데이터 셋을 이용해 기초 통계량과 다양한 그래프를 그려보기를 바랍니다. 참고로 iris 데이터 셋은 seaborn 패키지에서 데이터 프레임 형태로 가져올 수 있으며, 상세한 코드는 Chapter 3의 "2. pandas의 데이터 프레임" 부분을 참고하기를 바랍니다.

1 iris 데이터 셋의 구조(structure)와 변수의 자료형(type)을 pandas 메소드를 이용해 확인해 보세요. 몇 개의 열과 행으로 이뤄졌으며 각 열은 어떤 형태를 갖추고 있나요?

2 head() 메소드를 이용해 iris 데이터 셋의 처음부터 10행까지의 데이터를 불러오세요.

3 sepal_width(꽃받침 너비)열의 데이터 평균과 표준편차 그리고 3사분위수를 구해보세요.

4   sepal_width열의 데이터 분포를 히스토그램으로 나타내 보세요.

5   상자그림을 이용해 붓꽃 품종별(species) sepal_width의 분포를 나타내 보세요. 그리고 sepal_width가 가장 넓은 품종은 어떤 종인가요?

6   setosa 품종의 sepal_width만 필터링해 s라는 데이터 셋을 만들고, versicolor 품종의 sepal_width만 필터링해 v라는 데이터 셋을 만들어 보세요.

🔍 힌트 | loc 속성을 이용해 데이터를 필터링할 수 있습니다.

7   데이터 셋 s와 v가 정규분포를 따르는지 검정해 보세요.

8   데이터 셋 s와 v의 평균이 같다고 볼 수 있는지 t-test를 통해 검정해 보세요.

5

**분석
스토리**

이제 막 병아리를 키우고 있는 김 대표는 문득 병아리의 성장 속도에 영향
을 미치는 인자들이 궁금해졌습니다. 병아리의 성장 속도가 빠르면 보다 많
은 매출을 올릴 수 있기 때문입니다. 아마도 유전적인 요소도 중요할 것이
고, 사료를 얼마만큼 먹는지도 중요할 것입니다. 그렇다면 데이터를 통해
한 번 알아보도록 하겠습니다.

상관분석과
회귀분석

python

상관분석과 회귀분석은 데이터 분석 모델을 만들기 위한 가장 기초적인 관문입니다. 상관분석은 다양한 변수가 서로 비례 관계인지 반비례 관계인지를 ± 부호와 숫자로 표현해 주고, 회귀분석은 서로 상관관계가 있는 연속형 변수들의 관계를 수식으로 나타내줍니다. 회귀분석 모델은 충분히 유용하고, 수식으로 표현되기 때문에 활용도가 높습니다.

01

python

병아리의 성장에 영향을 미치는 인자는 무엇일까? (상관분석)

1-1 상관분석이란?

상관분석(Correlation Analysis)은 연속형인 두 변수 간에 어떤 선형적인(linear) 또는 비선형적인 (non-linear) 관계를 갖고 있는지 분석하는 방법입니다. 상관분석을 실시하면 두 변수 간의 관계를 상관계수(Correlation Coefficient)로 나타냅니다. 이 상관계수는 -1과 1 사이의 값을 갖는데 (─) 부호일 경우에는 반비례 관계인 음의 상관관계를 나타내고, (+) 부호일 경우에는 비례 관계인 양의 상관관계를 나타냅니다.

상관계수를 판정하는 일반적인 기준은 다음 그림과 같습니다.

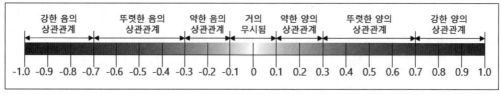

그림 5-1 │ 상관계수 판정 기준

상관계수의 경우 두 변수 간에 연관된 정도만을 나타낼 뿐, 인과관계를 설명하는 것은 아니라는 점을 확실히 알아야 합니다.

그러면 병아리의 성장(몸무게)에 영향을 미치는 변수들에는 무엇이 있고, 어떤 상관관계를 갖는지 데이터를 통해 알아보겠습니다.

1-2 데이터 불러와서 확인하기

부화한 지 1주일된 병아리 몸무게(weight), 종란 무게(egg_weight), 하루 평균 이동거리(movement), 하루 평균 사료 섭취량(food) 데이터가 포함된 ch5-1.csv 파일을 불러와서 확인해 보겠습니다.

코딩실습

```
In [1]    # pandas 패키지 불러오기 및 pd라는 약어로 지칭하기
          import pandas as pd
In [2]    w = pd.read_csv('ch5-1.csv') # w 변수에 데이터 셋 입력
In [3]    w.head() # 위에서부터 5개 데이터 확인
Out [3]
```

	chick_nm	weight	egg_weight	movement	food
0	a01	140	65	146	14
1	a02	128	62	153	12
2	a03	140	65	118	13
3	a04	135	65	157	13
4	a05	145	69	157	13

```
In [4]    w.info() # 데이터 구조 및 자료형 확인
Out [4]   <class 'pandas.core.frame.DataFrame'>
          RangeIndex: 30 entries, 0 to 29
          Data columns (total 5 columns):
```

#	Column	Non-Null Count	Dtype
0	chick_nm	30 non-null	object
1	weight	30 non-null	int64
2	egg_weight	30 non-null	int64
3	movement	30 non-null	int64
4	food	30 non-null	int64

```
          dtypes: int64(4), object(1)
          memory usage: 1.3+ KB
```

총 5개의 열(변수)과 30개의 행으로 구성되어 있습니다. 첫 번째 열은 병아리 번호로 데이터 타입이 "object"이고, 나머지는 숫자(int)입니다.

1-3 상관분석을 위한 별도 데이터 셋 만들기

상관분석은 숫자 형태의 데이터만 가능하기 때문에 문자인 첫 번째 열을 제외하고 별도의 데이터 셋을 따로 만들겠습니다. w_n이라는 데이터 셋을 만들어 숫자 데이터만 따로 넣겠습니다.

```
In [5]    # w 데이터 셋에서 1~4열 데이터만 가져오기
          w_n = w.iloc[:,1:5]
          w_n.head()
```

Out [5]		weight	egg_weight	movement	food
	0	140	65	146	14
	1	128	62	153	12
	2	140	65	118	13
	3	135	65	157	13
	4	145	69	157	13

head() 메소드를 통해 원하는 데이터 셋이 만들어졌는지 확인했습니다.

1-4 상관분석 실시

pandas에서 상관분석은 corr() 메소드를 통해 가능합니다. w_cor이라는 변수를 만들어 상관분석 결과를 집어넣도록 하겠습니다.

```
In [6]      # 상관분석 실시
            w_cor = w_n.corr(method = 'pearson')
            w_cor
```

Out [6]		weight	egg_weight	movement	food
	weight	1.000000	0.957169	0.380719	0.877574
	egg_weight	0.957169	1.000000	0.428246	0.808147
	movement	0.380719	0.428246	1.000000	0.319011
	food	0.877574	0.808147	0.319011	1.000000

상관분석 결과를 확인해 보면 가로와 세로에 각각 변수명이 존재하고, 상관계수가 표시됨을 알 수 있습니다. 상관분석 자체가 1:1의 상관관계를 나타내기 때문에 위와 같은 상관행렬(Correlation Matrix)이라는 형태로 결과가 표시됩니다. 여기서 알고자 하는 것은 병아리의 몸무게(weight)와 다른 변수들 간의 상관관계기 때문에 첫 번째 열 또는 첫 번째 행의 결과만 해석하면 됩니다.

첫 번째 열을 기준으로 상관분석 결과를 해석하면 병아리 몸무게(weight)에 가장 큰 상관계수를 갖는 변수는 종란 무게(egg_weight)로 무려 0.957169라는 1에 매우 가까운 양의 상관관계를 나타내고 있습니다. 다음으로 높은 변수는 하루 평균 사료 섭취량(food)으로 0.877574의 상관계수를 나타내고 있습니다. 충분히 높은 상관계수입니다. 마지막으로 하루 평균 이동거리(movement)는 0.380719의 상관계수를 나타내고 있습니다. 다른 변수들에 비해 높진 않지만 양의 상관관계가 어느 정도 존재하는 것으로 생각됩니다.

잠깐만요

상관계수의 종류

상관계수를 구하는 방법에는 피어슨(Pearson), 스피어만(Spearman) 그리고 켄달(Kendall) 3가지가 존재합니다. 스피어만 상관계수는 두 변수가 순서 또는 서열 척도인 경우 사용하며, 피어슨 상관계수가 선형적인 관계의 크기만 측정하는 것에 비해 비선형적인 관계도 나타낼 수 있습니다.

1-5 상관분석 결과 표현하기

상관분석 결과의 경우 상관행렬의 형태로만 나타내게 되면 데이터의 해석을 왜곡할 우려가 있기 때문에 산점도(Scatter Plot)를 그려서 같이 확인해야 합니다. seaborn 패키지의 pairplot() 함수를 통해 w_n 데이터 셋 내 전체 변수들 간의 관계를 산점도로 나타내 보겠습니다.

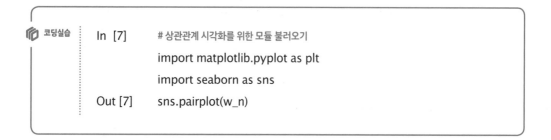

코딩실습

In [7]   # 상관관계 시각화를 위한 모듈 불러오기
          import matplotlib.pyplot as plt
          import seaborn as sns
Out [7]   sns.pairplot(w_n)

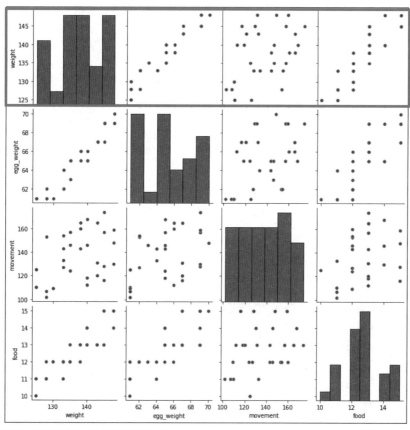

그림 5-2 | 변수 간의 1:1 관계를 표현한 산점도

194

앞의 산점도는 첫 번째 행의 박스 부분만 보면 됩니다. 병아리 몸무게(weight)가 y축일 때 나머지 변수들이 x축일 경우를 나타낸 산점도로 상관분석 결과와 마찬가지로 종란 무게(egg_weight)와 하루 평균 사료 섭취량(food)은 병아리 몸무게(weight)에 강한 양의 선형관계를 갖는 것으로 보입니다. 반면에 하루 평균 이동거리(movement)의 경우 상관계수로만 판단했을 때 뚜렷한 선형관계가 있을 것으로 판단되었으나 데이터의 분포가 매우 흩어져 있음을 확인할 수 있습니다.

이처럼 산점도로 변수 간의 상관관계를 나타내는 것도 좋지만 상관행렬(Correlation Matrix)도에 색상을 추가해 표현하면 결과를 한눈에 보기 좋습니다. seaborn 패키지의 heatmap() 함수를 이용해 그려보겠습니다.

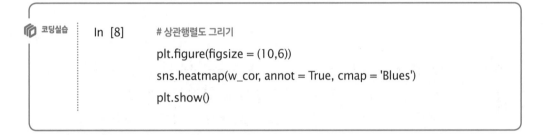

```
코딩실습    In [8]    # 상관행렬도 그리기
                    plt.figure(figsize = (10,6))
                    sns.heatmap(w_cor, annot = True, cmap = 'Blues')
                    plt.show()
```

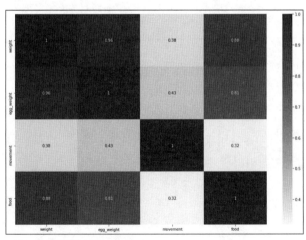

그림 5-3 | 상관행렬도

annot = True는 상관계수를 표시하라는 파라미터며, "cmap"은 색상을 지정한 것입니다. seaborn 팔레트의 색상 정보는 Chapter 4의 그림 4-4를 참고하기를 바랍니다.

02 ~python~ 병아리의 몸무게를 예측할 수 있을까? (회귀분석)

🔍 **분석 스토리**

상관분석을 통해 병아리 몸무게에 영향을 미치는 인자들을 찾을 수 있었고, 그중에서도 병아리가 태어난 달걀인 종란 무게가 가장 큰 양의 상관관계를 갖고 있음을 확인할 수 있었습니다. 그렇다면 종란 무게로 병아리 몸무게를 예측하는 것이 가능한지 한 번 알아보겠습니다.

2-1 회귀분석이란?

회귀분석(Regression Analysis)은 연속형 변수들에 대해 두 변수 간의 관계를 수식으로 나타내는 분석 방법입니다. 쉽게 말해서 x라는 독립변수와 y라는 종속변수가 존재할 때 이 두 변수 간의 관계를 $y = ax + b$와 같은 형태의 수식으로 나타낼 수 있는 방법입니다.

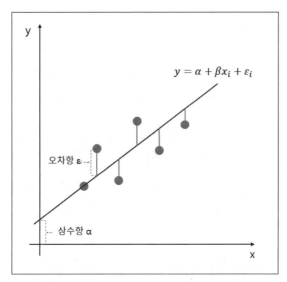

$$y = \alpha + \beta x_i + \varepsilon_i$$

오차항 ε

상수항 α

그림 5-4 | 회귀모형 개념

예를 들어, 위와 같이 가로축이 x이고, 세로축이 y일 때 이 둘의 사이 값을 산점도로 나타낼 수 있습니다. 이 데이터 간의 관계를 가장 적합한 하나의 직선으로 표현하는 방법이 회귀분석이며, 이를 위해 직선과 개별 값들 간의 오차를 최소화하는 직선을 찾는 것을 목표로 합니다. 종속변수가 1개, 독립변수가 2개 이상이면 다중 회귀분석(Multiple Regression Analysis)이라고 하고, 종속변수와 독립변수 간의 관계가 log나 거듭제곱과 같은 비선형 관계일 경우에는 비선형 회귀분석(Non-linear Regression Analysis)이라고 합니다.

회귀분석의 5가지 가정

회귀분석은 5가지 가정을 전제로 합니다. 다소 어려운 내용이므로 참고만 하고, 깊게 공부할 경우 찾아 학습하기를 바랍니다.

① 선형성 : 독립변수(x)와 종속변수(y)의 관계가 선형 관계가 있음
② 독립성 : 잔차(residual)와 독립변수의 값이 관련없어야 함
③ 등분산성 : 독립변수의 모든 값에 대한 오차들의 분산이 일정해야 함
④ 비상관성 : 관측치들의 잔차들끼리 상관이 없어야 함
⑤ 정상성 : 잔차항이 정규분포를 이뤄야 함

2-2 단순 선형 회귀분석

단순 선형 회귀분석은 종속변수(y)와 독립변수(x)가 각각 하나씩 존재하며 서로 선형적인 관계를 가질 때 사용하는 방법으로 회귀모델(모형 또는 식)은 y = ax + b 형태의 수식으로 나타냅니다.

상관분석에서 병아리 몸무게에 종란 무게가 가장 큰 상관관계를 갖고 있었기 때문에 병아리 몸무게(y)를 종란 무게(x)로 어떻게 수식화할 수 있는지 알아보겠습니다. 상관분석에서 활용했던 ch5-1.csv 파일을 그대로 사용하며 첫 번째 열을 제외하고 만든 w_n 데이터 셋을 이용하겠습니다.

파이썬에서 회귀분석은 sklearn.linear_model 모듈의 LinearRegression() 함수를 이용하거나 statsmodels.formula.api 모듈의 ols() 함수를 이용합니다. 후자의 경우가 모델 결과를 더 상세하게 표현해 주기 때문에 statsmodels 모듈을 이용해 실습하겠습니다.

ols() 함수 사용법은 ols(formula = 'y ~ x_1 + x_2 + x_3 + ···', data = 데이터 셋 이름)입니다. 병아리 몸무게(weight)를 y로 두고, 종란 무게(egg_weight)를 x로 설정한 단순 선형 회귀모델은 model_lm이라는 변수에 집어넣겠습니다. 그리고 fit() 메소드를 통해 모델을 학습시키고, 결과를 result_lm에 넣은 뒤 summary() 메소드를 통해 확인하겠습니다.

코딩실습

In [9]
```
# 회귀분석 수행을 위한 모듈 불러오기 및 smf라는 약어로 지칭하기
import statsmodels.formula.api as smf
# 종란 무게 - 병아리 몸무게 단순 선형 회귀모델 구축
model_lm = smf.ols(formula = 'weight ~ egg_weight', data = w_n)
```

In [10]
```
# 모델 학습
result_lm = model_lm.fit()
```

In [11]
```
# 모델 결과 확인
result_lm.summary()
```

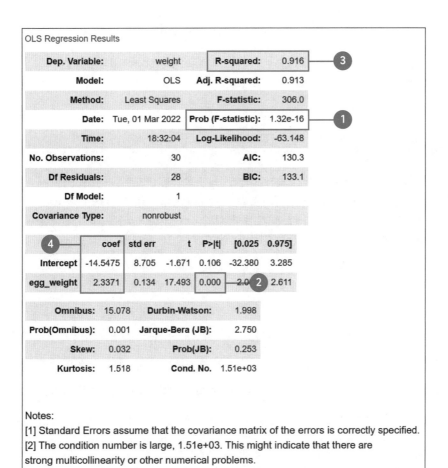

OLS Regression Results

Dep. Variable:	weight	R-squared:	0.916	③
Model:	OLS	Adj. R-squared:	0.913	
Method:	Least Squares	F-statistic:	306.0	
Date:	Tue, 01 Mar 2022	Prob (F-statistic):	1.32e-16	①
Time:	18:32:04	Log-Likelihood:	-63.148	
No. Observations:	30	AIC:	130.3	
Df Residuals:	28	BIC:	133.1	
Df Model:	1			
Covariance Type:	nonrobust			

④	coef	std err	t	P>|t|	[0.025	0.975]
Intercept	-14.5475	8.705	-1.671	0.106	-32.380	3.285
egg_weight	2.3371	0.134	17.493	0.000 ②	2.0	2.611

Omnibus:	15.078	Durbin-Watson:	1.998
Prob(Omnibus):	0.001	Jarque-Bera (JB):	2.750
Skew:	0.032	Prob(JB):	0.253
Kurtosis:	1.518	Cond. No.	1.51e+03

Notes:
[1] Standard Errors assume that the covariance matrix of the errors is correctly specified.
[2] The condition number is large, 1.51e+03. This might indicate that there are
strong multicollinearity or other numerical problems.

그림 5-5 | 단순 선형 회귀분석 결과

회귀분석을 실행하면 위와 같이 외계어(?) 같은 글들이 가득 출력되기 때문에 결과를 해석할
수 있어야 합니다.

① 회귀모델이 통계적으로 유의한지 확인해야 합니다. F 통계량의 p-value(p값)가 0.05보다
작으면 유의수준 5%(신뢰수준 95%)하에서 추정된 회귀모델이 통계적으로 유의한 것으로 판단
합니다.

앞 예제의 경우 1.32e-16(1.32 × 10^{-16})으로 0.05보다 매우 작은 0에 가까운 값으로 회귀모델이 통
계적으로 유의하다고 판단합니다.

② 개별 독립변수가 통계적으로 유의한지 확인해야 합니다. 개별 독립변수의 p값이 0.05보다
작으면 유의수준 5%하에서 통계적으로 유의한 것으로 판단합니다.

앞 예제의 경우 종란 무게(egg_weight)가 0.000으로 0.05보다 작은 0에 가까운 값이 나왔기 때문에 종란 무게는 통계적으로 유의하다고 판단합니다. 그리고 상수(Intercept)의 p값은 의미가 없습니다.

❸ 결정계수(R-squared)가 높은지 확인해야 합니다. R^2은 1에 가까울수록 회귀모델의 성능(설명력)이 뛰어나다고 판단합니다. 상황에 따라 다르지만 일반적으로 R^2이 0.7보다 크면 꽤 우수한 회귀모델이라고 판단할 수 있습니다. 물론, 독립변수와 종속변수의 절대적인 수치 크기로 인해 R^2이 0.7보다 낮더라도 효용 있는 회귀모델일 수 있습니다. 이는 데이터 분석가와 실무자들의 합의하에 정할 수 있는 부분입니다.

앞 예제의 경우 0.916으로 1에 가까운 매우 높은 값으로 회귀모델의 성능이 뛰어나다고 판단합니다.

❹ 회귀모델은 coef(coefficient)값으로 구할 수 있습니다. Intercept는 y절편(상수)을 뜻하며 각 독립변수에 해당되는 coef값은 해당 독립변수의 계수(기울기)를 나타냅니다.

앞 예제의 경우 "**weight = 2.3371 * egg_weight – 14.5475**"로 회귀모델을 수식화해 표현할 수 있습니다.

보고서 형태로 결과 출력

summary() 메소드를 print() 함수로 출력하면 깔끔한 보고서 형태로 모델 결과를 출력할 수 있습니다.

예시) print(result_lm.summary())

```
                            OLS Regression Results
==============================================================================
Dep. Variable:                 weight   R-squared:                       0.916
Model:                            OLS   Adj. R-squared:                  0.913
Method:                 Least Squares   F-statistic:                     306.0
Date:                Tue, 01 Mar 2022   Prob (F-statistic):           1.32e-16
Time:                        17:34:15   Log-Likelihood:                -63.148
No. Observations:                  30   AIC:                             130.3
Df Residuals:                      28   BIC:                             133.1
Df Model:                           1
Covariance Type:            nonrobust
==============================================================================
                 coef    std err          t      P>|t|      [0.025      0.975]
------------------------------------------------------------------------------
Intercept      -14.5475      8.705     -1.671      0.106     -32.380       3.285
egg_weight       2.3371      0.134     17.493      0.000       2.063       2.611
==============================================================================
Omnibus:                       15.078   Durbin-Watson:                   1.998
Prob(Omnibus):                  0.001   Jarque-Bera (JB):                2.750
Skew:                           0.032   Prob(JB):                        0.253
Kurtosis:                       1.518   Cond. No.                     1.51e+03
==============================================================================

Notes:
[1] Standard Errors assume that the covariance matrix of the errors is correctly specified.
[2] The condition number is large, 1.51e+03. This might indicate that there are
strong multicollinearity or other numerical problems.
```

그림 5-6 | print() 함수를 이용해 보고서 형태로 출력한 회귀분석 결과

위와 같이 회귀분석 결과를 해석한 뒤에는 산점도를 그리고, 그 위에서 회귀직선을 표시해 모델이 데이터를 잘 설명하고 있는지 확인하는 것이 좋습니다. 앞서 계속해서 사용해 왔던 matplotlib.pyplot 모듈의 scatter() 함수로 가로축(x)이 종란 무게(egg_weight)고, 세로축(y)이 병아리 몸무게(weight)인 산점도를 그립니다. 그리고 그 위에 plot() 함수와 text() 함수를 이용해 각각 회귀직선과 회귀모델을 텍스트로 표시합니다.

코딩실습

In [12]
```python
# 종란 무게에 따른 병아리 몸무게 산점도
plt.figure(figsize = (10,6))
plt.scatter(w.egg_weight, w.weight, alpha = .5)
plt.plot(w.egg_weight, w.egg_weight*2.3371 - 14.5475, color = 'red')
```

```
plt.text(66, 132, 'weight = 2.3371egg_weight - 14.5475',
fontsize = 12)
plt.title('Scatter Plot')
plt.xlabel('egg_weight')
plt.ylabel('weight')
plt.show()
```

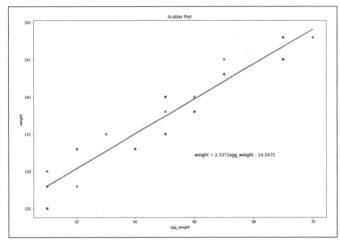

그림 5-7 | 산점도와 회귀직선

위 코드에서 text() 함수의 66과 132는 텍스트가 표시될 위치의 x, y 좌표기 때문에 그래프의 범위 안에서 다른 값을 입력해도 무방합니다.

모델을 적합시킨 result_lm의 속성에는 잔차(residual)를 포함하고 있습니다.

코딩실습

In [13]   # 잔차 5개만 확인
           result_lm.resid.head()

Out [13]   0   2.633714
           1   -2.354880
           2   2.633714
           3   -2.366286
           4   -1.714829
           dtype: float64

resid라는 속성을 이용해 잔차 히스토그램을 그려보는 것도 모델의 성능을 판단할 때 중요한 지표로 사용됩니다. 앞서 배웠던 matplotlib.pyplot 모듈의 hist() 함수를 이용해 잔차의 히스토그램을 그려보겠습니다.

코딩실습

```
In [14]    # 잔차 히스토그램 그리기
           plt.figure(figsize = (10,6))
           plt.hist(result_lm.resid, bins = 7)
           plt.show()
```

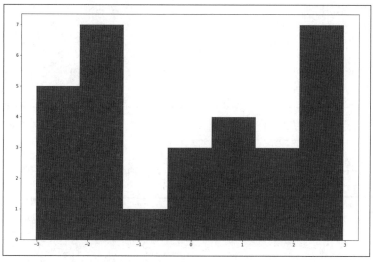

그림 5-8 | 단순 선형 회귀분석 결과 잔차 히스토그램

잔차가 0 근처에 주로 분포해 세로가 긴 종 모양의 히스토그램이 나왔으면 좋았겠지만 잔차가 다양하게 분포한 형태로 나왔습니다. 조금 아쉽습니다. 어떻게 하면 잔차를 더 줄일 수 있을까요? 독립변수를 더 늘려서 회귀분석을 해보겠습니다.

2-3 다중 회귀분석

다중 회귀분석(Multiple Regression Analysis)은 독립변수가 2개 이상일 경우에 사용하며 수식으로 표현하면 $y = ax_1 + bx_2 + c$ 형태로 나타낼 수 있습니다. 상관계수가 가장 높았던 독립변수인 종란 무게(egg_weight) 외에 나머지 하루 평균 이동거리(movement), 하루 평균 사료 섭취량(food)까지 활용해서 회귀분석을 해보겠습니다. 기존의 w_n 데이터 셋을 그대로 활용하며 ols() 함수에서는 변수가 추가될 경우 "+" 기호를 이용합니다.

코딩실습

```
In [15]    # 병아리 몸무게 예측을 위한 다중 회귀분석 실시
           model_mlm = smf.ols(formula = 'weight ~ egg_weight + food +
           movement', data = w_n)
In [16]    result_mlm = model_mlm.fit()
In [17]    result_mlm.summary()
```

OLS Regression Results

Dep. Variable:	weight	R-squared:	0.948
Model:	OLS	Adj. R-squared:	0.942
Method:	Least Squares	F-statistic:	157.7
Date:	Tue, 01 Mar 2022	Prob (F-statistic):	8.46e-17
Time:	18:32:05	Log-Likelihood:	-56.008
No. Observations:	30	AIC:	120.0
Df Residuals:	26	BIC:	125.6
Df Model:	3		
Covariance Type:	nonrobust		

	coef	std err	t	P>|t|	[0.025	0.975]
Intercept	2.9748	8.587	0.346	0.732	-14.676	20.626
egg_weight	1.7763	0.195	9.117	0.000	1.376	2.177
food	1.5847	0.405	3.915	0.001	0.753	2.417
movement	-0.0087	0.017	-0.522	0.606	-0.043	0.026

Omnibus:	1.993	Durbin-Watson:	2.030
Prob(Omnibus):	0.369	Jarque-Bera (JB):	1.746
Skew:	-0.480	Prob(JB):	0.418
Kurtosis:	2.311	Cond. No.	4.31e+03

Notes:
[1] Standard Errors assume that the covariance matrix of the errors is correctly specified.
[2] The condition number is large, 4.31e+03. This might indicate that there are strong multicollinearity or other numerical problems.

그림 5-9 | 다중 회귀분석 결과

앞선 단순 선형 회귀분석 결과를 해석하는 것과 동일하나 다중 회귀분석에서는 개별 독립변수의 p값을 더 유심히 봐야 하고, Adj.(Adjusted) R-squared로 모델이 계산을 통해 얼마나 종속변수를 잘 설명하는지 봐야 합니다.

종란 무게(egg_weight) 외에 추가한 2개의 독립변수 중 하루 평균 이동거리(movement)는 p값이 0.606으로 0.05보다 매우 커 95% 신뢰수준에서 통계적으로 유의하지 않습니다. 따라서 이 독립변수는 회귀분석에서 제외하는 것이 좋습니다.

종란 무게만으로 실시한 단순 선형 회귀분석에서는 R-squared가 0.916으로 이미 높은 수준이었지만 변수를 2개 더 추가한 다중 회귀분석 결과에서는 Adj. R-squared가 0.942로 더 높아졌습니다.

이런 경우에는 하루 평균 이동거리(movement)를 제외하고, 다중 회귀분석을 실시해서 다시 평가하는 것이 바람직합니다.

코딩실습

```
In [18]    # 병아리 몸무게 예측을 위한 다중 회귀분석 실시2
           model_mlm2 = smf.ols(formula = 'weight ~ egg_weight + food',
           data = w_n)
In [19]    result_mlm2 = model_mlm2.fit()
In [20]    result_mlm2.summary()
```

OLS Regression Results

Dep. Variable:	weight	R-squared:	0.947
Model:	OLS	Adj. R-squared:	0.943
Method:	Least Squares	F-statistic:	243.0
Date:	Tue, 01 Mar 2022	Prob (F-statistic):	5.44e-18
Time:	18:32:05	Log-Likelihood:	-56.164
No. Observations:	30	AIC:	118.3
Df Residuals:	27	BIC:	122.5
Df Model:	2		
Covariance Type:	nonrobust		

	coef	std err	t	P>|t|	[0.025	0.975]
Intercept	3.6638	8.370	0.438	0.665	-13.510	20.837
egg_weight	1.7453	0.183	9.536	0.000	1.370	2.121
food	1.5955	0.399	4.001	0.000	0.777	2.414

Omnibus:	2.302	Durbin-Watson:	2.103
Prob(Omnibus):	0.316	Jarque-Bera (JB):	1.940
Skew:	-0.502	Prob(JB):	0.379
Kurtosis:	2.263	Cond. No.	1.84e+03

Notes:
[1] Standard Errors assume that the covariance matrix of the errors is correctly specified.
[2] The condition number is large, 1.84e+03. This might indicate that there are strong multicollinearity or other numerical problems.

그림 5-10 | 다중 회귀분석 결과2

다시 다중 회귀분석을 실시한 결과를 살펴보면 Adj. R-squared가 0.943으로 하루 평균 이동 거리(movement) 변수가 포함되었을 때의 0.942보다 오히려 올라갔습니다. 게다가 독립변수가 하나 줄어 회귀모델은 더 간단해졌습니다.

> **잠깐만요**
>
> ### 다중 회귀분석에서 변수를 선택하는 방법
>
> 다양한 독립변수들 중에서 적합한 변수를 선택하는 데는 3가지 방법이 있습니다. 후진소거법은 모든 변수를 포함한 상태에서 시작해 영향이 적은 변수를 하나씩 제거해 나가는 방법이고, 그 반대의 경우는 전진선택법이라고 합니다. 그리고 전진선택법과 후진소거법을 함께 사용하는 단계적 방법이 있습니다.
> - 전진선택법(Forward Selection): y절편만 있는 상수모형부터 시작해 독립변수를 추가해 나감
> - 후진소거법(Backward Elimination): 독립변수를 모두 포함한 상태에서 가장 적은 영향을 주는 변수를 하나씩 제거해 나감
> - 단계적 방법(Stepwise): y절편만 있는 상수모형부터 시작해 독립변수를 추가해 나가지만 추가한 독립변수가 중요하지 않으면(p값이 높으면) 제거하고, 다른 독립변수를 추가해 나감

2-4 다중공선성

다중 회귀분석의 경우 단순 선형 회귀분석과 달리 독립변수가 많기 때문에 예상치 못한 독립변수들 간의 강한 상관관계로 인해 제대로 된 회귀분석이 안 될 수도 있습니다. 이런 현상을 다중공선성(multicollinearity) 문제라고 합니다. 다중공선성 문제는 분산팽창요인(VIF, Variance Inflation Factor)을 계산해 구할 수 있는데 일반적으로 10 이상이면 다중공선성 문제가 있다고 판단하고, 30을 초과하면 심각한 다중공선성 문제가 있다고 판단합니다.

분산팽창요인은 statsmodels.stats.outliers_influence 모듈에서 variance_inflation_factor() 함수를 이용해 구할 수 있습니다. 함수 사용법은 variance_inflation_factor(exog, exog_idx)로 앞에서 만든 모델(model_mlm2)을 활용하면 됩니다.

```
In [21]    # 다중공선성 확인을 위한 함수 불러오기
           from statsmodels.stats.outliers_influence import variance_
           inflation_factor
In [22]    # 회귀모델 변수명 속성
           model_mlm2.exog_names
Out [22]   ['Intercept', 'egg_weight', 'food']
In [23]    # 1번째 변수(egg_weight) vif 계산
           vif1 = variance_inflation_factor(model_mlm2.exog, 1)
In [24]    # 2번째 변수(food) vif 계산
           vif2 = variance_inflation_factor(model_mlm2.exog, 2)
In [25]    print(vif1, vif2)
Out [25]   2.882684511307579 2.8826845113075765
```

분산팽창요인 계산 결과, 종란 무게(egg_weight)와 하루 평균 사료 섭취량(food) 두 가지 독립변수 모두 2.88 수준으로 10보다 매우 작기 때문에 다중공선성 문제는 없는 것으로 판단됩니다. 이제 단순 선형 회귀분석처럼 산점도를 그려서 회귀모델이 얼마나 적합한지 봐야 하는데 일반적으로 다중 회귀분석의 경우 독립변수가 많기 때문에 최소 3차원 이상의 축을 가진 그래프를 그려야 합니다. 이럴 경우 시각적으로 알아보기가 어려울 뿐더러 그리기도 어렵습니다. 따라서 잔차(residual)의 히스토그램 정도만 확인하겠습니다.

```
In [26]    # 잔차 히스토그램 그리기
           plt.figure(figsize = (10,6))
           plt.hist(result_mlm2.resid, bins = 7)
           plt.show()
```

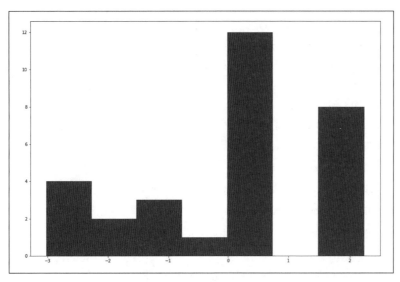

그림 5-11 │ 다중 회귀분석 결과 잔차 히스토그램

종란 무게(egg_weight) 하나만 사용한 단순 선형 회귀분석 결과 대비 잔차의 분포가 중심이 긴 종 모양 형태에 가까워졌음을 확인할 수 있습니다.

최종적으로 병아리 몸무게(weight)를 종란 무게(egg_weight)와 하루 평균 사료 섭취량(food)을 독립변수로 둔 수식으로 표현하면 다음과 같습니다.

weight = 1.7453*egg_weight + 1.5955*food + 3.6638

분석
스토리

김 대표는 다중 회귀분석을 이용해 종란 무게와 하루 평균 사료 섭취량 데이터로 병아리 몸무게를 매우 높은 정확도로 예측할 수 있는 회귀모델을 개발할 수 있었습니다. 하지만 이 수식은 단지 부화한 지 1주일된 병아리의 몸무게를 예측하는 데 외에는 사용할 수 없었습니다.

김 대표는 문득 단지 1주일된 병아리의 몸무게가 아닌 병아리가 닭이 될 때까지 성장기간에 따른 몸무게 변화가 궁금해졌습니다. 그래서 병아리 한 마리를 지정해 부화한 첫날부터 70일까지의 몸무게를 기록했습니다. 성장기간에 따른 병아리의 몸무게는 과연 어떻게 변화했을까요?

2-5 비선형 회귀분석

비선형 회귀분석(Non-linear Regression Analysis)은 독립변수(x)와 종속변수(y)가 선형 관계가 아닌 비선형 관계일 때 사용하는 분석 방법입니다. 독립변수와 종속변수가 직선이 아닌 곡선 형태의 관계를 가질 수도 있기 때문에 이런 때에는 독립변수에 로그(log)나 거듭제곱 등을 취해 보면서 적합한 비선형 모델을 찾아내야 합니다.

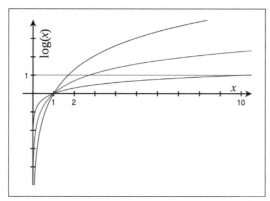

그림 5-12 | 다양한 로그 그래프(출처 : Wikipedia)

성장기간에 따른 병아리의 몸무게 변화를 데이터를 보면서 상세하게 설명하겠습니다. ch5-2.csv 파일을 불러와서 데이터를 확인해 보겠습니다.

코딩실습

```
In [27]    w2 = pd.read_csv('ch5-2.csv') # w2 변수에 데이터 셋 입력
In [28]    w2.head()
Out [28]        day    weight
           0    1      43
           1    2      55
           2    3      69
           3    4      86
           4    5      104
In [29]    w2.info()
```

```
Out [29]    <class 'pandas.core.frame.DataFrame'>
                RangeIndex: 70 entries, 0 to 69
            Data columns (total 2 columns):
             #   Column   Non-Null Count   Dtype
            ---  -------   --------------   ------
             0   day       70 non-null      int64
             1   weight    70 non-null      int64
            dtypes: int64(2)
            memory usage: 1.2 KB
```

성장기간(day)과 병아리 몸무게(weight) 2개의 변수와 70개의 행을 가진 데이터 셋입니다. 데이터의 형태를 확인하기 위해 scatter() 함수를 이용해 산점도(Scatter Plot)를 그려보겠습니다.

🏠 코딩실습

```
In [30]    # 성장기간에 따른 병아리 몸무게 변화
            plt.figure(figsize = (10,6))
            plt.scatter(w2.day, w2.weight, alpha = .5)
            plt.title('Scatter Plot')
            plt.xlabel('day')
            plt.ylabel('weight')
            plt.show()
```

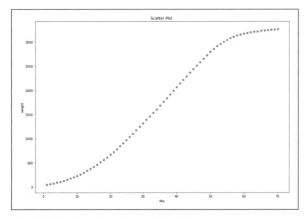

그림 5-13 | 성장기간에 따른 병아리 몸무게 변화 산점도

성장기간(day)에 따른 병아리 몸무게(weight)의 변화는 직선이라고 보기에는 적합하지 않은 것 같습니다. 그래도 우선 선형 회귀분석을 실시해 보겠습니다.

```
In [31]    # 성장기간에 따른 병아리 몸무게 변화 선형 회귀분석 실시
           model_lm2 = smf.ols(formula = 'weight ~ day', data = w2)
In [32]    result_lm2 = model_lm2.fit()
In [33]    result_lm2.summary()
```

OLS Regression Results

Dep. Variable:	weight	R-squared:	0.979
Model:	OLS	Adj. R-squared:	0.979
Method:	Least Squares	F-statistic:	3189.
Date:	Sat, 18 Dec 2021	Prob (F-statistic):	7.22e-59
Time:	17:41:19	Log-Likelihood:	-457.86
No. Observations:	70	AIC:	919.7
Df Residuals:	68	BIC:	924.2
Df Model:	1		
Covariance Type:	nonrobust		

	coef	std err	t	P>|t|	[0.025	0.975]
Intercept	-295.8671	41.102	-7.198	0.000	-377.885	-213.850
day	56.8216	1.006	56.470	0.000	54.814	58.830

Omnibus:	3.866	Durbin-Watson:	0.025
Prob(Omnibus):	0.145	Jarque-Bera (JB):	2.079
Skew:	-0.133	Prob(JB):	0.354
Kurtosis:	2.199	Cond. No.	82.6

Notes:
[1] Standard Errors assume that the covariance matrix of the errors is correctly specified.

그림 5-14 | 성장기간에 따른 병아리 몸무게 변화 선형 회귀분석 결과

선형 회귀분석을 실시한 결과, 생각보다 높은 0.979의 R-squared를 나타냈습니다. 회귀모델 및 개별 독립변수의 p값도 0.05보다 낮아 95% 신뢰수준에서 모두 유의함을 확인했습니다. 그러면 회귀분석 결과를 이용해 산점도에 적합한 회귀직선을 추가해 보겠습니다.

In [34]

```python
# 성장기간에 따른 병아리 몸무게 변화
plt.figure(figsize = (10,6))
plt.scatter(w2.day, w2.weight, alpha = .5)
plt.plot(w2.day, w2.day*56.8216 - 295.8671, color = 'red')
plt.text(40, 500, 'weight = 56.8216day - 295.8671', fontsize = 12)
plt.title('Scatter Plot')
plt.xlabel('day')
plt.ylabel('weight')
plt.show()
```

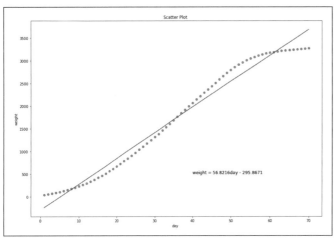

그림 5-15 | 성장기간에 따른 병아리 몸무게 변화 산점도 및 회귀직선

산점도 위에 회귀직선을 표시한 결과, 개별 데이터와의 편차가 존재하는 구간들로 인해 회귀 모델의 성능이 다소 아쉽습니다. 그런데 이렇게 산점도와 직선을 같이 표시하고 보니 3차 함수의 그래프와 유사함을 발견할 수 있습니다. 그렇다면 이번에는 독립변수인 성장기간(day)을 세제곱시켜 종속변수인 몸무게(weight)를 잘 표현할 수 있는지 확인해 보겠습니다.

개별 독립변수의 값에 제곱을 취하기 위해서는 I( ) 함수(L의 소문자가 아닌 i의 대문자)를 이용하며 ^가 아닌 **로 표시합니다. 비선형 회귀분석을 실시해 보겠습니다.

```
In [35]    # 성장기간에 따른 병아리 몸무게 변화 비선형 회귀분석 실시
           model_nlm = smf.ols(formula = 'weight ~ I(day**3) + I(day**2) +
           day', data = w2)
In [36]    result_nlm = model_nlm.fit()
In [37]    result_nlm.summary()
```

OLS Regression Results

Dep. Variable:	weight	R-squared:	1.000
Model:	OLS	Adj. R-squared:	0.999
Method:	Least Squares	F-statistic:	4.407e+04
Date:	Mon, 27 Dec 2021	Prob (F-statistic):	7.13e-109
Time:	21:48:22	Log-Likelihood:	-327.17
No. Observations:	70	AIC:	662.3
Df Residuals:	66	BIC:	671.3
Df Model:	3		
Covariance Type:	nonrobust		

	coef	std err	t	P>|t|	[0.025	0.975]
Intercept	117.0141	13.476	8.683	0.000	90.108	143.920
I(day ** 3)	-0.0253	0.000	-51.312	0.000	-0.026	-0.024
I(day ** 2)	2.6241	0.053	49.314	0.000	2.518	2.730
day	-15.2978	1.632	-9.373	0.000	-18.557	-12.039

Omnibus:	6.702	Durbin-Watson:	0.082
Prob(Omnibus):	0.035	Jarque-Bera (JB):	2.680
Skew:	0.103	Prob(JB):	0.262
Kurtosis:	2.064	Cond. No.	5.65e+05

Notes:
[1] Standard Errors assume that the covariance matrix of the errors is correctly specified.
[2] The condition number is large, 5.65e+05. This might indicate that there are
strong multicollinearity or other numerical problems.

그림 5-16 │ 성장기간에 따른 병아리 몸무게 변화 비선형 회귀분석 결과

선형 회귀분석 결과도 충분히 높았지만 비선형 회귀분석을 실시한 결과, R-squared가 1을 나타냈습니다. 산점도를 다시 그린 뒤 회귀분석 결과를 이용해 산점도 위에 적합한 회귀곡선을 추가해 보겠습니다.

코딩실습   In [38]   # 성장기간에 따른 병아리 몸무게 변화

```
plt.figure(figsize = (10,6))
plt.scatter(w2.day, w2.weight, alpha = .5)
plt.plot(w2.day, (w2.day**3)*(-0.0253) + (w2.day**2)*2.6241 +
w2.day*(-15.2978) + 117.0141, color = 'red')
plt.text(0, 3200, 'weight = -0.0253(day^3) + 2.6241(day^2) -
15.2978day + 117.0141', fontsize = 12)
plt.title('Scatter Plot')
plt.xlabel('day')
plt.ylabel('weight')
plt.show()
```

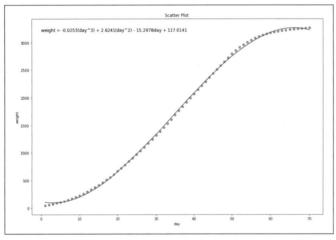

그림 5-17 | 성장기간에 따른 병아리 몸무게 변화 산점도 및 회귀곡선

산점도와 회귀곡선이 거의 일치함을 확인할 수 있습니다. 회귀모델을 수식으로 나타내면 다음과 같습니다(소수 넷째 자리까지 표시).

$$weight = -0.0253*day^3 + 2.6241*day^2 - 15.2978*day + 117.0141$$

이렇게 회귀분석은 데이터의 형태를 보고 그에 적합한 회귀모델을 만들어 나가는 작업의 반복을 통해 높은 성능을 가진 모델을 만들 수 있습니다.

1 상관계수 판정 기준

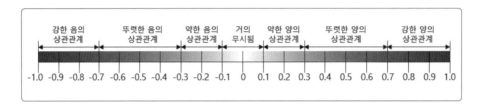

2 상관분석 방법

구분	필요 패키지	함수	주요 파라미터
상관분석	pandas	corr()	method = 'pearson' or 'spearman' or 'kendall'
상관 시각화	seaborn	pairplot()	
		heatmap()	annot = True(상관계수 표시)

3 회귀분석 방법

구분	사용 예시(import statsmodels.formula.api as smf)
단순 선형 회귀분석	smf.ols(formula = 'y ~ x_1', data = test)
다중 회귀분석	smf.ols(formula = 'y ~ x_1 + x_2', data = test)
비선형 회귀분석	smf.ols(formula = 'y ~ I(x_1**x_2) + x_1', data = test)

4 회귀분석 결과 해석(summary() 메소드 실행 시)

① 회귀모델 F 통계량의 Prob(p-value) 확인. 0.05보다 작으면 95% 신뢰수준에서 통계적으로 유의함

② 개별 독립변수의 p-value 확인. 0.05보다 작으면 95% 신뢰수준에서 통계적으로 유의함

③ 결정계수(R-squared)가 높은지 확인. 1에 가까울수록 회귀모델의 성능이 뛰어남을 뜻함. 다중 회귀모델의 경우 Adj. R-squared값 확인

④ 회귀모델의 y절편(상수)과 각 독립변수의 계수는 coef(coefficient)값으로 확인 가능

5 다중 회귀분석의 변수 선택 방법

방법	내용
전진선택법	y절편만 있는 상수모형부터 시작해 독립변수를 추가해 나감
후진소거법	독립변수를 모두 포함한 상태에서 시작해 가장 적은 영향을 주는 변수를 하나씩 제거해 나감
단계적 방법	y절편만 있는 상수모형부터 시작해 독립변수를 추가해 나가지만 추가한 독립변수가 중요하지 않으면(p값이 높으면) 제거하고, 다른 독립변수를 추가해 나감

6 다중 회귀분석의 다중공선성 문제

독립변수들 간의 강한 상관관계로 인해 발생하는 다중공선성(multicollinearity) 문제는 분산팽창요인(VIF, Variance Inflation Factor)을 계산해 구할 수 있으며 일반적으로 10 이상이면 다중공선성 문제가 있다고 판단함

1 iris 데이터 셋에서 species가 virginica인 수치형 데이터만(1~4열) 필터링한 test라는 데이터 셋을 만들어 보세요.

2 test의 sepal_length(꽃받침 길이)와 나머지 변수들이 어떤 상관관계가 있는지 상관분석을 해보세요. 그중 가장 상관계수가 높은 변수는 무엇인가요?

3 test의 sepal_length(꽃받침 길이)를 종속변수(y)로 하고, petal_length(꽃잎 길이)를 독립변수(x)로 하는 단순 선형 회귀분석을 실시한 뒤 나온 R-squared값은 얼마인가요?

4 test의 sepal_length(꽃받침 길이)를 종속변수(y)로 하고, 나머지 변수들을 독립변수(x)로 하는 다중 회귀분석을 실시해 보세요. 모든 독립변수들이 95% 신뢰수준에서 통계적으로 유의한가요?

5 4번에서 실시한 회귀분석 결과에 사용된 3개의 독립변수들이 다중공선성 문제가 있는지 확인해 보세요.

🔍 힌트 | statsmodels.stats.outliers_influence 모듈의 variance_inflation_factor() 함수를 이용하면 분산팽창계수를 구할 수 있습니다.

6

**분석
스토리**

병아리가 무럭무럭 자라고 있을 무렵, 김 대표는 병아리 감별사에게 암수 구별을 요청했습니다. 하지만 병아리 감별사의 시급이 너무 높아 전체 병아리의 암수 구별을 맡길 순 없었고, 제한된 예산 내에서 어렵사리 60마리만 암수를 구분할 수 있었습니다. 나머지 병아리들의 암수는 곁눈질로 배운 김 대표가 직접 구별해 보려고 하는데 과연 김 대표는 그 어렵다는 병아리의 암수를 구분해낼 수 있을까요?

분류 및 군집분석

python

회귀분석은 독립변수(x)와 종속변수(y)가 모두 연속형 변수일 때 사용할 수 있는 분석 방법이었습니다. 하지만 종속변수가 연속형(continuous)이 아니라 범주형(categorical)일 경우는 어떻게 해야 할까요? 학습을 기반으로 한 분류(classification) 방법과 학습을 하지 않고 그룹을 지을 수 있는 군집(clustering) 방법에 대해서 알아보도록 하겠습니다.

01 병아리의 성별을 구분할 수 있을까? (로지스틱 회귀)

1-1 로지스틱 회귀란?

로지스틱 회귀(Logistic Regression)는 이름에 회귀가 들어가서 앞서 배운 선형 회귀와 비슷한 유형으로 인식할 수 있으나 전혀 다른 방법론입니다. 로지스틱 회귀는 독립변수(x)의 선형 결합을 이용해 사건의 발생 가능성(확률)을 예측하는 데 사용되는 기법입니다. 종속변수(y)가 수치형인 아닌 이산형(0 또는 1)일 경우 사용하며, 종속변수가 2개 이상의 범주를 갖는 경우에도 활용할 수 있습니다.

로지스틱 회귀의 결과는 사건이 일어날 확률(Y = 1)로 나타내기 때문에 다음과 같은 수식과 그래프로 모델이 표현될 수 있습니다.

$$P(Y = 1 \mid x) = \frac{1}{1 + e^{-(\alpha + \beta_1 x_1 + \beta_2 x_2 + \cdots + \beta_n x_n)}}$$

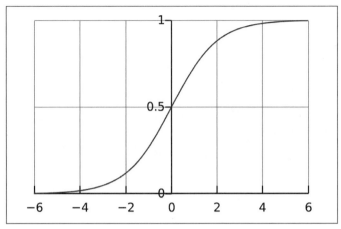

그림 6-1 | 로지스틱 함수(Sigmoid 함수) 그래프(출처 : Wikipedia)

일반적인 선형 회귀분석과의 공통점이라면 앞서와 같이 수식으로 모델을 표현할 수 있다는 것입니다. 차후 소개할 다양한 분류(classification) 기법을 통해 생성된 모델들은 대부분 수식으로 표현하기가 어렵습니다. 모델이 수식으로 표현 가능하면 설명하기가 쉽고, 시스템화가 매우 용이합니다.

1-2 데이터 불러와서 확인하기

병아리의 날개 길이(wing_length), 꽁지깃 길이(tail_length) 그리고 성별(gender) 데이터가 포함된 ch6-1.csv 파일을 불러와서 g라는 데이터 셋에 넣은 뒤 확인해 보겠습니다.

코딩실습

```
In  [1]      import pandas as pd
             g = pd.read_csv('ch6-1.csv')
In  [2]      g.head()
Out [2]          wing_length    tail_length    gender
             0       44             9             m
             1       42             9             m
             2       43             8             m
```

```
                    3      40          10          m
                    4      44          8           m
In [3]      g.info()

Out [3]     <class 'pandas.core.frame.DataFrame'>
            RangeIndex: 60 entries, 0 to 59
            Data columns (total 3 columns):
             #  Column       Non-Null Count  Dtype
            --- ------------ --------------- ---------
             0  wing_length  60 non-null     int64
             1  tail_length  60 non-null     int64
             2  gender       60 non-null     object
            dtypes: int64(2), object(1)
            memory usage: 1.5+ KB
```

총 3개의 열(변수)과 60개의 행으로 구성되어 있습니다. 첫 번째 열과 두 번째 열은 숫자, 세 번째 열은 성별을 나타내는 문자로 구성된 데이터 프레임입니다.

gender열의 경우 값이 문자로 들어 있어 로지스틱 회귀모델 적용 시 에러가 발생하기 때문에 미리 m을 1로, f를 0으로 변경해 줍니다. map() 메소드를 이용합니다.

코딩실습

```
In [4]      # gender 변수의 값 m을 1로, f를 0으로 변경
            g['gender'] = g['gender'].map({'m':1, 'f':0})
            g.head()

Out [4]         wing_length  tail_length   gender
            0       44           9           1
            1       42           9           1
            2       43           8           1
            3       40           10          1
            4       44           8           1
```

1-3 로지스틱 회귀분석

로지스틱 회귀분석은 statsmodels 패키지의 Logit.from_formula() 함수를 사용합니다. 해당 함수 사용법은 R 언어에서 로지스틱 회귀를 실행할 수 있는 glm() 함수와 거의 유사합니다. 수식 형태는 Logit.from_formula(y ~ x_1 + x_2 + x_3 ···, data = 데이터 셋 이름)입니다. 병아리 성별(gender)을 y로 두고, 날개 길이(wing_length)와 꽁지깃 길이(tail_length)를 각각 독립변수 x_1, x_2로 설정해 로지스틱 회귀모델을 만들어 model_glm이라는 변수로 지정하고, fit() 메소드를 이용해 모델을 학습시킵니다. 로지스틱 회귀모델의 결과는 일반 회귀분석과 동일하게 summary() 메소드를 통해 확인할 수 있습니다.

코딩실습

```
In [5]    # 로지스틱 회귀 구현을 위한 모듈 불러오기
          import statsmodels.api as sm
          # 모델 구축 및 학습
          model_glm = sm.Logit.from_formula('gender ~ wing_length +
          tail_length', data = g).fit()
Out [5]   Optimization terminated successfully.
             Current function value: 0.137215
             Iterations 9
In [6]    model_glm.summary()
```

Logit Regression Results

Dep. Variable:	gender	No. Observations:	60
Model:	Logit	Df Residuals:	57
Method:	MLE	Df Model:	2
Date:	Fri, 07 Jan 2022	Pseudo R-squ.:	0.8020
Time:	11:19:24	Log-Likelihood:	-8.2329
converged:	True	LL-Null:	-41.589
Covariance Type:	nonrobust	LLR p-value:	3.264e-15

	coef	std err	z	P>|z|	[0.025	0.975]
Intercept	70.1955	23.410	2.999	0.003	24.313	116.078
wing_length	-1.0531	0.505	-2.087	0.037	-2.042	-0.064
tail_length	-2.3859	0.969	-2.462	0.014	-4.285	-0.486

그림 6-2 | 로지스틱 회귀분석 결과

로지스틱 회귀분석 결과를 해석할 때 개별 독립변수의 p값 판정을 통해 통계적으로 유의한 변수인지 확인하는 방법은 일반 선형 회귀분석과 동일합니다. 날개 길이(wing_length)와 꽁지깃 길이(tail_length) 두 변수 모두 p값이 각각 0.037, 0.014로 0.05보다 작기 때문에 유의수준 5% 하에서 통계적으로 유의합니다.

coef(coefficient)값으로 모델을 수식으로 표현하면 다음과 같습니다(x_1 = 날개 길이, x_2 = 꽁지깃 길이).

$$P(Y = 1 | x) = \frac{1}{1 + e^{-(70.1955 - 1.0531\, x_1 - 2.3859\, x_2)}}$$

이제 모델의 성능을 확인해야 하는데 앞서의 결과에는 일반 회귀분석에서 성능을 나타내는 지표인 결정계수(R-squared)와 같은 값이 보이지 않습니다. 종속변수가 연속형 숫자가 아니기 때문입니다. 그렇다면 로지스틱 회귀와 같은 분류(classification) 알고리즘의 성능은 어떻게 평가할까요?

1-4 분류 알고리즘의 성능 평가 방법

분류 알고리즘의 경우 일반적으로 정오분류표(Confusion Matrix)와 ROC 커브(Receiver Operation Characteristic Curve)의 밑부분 넓이인 AUC(Area Under the ROC Curve)를 이용해서 성능을 평가합니다.

① 정오분류표

정오분류표(Confusion Matrix)는 실제 값과 예측값이 서로 얼마나 잘 맞아 떨어졌는지를 표로 나타낸 것입니다. 수치형 데이터와 달리 범주형 데이터의 경우 실제 값과 예측값이 같은지 다른지를 진리 값(True or False)으로 표현할 수 있기 때문에 이런 방법을 사용합니다.

		실제값		
		Positive(1)	Negative(0)	
예측값	Positive (1)	True Positive(TP) = 10	False Positive(FP) = 90	Precision(정밀도) = TP/(TP+FP) = 10/(10+90) = 10%
	Negative (0)	False Negative(FN) = 5	True Negative(TN) = 895	Negative Predictive Value = TN/(FN+TN) = 895/(5+895) = 99.4%
		Sensitivity(민감도) = Recall(재현율) = TP/(TP+FN) = 10/(10+5) = 67%	Specificity(특이도) = TN/(FP+TN) = 895/(90+895) = 90.9%	Accuracy(정확도) = (TP+TN)/(TOTAL) (10+895)/1000 = 90.5% Error Rate(오류율) = (FP+FN)/(TOTAL) (90+5)/1000 = 9.5%

그림 6-3 | 정오분류표 예시

간단한 것 같지만 정오분류표를 막상 그리려고 하면 생각보다 복잡합니다.

정오분류표에서는 예측값과 실제 값이 일치하는 개수의 합을 전체 개수로 나눈 값인 정확도(Accuracy)가 중요한 지표입니다. 하지만 민감도(Sensitivity)와 특이도(Specificity)라는 지표 또한 매우 중요합니다. 민감도는 재현율(Recall)이라는 용어로 사용되기도 합니다. 이런 지표의 이해를 위해 질병 진단을 예로 들어 설명하겠습니다.

민감도는 질병 진단의 관점에서 질병이 있는 사람을 얼마나 잘 찾아내는지를 나타내는 지표입니다. 즉, 질병이 있는 사람에게 질병이 있다고 진단하는 비율을 뜻합니다. 특이도는 질병이 없는 사람에게 질병이 없다고 진단하는 비율을 뜻합니다.

이해를 돕기 위해 다시 설명해 보겠습니다. 췌장암의 경우 매우 심각한 질병으로 초기에 발견하지 못하면 대부분의 환자들이 목숨을 잃습니다. 본인이 의사고, 환자의 영상 결과를 분석해 췌장암을 진단해야 한다고 가정해 보겠습니다. 췌장암이라고 확실히 판독되는 경우도 있겠지만 다소 애매한 경우들이 있습니다. 이런 경우에는 아마도 환자에게 췌장암으로 의심이 된다고 진단한 뒤 추가 검사를 진행하는 편이 환자의 목숨을 살리는 데 유리할 것입니다. 즉, 조금이라도 췌장암으로 의심이 된다면 췌장암이라고 진단해 실제보다 더 많이 진단하는 것입니다. 이렇게 되면 결과적으로 민감도는 올라가고, 정확도는 떨어지게 됩니다. 왜냐하면 췌장암에 걸리지 않은 사람에게도 췌장암이라고 진단하는 경우가 많아지기 때문입니다.

다음 그림으로 민감도, 특이도, 정확도에 대한 내용을 다시 한 번 정리했습니다.

당신이라면 둘 중 어떤 의사에게 진단받고 싶습니까?				

의사 A		실제		
		췌장암	정상	
진단 (예측)	췌장암	10	10	
	정상	0	980	
		100.0%	99.0%	99.0%
		민감도	특이도	정확도

의사 B		실제		
		췌장암	정상	
진단 (예측)	췌장암	8	2	
	정상	2	988	
		80.0%	99.8%	99.6%
		민감도	특이도	정확도

그림 6-4 | 민감도, 특이도, 정확도 비교 예시

의사 A는 의사 B보다 췌장암 진단 정확도가 0.6% 낮습니다. 하지만 민감도는 100%로 췌장암에 걸린 모든 환자들을 정확히 진단해냈습니다. 물론, 10명 정도는 정상이었지만 췌장암이라고 오진하기도 했습니다.

의사 B는 정상인들을 정상이라고 판단한 특이도가 의사 A보다 0.8% 더 높습니다. 하지만 췌장암에 걸린 환자 10명 중 2명을 정상이라고 오진했습니다.

이와 같은 경우라면 정확도가 낮더라도 본인의 목숨을 위해서 의사 A에게 진단을 받아야 할 것입니다. 이렇게 잘못 진단(예측)해서 손실이 막대한 경우에는 정확도보다 민감도를 더 중요한 지표로 사용합니다.

✋ 잠깐만요

비대칭 데이터에서 정확도의 효용

췌장암 사례와 같이 어떤 사건이 발생할 확률이 매우 낮아 데이터가 비대칭(Imbalanced) 상태일 경우에는 정확도라는 지표가 아주 쓸모 없을 수도 있습니다. 예를 들어, 1,000명 중 1명이 범인이고, 999명이 일반인이라면 1,000명 전체를 일반인이라고 판정하게 되면 정확도는 99.9%가 됩니다. 엄청나지만 이 정확도가 쓸모 있을까요?

② ROC 커브

ROC 커브(Receiver Operation Characteristic Curve)는 정오분류표를 통해 도출해낼 수 있는 민감도를 y축으로, (1-특이도)를 x축으로 하는 커브입니다. 이 커브의 밑부분 면적을 AUC(Area Under the ROC Curve)라고 합니다. 이 AUC가 100%에 가까울수록 분류 모델의 성능이 뛰어나다고 볼 수 있습니다.

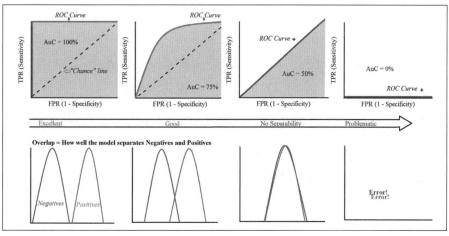

그림 6-5 | AUC에 따른 ROC 커브 변화(출처 : datasciencecentral.com)

1-5 로지스틱 회귀모델의 성능 평가

앞서 설명한 분류 알고리즘의 성능 평가 방법을 이미 분석했던 병아리 암수 구분 로지스틱 회귀모델에 적용해 보겠습니다. 그 전에 result_glm의 predict() 메소드를 이용해 예측값을 생성하고, head() 메소드를 이용해 확인해 보겠습니다.

```
코딩실습   In [7]    # predict() 메소드를 이용해 예측값(확률) 생성
                    y_prob = model_glm.predict(g.iloc[:,0:2])
           In [8]    # 예측값(확률) 확인
                    y_prob.head()
           Out [8]   0    0.915579
                    1    0.988904
                    2    0.997049
                    3    0.985377
                    4    0.991588
                    dtype: float64
```

이 결과를 보면 일반 회귀분석과 달리 종속변수(y)가 확률값으로 나온 것을 확인할 수 있습니다. 첫 번째 값은 0.916 정도로 1에 매우 가까운 값입니다. 이 말은 첫 번째 병아리가 수컷(m, male)일 확률이 약 91.6%라는 뜻입니다. 이 정도 확률이라면 첫 번째 병아리는 수컷이라고 판정해도 될 듯합니다.

그렇다면 수컷으로 판정할 수 있는 최소 확률값은 얼마일까요? 수컷, 암컷(f, female) 2가지 결과밖에 없기 때문에 50% 확률을 기준으로 암수 구분의 기준값을 설정하면 됩니다. 즉, 반올림만 실시하면 0 또는 1로 변환할 수 있습니다. 그리고 이후에 confusion_matrix() 함수를 이용하기 위해 데이터 타입을 list로 미리 변경하겠습니다.

코딩실습

In [9] # 예측값(확률)을 반올림을 통해 1과 0으로 표현한 뒤 list 타입으로 변경
        y_pred = list(map(round, y_prob))

In [10] # 예측값(클래스) 확인
         y_pred[0:5]

Out [10] [1, 1, 1, 1, 1]

잠깐만요

map() 함수

map() 함수는 파이썬의 내장 함수로 데이터 셋을 지정된 함수로 처리해 주는 함수입니다.

map(함수, 데이터 셋)

0.915579를 반올림해서 1로 변환된 것을 확인할 수 있습니다. 그리고 편의를 위해 데이터 셋 g의 gender열을 y라는 변수에 집어넣겠습니다.

코딩실습

In [11] # 기준값인 gender열을 별도 y로 저장
         y = g['gender']

이제 정오분류표를 그리기 위해 sklearn.metrics 모듈의 confusion_matrix() 함수를 불러와 실행해 보겠습니다. confusion_matrix(실제 값, 예측값)으로 사용할 수 있으며, labels 파라미터를 이용해 0과 1 둘 중 하나를 기준으로 설정할 값을 지정할 수 있습니다. 지정하지 않으면 0을 기준으로 하는데 labels = [1, 0]으로 지정하면 1이 기준이 됩니다.

코딩실습

```
In [12]    # 정오분류표 함수 불러오기
           from sklearn.metrics import confusion_matrix
In [13]    # 분류 결과 평가, 1을 기준으로
           confusion_matrix(y, y_pred, labels = [1, 0])
Out [13]   array([[28,  2],
                  [ 1, 29]], dtype=int64)
```

정오분류표를 보니 한눈에 봐도 정확도(Accuracy)가 높아 보입니다. 하지만 정확한 값은 계산을 해봐야 합니다. 게다가 민감도(Sensitivity, Recall)와 정밀도(Precision) 또한 계산을 해야 합니다. 이런 번거로움은 classification_report(실제 값, 예측값) 함수를 이용해 해소할 수 있습니다.

코딩실습

```
In [14]    # 분류 리포트 함수 불러오기
           from sklearn.metrics import classification_report
In [15]    print(classification_report(y, y_pred))
Out [15]               precision   recall   f1-score   support

                 0       0.94       0.97     0.95        30
                 1       0.97       0.93     0.95        30

          accuracy                          0.95        60
         macro avg       0.95       0.95     0.95        60
      weighted avg       0.95       0.95     0.95        60
```

병아리의 날개 길이(wing_length), 꽁지깃 길이(tail_length) 데이터를 이용해 만든 로지스틱 회귀 모델의 성능은 매우 우수합니다. 정확도가 95%, 1을 기준으로 민감도가 93%, 정밀도가 97%로 병아리의 암수 구분을 훌륭하게 해냈습니다.

이제 추가로 ROC 커브를 그려보고, AUC값도 확인해 보겠습니다. ROC 커브를 그리기 위해서 sklearn.metrics 모듈에서 roc_curve() 함수를 불러옵니다. 함수 사용법은 roc_curve(실제값, 예측 확률값)으로 fpr, tpr, thresholds를 구해서 이를 이용해 ROC 커브를 그립니다.

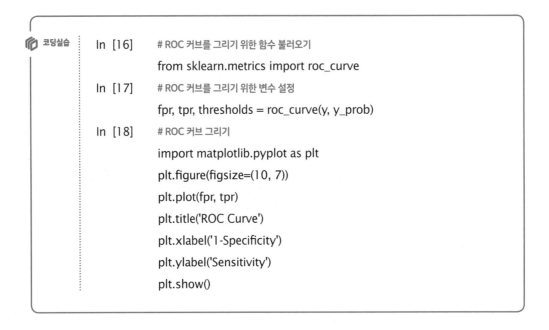

코딩실습

```
In [16]    # ROC 커브를 그리기 위한 함수 불러오기
           from sklearn.metrics import roc_curve
In [17]    # ROC 커브를 그리기 위한 변수 설정
           fpr, tpr, thresholds = roc_curve(y, y_prob)
In [18]    # ROC 커브 그리기
           import matplotlib.pyplot as plt
           plt.figure(figsize=(10, 7))
           plt.plot(fpr, tpr)
           plt.title('ROC Curve')
           plt.xlabel('1-Specificity')
           plt.ylabel('Sensitivity')
           plt.show()
```

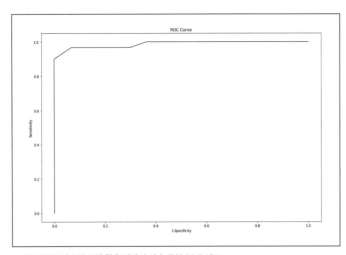

그림 6-6 | 로지스틱 모델 활용 병아리 암수 구분 ROC 커브

ROC 커브가 좌측 상단에 꽉 찬 형태로 모델의 성능이 매우 뛰어난 것으로 보입니다. auc() 함수를 불러와 AUC를 계산해 보겠습니다.

In [19]   # AUC 계산을 위한 함수 불러오기
           from sklearn.metrics import auc

In [20]   # AUC 계산
           auc(fpr, tpr)

Out [20]   0.9866666666666667

ROC 커브의 아래 면적인 AUC값이 0.987로 1에 가까운 매우 높은 값이 나왔습니다. 병아리 암수 구분 로지스틱 회귀모델의 성능은 매우 뛰어나다고 평가할 수 있습니다.

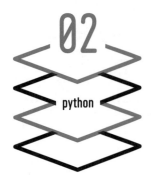

02 병아리의 품종을 구분할 수 있을까? (분류 알고리즘)

python

분석 스토리

무럭무럭 잘 자라고 있는 병아리들을 관찰하던 어느 날, 김 대표는 뭔가 특이한 점을 발견했습니다. 병아리가 성장함에 따라 생김새가 변하겠지만 병아리들마다 날개 길이, 꽁지깃 길이, 볏의 높이가 유난히 차이가 나 보였습니다. 불안한 마음에 사진을 찍어 종란 판매업체 담당자에게 이 병아리들이 같은 품종이 맞는지 문의했습니다. 그리고 담당자에게서 온 답변은 김 대표를 매우 혼란스럽게 만들었습니다. 종란 판매 직원의 실수로 주문을 넣었던 A 품종의 종란뿐만 아니라 B와 C라는 2가지 품종의 종란이 섞여서 납품되었다는 것입니다. 졸지에 3가지 품종의 병아리를 키우게 된 김 대표는 판매처에 클레임(claim)을 제기했고, 종란 판매처의 품종 엔지니어가 김 대표의 양계농장에 급파되었습니다. 엔지니어는 하루 동안 총 300마리의 병아리 품종을 정확히 구분해 기록했습니다. 김 대표는 다음에도 혹시나 이런 일이 발생할지 모른다는 불안감에 이 300마리의 병아리 데이터를 활용해 품종을 구분할 수 있는 분류 모델을 개발해 보려고 합니다. 과연 그는 암수를 구분했던 것처럼 품종도 잘 구분해낼 수 있을까요?

2-1 다양한 분류 알고리즘

로지스틱 회귀(Logistic Regression) 외에도 굉장히 다양한 분류 알고리즘이 존재합니다. 이런 알고리즘의 구현 방식을 이해하는 것은 매우 중요합니다. 하지만 이 책은 초·중급자가 데이터 분석이라는 분야에 쉽게 접근하는 것을 목적으로 두고 있기 때문에 알고리즘 각각에 대한 다양한 수식을 통한 증명은 생략했습니다. 이런 내용은 전문서적이나 위키피디아, 구글링 등을 통해 충분히 접할 수 있습니다. 따라서 이 책에서는 다양한 분류 알고리즘을 간단히 소개만 하고, 직접 실습을 하는 데 초점을 맞추겠습니다. 알고리즘의 동작원리는 잘 모르더라도 직접 따라해 보면 역으로 해당 알고리즘이 어떻게 구현되는지 궁금증이 생겨 따로 찾아보게 될 것입니다.

2-2 나이브 베이즈 분류

나이브 베이즈 분류(Naïve Bayes Classification)는 베이즈 정리를 적용한 확률 분류 기법입니다. 베이즈 정리는 쉽게 말해 조건부 확률을 구하는 공식으로 생각하면 됩니다. 조건부 확률은 사건 B가 일어났다는 조건하에 사건 A가 일어날 확률을 P(A|B)라고 표현하는데 사후 확률(posterior)이라고도 합니다. 식으로 나타내면 다음과 같습니다.

$$P(A \mid B) = \frac{P(A \cap B)}{P(B)} = \frac{P(B|A)P(A)}{P(B)} = posterior = \frac{likelihood \times prior}{evidence}$$

여기서 P(A), P(B)는 각각 사건 A, B가 일어날 확률이고, P(B|A)는 사건 A가 일어난다는 조건하에 사건 B가 일어날 확률을 나타내며 우도(likelihood)라고 부릅니다. 베이즈 정리는 사건 B가 발생(P(B)=1)함으로써 사건 A가 발생할 확률이 어떻게 변하는지를 표현한 식으로 B라는 사건을 관찰해 A라는 사건에 어떤 영향을 미치는지 찾아내는 방법이라고 이해하면 됩니다.

실습을 위해 데이터를 불러오겠습니다. 본격적인 지도학습(Supervised Learning) 사례기 때문에 최소 2가지 데이터 셋이 필요합니다. 병아리 300마리의 품종 데이터를 훈련과 테스트 용도의 2가지 데이터 셋으로 8:2 비율로 분할해 놓았습니다.

훈련-테스트 데이터 셋 분할 및 검증

일반적으로 지도학습 모델을 만들 때는 훈련, 테스트 2가지로 데이터를 분할해 사용합니다. 훈련 데이터 셋은 말 그대로 모델을 훈련(학습)하는 데 사용하고, 테스트 데이터 셋은 모델을 평가하는 데 사용합니다. 훈련-테스트 2 가지로 데이터 셋을 분할할 경우에는 8:2 또는 7:3 비율로 분할하는 경우가 많으며 이런 가장 일반적인 데이터 셋 분할 및 평가 방법을 홀드아웃검증(Holdout Validation)이라고 합니다. 데이터가 충분히 많을 때는 홀드아웃 검증을 사용하면 되지만 데이터 양이 적을 때는 K-겹 교차검증(K-fold Cross Validation)을 실시하기도 합니다. K-겹 교차검증은 훈련과 테스트 용도로 데이터 셋을 나누되 K번만큼 겹치지 않게 데이터를 분할한 뒤 K번 성능 평가한 결과를 평균해서 최종적으로 성능을 평가합니다.

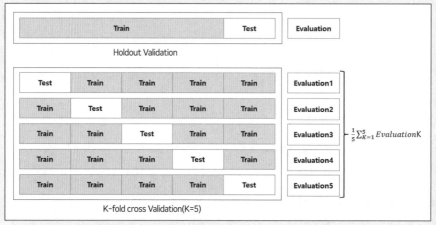

그림 6-7 | Holdout & K-fold cross Validation

훈련용 데이터 셋(ch6-2_train.csv)과 테스트용 데이터 셋(ch6-2_test.csv) 2개를 모두 불러와서 형태를 확인해 보겠습니다.

코딩실습

```
In  [1]    # 실습용 데이터 불러오기
           import pandas as pd
           df_train = pd.read_csv('ch6-2_train.csv')
           df_test = pd.read_csv('ch6-2_test.csv')
In  [2]    df_train.info()
Out [2]    <class 'pandas.core.frame.DataFrame'>
           RangeIndex: 240 entries, 0 to 239
```

```
         Data columns (total 4 columns):
          #   Column         Non-Null Count    Dtype
         ---  --------------  ----------------  ---------------
          0   wing_length    240 non-null      int64
          1   tail_length    240 non-null      int64
          2   comb_height    240 non-null      int64
          3   breeds         240 non-null      object
                 dtypes: int64(3), object(1)
         memory usage: 7.6+ KB
```

In [3]   df_test.info()

Out [3]   <class 'pandas.core.frame.DataFrame'>
```
         RangeIndex: 60 entries, 0 to 59
         Data columns (total 4 columns):
          #   Column         Non-Null Count    Dtype
         ---  --------------  ----------------  ------------
          0   wing_length    60 non-null       int64
          1   tail_length    60 non-null       int64
          2   comb_height    60 non-null       int64
          3   breeds         60 non-null       object
         dtypes: int64(3), object(1)
         memory usage: 2.0+ KB
```

In [4]   df_train.head()

Out [4]

	wing_length	tail_length	comb_height	breeds
0	238	63	34	a
1	236	67	30	a
2	256	65	34	a
3	240	63	35	a
4	246	65	30	a

훈련용(c_train)과 테스트용(c_test) 데이터 셋은 모두 총 4개의 열로 구성되어 있습니다. 날개 길이(wing_length), 꽁지깃 길이(tail_length), 볏 높이(comb_height) 3개의 열은 연속형 수치(int64) 데이터고, 품종(breeds) 열은 범주형 문자(object) 데이터로 'a', 'b', 'c' 3개의 값이 들어 있습니다.

훈련용은 총 240개의 행, 테스트용은 총 60개의 행으로 이뤄진 데이터 프레임 형태의 데이터 셋입니다.

앞으로 사용할 sklearn 패키지에서 사용하는 데이터 타입이 다차원 배열(ndarray)이기 때문에 데이터 프레임 형태의 데이터 셋에서 값(value)만 따로 빼줍니다. 그리고 독립변수(x)와 종속변수(y)도 각각 분할해 줍니다.

코딩실습 | In [5]
```
# train, test 데이터 셋 각각 x, y로 분할, ndarray 타입
x_train = df_train.iloc[:,0:3].values
y_train = df_train.iloc[:,3].values
x_test = df_test.iloc[:,0:3].values
y_test = df_test.iloc[:,3].values
```

이제 훈련용 데이터 셋(x_train, y_train)과 나이브 베이즈 알고리즘을 이용해 병아리의 날개 길이, 꽁지깃 길이, 볏 높이 데이터로 품종을 맞춰볼 수 있게 학습 모델을 만들어 보겠습니다. 해당 알고리즘을 사용하기 위해서는 sklearn 패키지의 naïve_bayes 모듈에서 GaussianNB() 함수를 불러오겠습니다.

코딩실습 | In [6]
```
# 나이브 베이즈 알고리즘 수행을 위한 함수 불러오기
from sklearn.naïve_bayes import GaussianNB
```

그리고 model_nb 변수에 GaussianNB() 함수의 fit() 메소드를 이용해 훈련용 데이터 셋을 학습시켜서 집어넣겠습니다.

코딩실습 | In [7]
```
# 모델 구축 및 학습
model_nb = GaussianNB().fit(x_train, y_train)
```

이제 학습된 모델(model_nb)의 predict() 메소드를 이용해 테스트용 데이터 셋(x_test)으로 예측값을 생성하겠습니다. 그리고 생성된 값을 확인해 보겠습니다.

```
In [8]     # 예측값 생성
           y_pred_nb = model_nb.predict(x_test)
In [9]     # 예측값 확인
           y_pred_nb
Out [9]    array(['a', 'a', 'a', 'a', 'a', 'a', 'a', 'a', 'a', 'a', 'a', 'a', 'a',
                  'a', 'a', 'a', 'a', 'a', 'a', 'a', 'b', 'b', 'b', 'b', 'b', 'b',
                  'b', 'b', 'c', 'b', 'b', 'b', 'b', 'c', 'b', 'b', 'b', 'b', 'b',
                  'a', 'c', 'c', 'c', 'c', 'c', 'c', 'c', 'c', 'c', 'c', 'c', 'b',
                  'c', 'c', 'c', 'c', 'c', 'c', 'c', 'c'], dtype='<U1')
```

예측값이 'a', 'b', 'c'로 나왔습니다. 이제 이 결과를 테스트용 데이터 셋의 실제 값(y_test)으로 정오분류표를 그려서 얼마나 잘 맞는지 확인해 보겠습니다.

```
In [10]    # 예측 결과 평가
           from sklearn.metrics import confusion_matrix
           # 위쪽이 예측값, 좌측이 실제 값
           confusion_matrix(y_test, y_pred_nb)
Out [10]   array([[20,  0,  0],
                  [ 1, 17,  2],
                  [ 0,  1, 19]], dtype=int64)
```

총 60개의 데이터 중에 56(20+17+19)개를 맞게 분류해 정확도(Accuracy)가 93.33% 나왔습니다. 단, 몇 줄의 코드로 높은 정확도의 분류 모델을 만들었습니다. 이제 정밀도(Precision)와 민감도(Sensitivity, Recall)를 classification_report() 함수를 이용해 리포트 형태로 출력해 보겠습니다.

```
In [11]     # 예측 결과 평가
            from sklearn.metrics import classification_report
            print(classification_report(y_test, y_pred_nb))
Out [11]                   precision   recall   f1-score   support
                 a         0.95        1.00     0.98       20
                 b         0.94        0.85     0.89       20
                 c         0.90        0.95     0.93       20

            accuracy                            0.93       60
           macro avg       0.93        0.93     0.93       60
        weighted avg       0.93        0.93     0.93       60
```

품종에 따른 민감도와 정밀도가 최소 0.85 이상으로 높은 편입니다. 이렇게 나이브 베이즈 알고리즘은 어렵지 않은 조건부 확률을 기반으로 노력 대비 좋은 성능을 보여줬습니다. 이후에 설명할 분류 알고리즘의 경우도 원리는 다르지만 sklearn 패키지를 이용해 구현하는 방법은 동일합니다.

2-3 k-최근접 이웃

k-최근접 이웃(k-NN, k-Nearest Neighbor)은 가장 간단한 머신러닝 알고리즘으로 새로운 데이터에 대해 이와 가장 거리가 가까운 k개의 과거 데이터의 결과를 이용해 다수결로 분류하는 방법입니다. 그림을 보면 이해가 쉬울 것입니다.

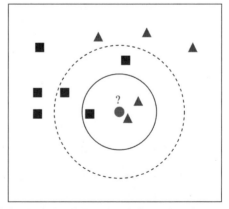

그림 6-8 | k값 변화에 따른 새로운 데이터(원)의 분류 변화(출처 : Wikipedia)

원(●)은 새로운 데이터인데 과거 데이터를 이용해 네모(■) 또는 세모(▲)로 분류하고자 합니다. 실선으로 된 원은 k가 3개인 경우입니다. 이때에는 실선 원 안에 네모(■) 1개, 세모(▲) 2개가 있습니다. 이 경우 원(●)은 다수결에 의해 개수가 더 많은 세모(▲)로 분류됩니다. 점선으로 된 원은 k가 5개인 경우입니다. 이때에는 점선 안에 네모(■) 3개, 세모(▲) 2개가 있습니다. 이 경우 원(●)은 다수결에 의해 개수가 더 많은 네모(■)로 분류됩니다.

이렇게 k값의 선택에 따라 새로운 데이터에 대한 분류 결과가 달라지며, 종속변수의 형태(범주형 또는 연속형)에 따라 분류(classification)와 회귀(regression) 모두에 사용할 수 있습니다. 그리고 새 데이터에 더 가까운 이웃일수록 더 먼 이웃보다 평균에 더 많이 기여하도록 이웃의 기여에 가중치(weight)를 줄 수 있습니다. 예를 들어, 이웃까지의 거리가 d라면 해당 이웃들에게는 거리의 반비례인 1/d만큼의 가중치를 부여할 수 있습니다. 이런 거리 d를 계산하는 데는 다양한 방법이 존재하며, 대표적인 3가지 방법에 대해 다음 표로 정리했으니 참고하기를 바랍니다.

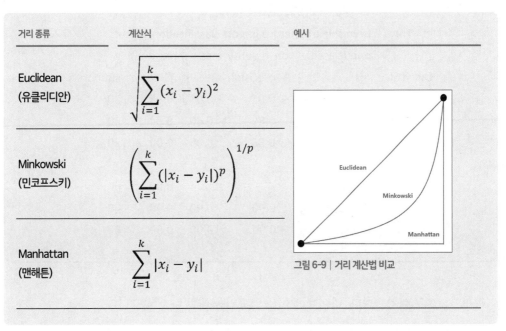

거리 종류	계산식	예시
Euclidean (유클리디안)	$\sqrt{\sum_{i=1}^{k}(x_i - y_i)^2}$	
Minkowski (민코프스키)	$\left(\sum_{i=1}^{k}(\lvert x_i - y_i \rvert)^p\right)^{1/p}$	그림 6-9 | 거리 계산법 비교
Manhattan (맨해튼)	$\sum_{i=1}^{k}\lvert x_i - y_i \rvert$	

표 6-1 | 다양한 거리 계산 방법

앞서 활용했던 병아리 품종 분류 데이터를 이용해 k-NN 알고리즘을 수행해 보겠습니다. k-NN 알고리즘을 사용하기 위해서는 neighbors 모듈의 KneighborsClassifier() 함수를 이용하면 됩니다. 먼저 k=3으로 두고, 모델을 학습시켜 분류 결과를 확인해 보겠습니다.

🏢 코딩실습	In [12]	# k-NN 알고리즘 수행을 위한 함수 불러오기
		from sklearn.neighbors import KneighborsClassifier
	In [13]	# 모델 구축(k=3) 및 학습
		model_knn = KneighborsClassifier(n_neighbors = 3).fit(x_train,y_train)
	In [14]	y_pred_knn = model_knn.predict(x_test)
	In [15]	from sklearn.metrics import confusion_matrix
		confusion_matrix(y_test, y_pred_knn)
	Out [15]	array([[19, 1, 0],
		[1, 16, 3],
		[0, 1, 19]], dtype=int64)
	In [16]	from sklearn.metrics import classification_report
		print(classification_report(y_test, y_pred_knn))

Out [16]

	precision	recall	f1-score	support
a	0.95	0.95	0.95	20
b	0.89	0.80	0.84	20
c	0.86	0.95	0.90	20
accuracy			0.90	60
macro avg	0.90	0.90	0.90	60
weighted avg	0.90	0.90	0.90	60

정확도가 90%로 나왔습니다. 나이브 베이즈 알고리즘 대비 다소 낮습니다.
k=5로 변경해서 결과가 바뀌는지 한 번 해보도록 하겠습니다.

```
In  [17]    # 모델 구축(k=5) 및 학습
            model_knn5 = KneighborsClassifier(n_neighbors = 5).fit(x_
            train,y_train)
In  [18]    y_pred_knn5 = model_knn5.predict(x_test)
In  [19]    confusion_matrix(y_test, y_pred_knn5)
Out [19]    array([[20,  0,  0],
                   [ 1, 17,  2],
                   [ 0,  2, 18]], dtype=int64)
In  [20]    print(classification_report(y_test, y_pred_knn5))
```

Out [20]	precision	recall	f1-score	support
a	0.95	1.00	0.98	20
b	0.89	0.85	0.87	20
c	0.90	0.90	0.90	20
accuracy			0.92	60
macro avg	0.92	0.92	0.92	60
weighted avg	0.92	0.92	0.92	60

정확도(Accuracy)가 92%로 k=3일 경우보다 다소 향상되었습니다. 민감도와 정밀도의 경우도 더 높아졌습니다. 해당 데이터 셋의 경우는 k=5가 성능이 조금 더 낫다고 평가할 수 있습니다. 참고로 k-NN은 거리 기반 알고리즘이기 때문에 독립변수를 스케일링한 후 학습시키는 것이 바람직합니다.

2-4 의사결정나무

의사결정나무(Decision Tree)는 주어진 독립변수에 의사결정규칙을 적용해 나가면서 종속변수를 예측해 나가는 알고리즘입니다. 종속변수가 범주형이나 연속형인 경우 모두 사용할 수 있고, 분석 결과가 조건 형태로 출력되기 때문에 모델을 이해하기가 쉽습니다.

다음은 타이타닉호에서 생존 여부(종속변수)를 성별, 나이, 함께 탑승한 형제 또는 배우자 수 (sibsp)와 같은 다양한 독립변수에 의사결정규칙을 적용해 트리 형태로 나타낸 의사결정나무 모델입니다.

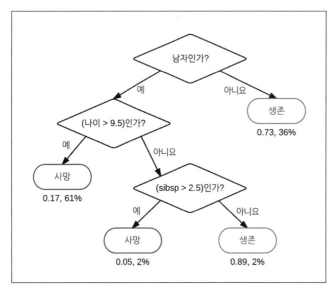

그림 6-10 | 타이타닉호 생존 여부 결정 트리(출처 : Wikipedia)

위 그림에서 마름모 형태로 표현되는 노드를 의사결정 노드(Decision Node)라고 하고, 타원 형 태로 표현되는 노드를 잎사귀 노드(Leaf Node)라고 합니다. 의사결정 노드 중 최초로 분류가 시작되는 최상단의 노드를 뿌리 노드(Root Node)라고 합니다.

의사결정나무는 종속변수가 범주형인 경우 분류나무(Classification Tree), 연속형인 경우 회귀나 무(Regression Tree)로 구분됩니다. 그리고 의사결정규칙(가지를 분할할 때)을 만들 때 기준이 될 독립변수 항목과 값을 선택하는 방법으로 분류나무는 x^2 통계량의 p값, 지니 지수(Gini Index), 엔트로피 지수(Entropy Index) 등을 사용하고, 회귀나무는 F 통계량의 p값, 분산의 감소량 등을 사용합니다.

의사결정나무 알고리즘에는 CART, CHAID, ID3, C4.5, C5.0, MARS 등의 다양한 방법론이 존 재합니다. sklearn 패키지는 최적화된 버전의 CART(Classification And Regression Tree) 알고리즘 을 이용합니다.

기존에 사용한 병아리 품종 분류 데이터를 계속해서 이용해 의사결정나무 알고리즘을 수행해 보겠습니다. tree 모듈의 DecisionTreeClassifier() 함수를 이용하며, 트리 구조의 시각화를 위해 plot_tree() 함수도 함께 불러오겠습니다.

```
코딩실습    In [21]    # 의사결정나무 알고리즘 수행 및 시각화를 위한 함수 불러오기
                      from sklearn.tree import DecisionTreeClassifier, plot_tree
```

이제 앞선 다른 분류 모델의 수행 절차와 동일하게 fit() 메소드를 이용해 학습을 시키고, predict() 메소드로 예측값을 생성한 뒤 정오분류표를 이용해 성능을 평가하겠습니다.

```
코딩실습    In [22]    # 모델 구축 및 학습
                      model_tree = DecisionTreeClassifier().fit(x_train, y_train)

           In [23]    y_pred_tree = model_tree.predict(x_test)

           In [24]    from sklearn.metrics import confusion_matrix
                      confusion_matrix(y_test, y_pred_tree)

           Out [24]   array([[20,  0,  0],
                             [ 1, 18,  1],
                             [ 0,  4, 16]], dtype=int64)

           In [25]    from sklearn.metrics import classification_report
                      print(classification_report(y_test, y_pred_tree))
```

	precision	recall	f1-score	support
a	0.95	1.00	0.98	20
b	0.82	0.90	0.86	20
c	0.94	0.80	0.86	20
accuracy			0.90	60
macro avg	0.90	0.90	0.90	60
weighted avg	0.90	0.90	0.90	60

정확도 0.90, 최소 민감도 0.80 수준으로 이전 알고리즘보다 예측 성능이 더 낮습니다. DecisionTreeClassifier() 함수의 기본 분할 기준(criterion)은 지니 지수로 이를 엔트로피 지수로 바꿔서 다시 한 번 모델을 만든 뒤 평가해 보겠습니다.

코딩실습

```
In [26]    # 모델 구축(분할 기준:entropy) 및 학습
           model_tree2 = DecisionTreeClassifier(criterion='entropy').fit(x_
           train, y_train)
In [27]    y_pred_tree2 = model_tree2.predict(x_test)
In [28]    confusion_matrix(y_test, y_pred_tree2)
Out [28]   array([[20,  0,  0],
                  [ 1, 18,  1],
                  [ 0,  2, 18]], dtype=int64)
In [29]    print(classification_report(y_test, y_pred_tree2))
Out [29]
```

	precision	recall	f1-score	support
a	0.95	1.00	0.98	20
b	0.90	0.90	0.90	20
c	0.95	0.90	0.92	20
accuracy			0.93	60
macro avg	0.93	0.93	0.93	60
weighted avg	0.93	0.93	0.93	60

정확도가 0.93으로 올라갔습니다. 민감도 및 정밀도의 최솟값도 0.90까지 올라갔습니다. 해당 데이터 셋의 경우 분할 기준으로 지니 지수보다는 엔트로피 지수가 더 적합한 것을 확인했습니다.

코딩 결과가 책과 달라요!

CART 알고리즘의 특성상 최적의 분할을 찾기 위해 무작위성이 부여되어 실습한 예측 결과가 이 책과 다소 다르게 나올 수 있습니다. 뒤에 나오는 다양한 알고리즘도 위와 유사한 사유로 책과 본인의 실습 결과가 다를 수 있습니다. 이런 점을 방지하기 위해서는 함수를 적용할 때 random_state 파라미터를 지정하면 됩니다. 예를 들어, DecisionTreeClassifier(random_state=7)처럼 random_state 파라미터에 아무 숫자나 입력하면 random 함수의 seed값을 고정시키기 때문에 동일한 결과가 나오게 됩니다. 실제 업무에서는 이를 고정해서 쓸 이유가 거의 없기 때문에 실습 코드에도 별도 입력하지 않았습니다.

이제 모델이 어떻게 분류되었는지 matplotlib.pyplot 모듈과 plot_tree() 함수를 이용해 트리로 그려보겠습니다.

📦 코딩실습　　In [30]　　# 트리 그리기
```
import matplotlib.pyplot as plt
plt.figure(figsize=(15,15))
plot_tree(model_tree2, feature_names = ['wing_length','tail_
length','comb_height'], filled = True)
plt.show()
```

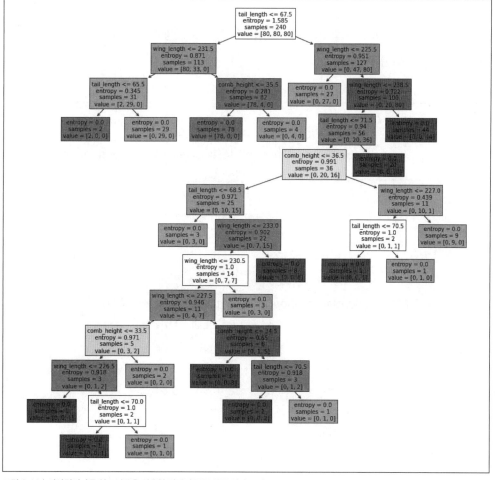

그림 6-11 | 의사결정나무 알고리즘을 이용한 병아리 품종 분류 결과 트리

트리가 너무 복잡하게 출력되었습니다. 뿌리 노드부터 바로 아래 단계까지의 분류 결과만 해석해 보면 최초는 "꽁지깃 길이(tail_length)≦67.5"부터 240개(훈련용 데이터 셋)의 표본(samples)으로 출발했습니다. 이 조건을 만족하면(yes) 좌측으로, 그렇지 않으면(no) 우측으로 갑니다. 좌측 노드의 만족한 113개의 표본은 품종 a가 80마리, b가 33마리, c가 0마리에 해당되며 "날개 길이(wing_length)≦231.5"를 기준으로 다시 분할되었습니다. 우측 노드의 만족하지 않은 127개의 표본은 품종 a가 0마리, b가 47마리, c가 80마리에 해당되며 "날개 길이(wing_length)≦225.5"를 기준으로 다시 분할되었습니다.

의사결정나무 알고리즘을 이용하는 이유는 조건에 따라 나눠지는 트리 구조가 설명이 용이하기 때문인데 이 경우는 설명하기에는 너무 복잡합니다. 트리 구조가 복잡해진 이유는 학습 데이터에 과적합되었을 확률이 높습니다. 따라서 복잡한 구조는 일반화하기 어렵기 때문에 단순화할 필요가 있습니다.

분할 기준으로 엔트로피 지수를 이용하고, 트리의 깊이를 3으로 제한해 다시 한 번 모델을 학습시키고, 성능을 평가해 보겠습니다.

코딩실습

```
In [31]    # 모델 구축(분할 기준:entropy, 최대 깊이:3) 및 학습
           model_tree3 = DecisionTreeClassifier(criterion='entropy', max_
           depth = 3).fit(x_train, y_train)
In [32]    y_pred_tree3 = model_tree3.predict(x_test)
In [33]    confusion_matrix(y_test, y_pred_tree3)
Out [33]   array([[20,  0,  0],
                  [ 1, 14,  5],
                  [ 0,  2, 18]], dtype=int64)
In [34]    print(classification_report(y_test, y_pred_tree3))
```

Out [34]

	precision	recall	f1-score	support
a	0.95	1.00	0.98	20
b	0.88	0.70	0.78	20
c	0.78	0.90	0.84	20
accuracy			0.87	60
macro avg	0.87	0.87	0.86	60
weighted avg	0.87	0.87	0.86	60

정확도가 0.93에서 0.87로 떨어졌습니다. 민감도와 정밀도도 다 낮아졌습니다. 하지만 0.87 수준의 정확도는 절대적인 값으로 봤을 때 그렇게 낮은 값은 아닙니다. 트리를 그려서 모델이 얼마나 단순해졌는지 확인해 보겠습니다.

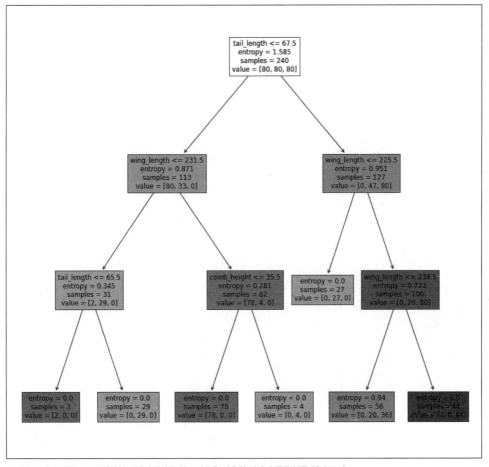

```
코딩실습    In [35]    # 트리 그리기
                      plt.figure(figsize=(15,15))
                      plot_tree(model_tree3, feature_names = ['wing_length','tail_
                      length','comb_height'], filled = True)
                      plt.show()
```

그림 6-12 | 깊이를 3으로 제한한 의사결정나무 알고리즘을 이용한 병아리 품종 분류 결과 트리

앞서 실시한 모델의 경우 깊이가 12로 너무 커서 복잡했는데 3(뿌리 노드의 깊이는 0으로 계산)으로 제한하니 훨씬 단순하게 트리가 그려졌습니다. 이렇게 트리의 크기(깊이)를 제한해 과적합을 방지하는 방법을 가지치기(pruning)라고 합니다.

잠견만요 ✋

불순도와 정보 이득

분류 트리의 분할 기준(criterion)인 지니(Gini) 또는 엔트로피(Entropy) 지수는 불순도(impurity)를 측정하는 방법입니다. 의사결정나무 알고리즘은 부모와 자식 노드의 불순도 차이가 크도록 트리를 성장시키는데 여기서 불순도 차이를 정보 이득(Information Gain)이라고 부릅니다. 불순도와 정보 이득을 계산하는 방법은 다음과 같습니다.

- 지니 불순도 $= 1 - \sum_{i=1}^{n}(p_i)^2$ (p_i : i 클래스로 분류되는 확률)
- 엔트로피 불순도 $= -\sum_{i=1}^{n}p_i log_2(p_i)$ (p_i : i 클래스로 분류되는 확률)
- 정보 이득 $=$ 부모 노드 불순도 $- \sum_{i=1}^{n}(m_i)$ (m_i : i 클래스 자식 노드의 가중 평균 불순도)

2-5 배깅

배깅(Bagging)은 앙상블(Ensemble) 모형 중 하나입니다. 앙상블은 프랑스어로 "통일" 또는 "조화"를 의미하는 용어입니다. 이런 의미처럼 앙상블 모형은 여러 개의 예측 모델을 만든 뒤 조합해 하나의 최적화된 최종 예측 모델을 만듭니다. 앙상블 모형은 분류와 회귀 모두에 사용할 수 있는 알고리즘입니다.

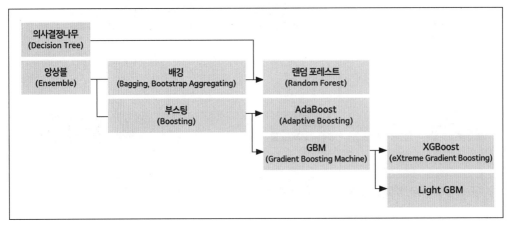

그림 6-13 | 앙상블 모형의 종류와 발달 과정

앙상블 모형에는 배깅과 부스팅(Boosting)이 있습니다. 배깅은 Bootstrap Aggregating의 줄임 말로 학습 데이터 셋으로부터 동일한 크기의 표본을 단순 랜덤 복원 추출해 여러 개 만들고, 각 표본에 대한 예측 모델을 생성한 뒤 결합해 최종 예측 모델을 만드는 알고리즘입니다. 여기서 학습 데이터 셋에서 단순 랜덤 복원 추출해 동일한 크기의 표본을 여러 개 만드는 샘플링 방법을 부트스트랩(Bootstrap)이라고 합니다.

기존의 데이터와 sklearn 패키지를 계속 이용해 배깅 알고리즘을 수행해 보겠습니다. ensemble 모듈의 BaggingClassifier() 함수를 이용하면 됩니다.

코딩실습	

In [36] # 배깅 알고리즘 수행을 위한 함수 불러오기
from sklearn.ensemble import BaggingClassifier

In [37] # 모델 구축 및 학습
model_bag = BaggingClassifier().fit(x_train, y_train)

In [38] y_pred_bag = model_bag.predict(x_test)

In [39] from sklearn.metrics import confusion_matrix
confusion_matrix(y_test, y_pred_bag)

Out [39] array([[20, 0, 0],
         [1, 18, 1],
         [0, 1, 19]], dtype=int64)

In [40] from sklearn.metrics import classification_report
print(classification_report(y_test, y_pred_bag))

Out [40]

	precision	recall	f1-score	support
a	0.95	1.00	0.98	20
b	0.90	0.90	0.90	20
c	0.95	0.90	0.92	20
accuracy			0.93	60
macro avg	0.93	0.93	0.93	60
weighted avg	0.93	0.93	0.93	60

정확도가 0.93, 최소 민감도와 정밀도가 0.90으로 높은 성능을 나타냈습니다.

2-6 부스팅

부스팅(Boosting)은 앙상블 모형 중 하나로 배깅이 부트스트랩 시 각 표본에 동일한 확률을 부여하는 것과 달리 잘못 분류된 표본에 더 큰 가중치를 적용해 새로운 분류 규칙을 만들고, 이런 과정을 반복해 최종 모형을 만드는 알고리즘입니다. 부스팅은 최근까지도 AdaBoost(Adaptive Boosting), GBM(Gradient Boosting Machine)과 같은 알고리즘이 나오면서 배깅보다 성능이 뛰어난 경우가 많습니다. 특히 XGBoost의 경우 캐글(Kaggle)에서 상위 랭커들이 사용해 높은 인기를 얻은 알고리즘입니다.

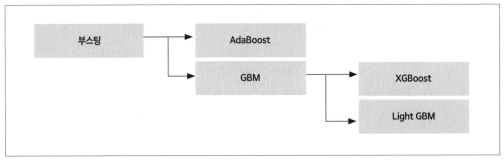

그림 6-14 | 부스팅 알고리즘의 종류와 발달 과정

기존의 데이터와 sklearn 패키지를 계속 이용해 에이다부스트 알고리즘을 먼저 수행해 보겠습니다. ensemble 모듈의 AdaBoostClassifier() 함수를 이용하면 됩니다.

코딩실습

```
In [41]    # 에이다부스트 알고리즘 수행을 위한 함수 불러오기
           from sklearn.ensemble import AdaBoostClassifier
In [42]    # 모델 구축 및 학습
           model_adb = AdaBoostClassifier().fit(x_train, y_train)
In [43]    y_pred_adb = model_adb.predict(x_test)
In [44]    from sklearn.metrics import confusion_matrix
           confusion_matrix(y_test, y_pred_adb)
Out [44]   array([[20,  0,  0],
                  [ 1, 16,  3],
```

정확도가 0.92로 높지만 다른 알고리즘 대비 더 뛰어난 수준은 아닙니다.

이번엔 GBM 알고리즘을 수행해 보겠습니다. Gradient Boosting Machine 알고리즘은 Gradient Descent를 이용해 순차적으로 틀린 것에 가중치를 부여해 보다 나은 모델을 만드는 방식으로 부스팅하는 알고리즘입니다. Gradient Descent는 '경사 하강법'이라고 합니다. 함수의 기울기(경사)를 구하고, 기울기의 절댓값을 낮은 쪽으로 계속 이동시켜 함수가 최솟값(기울기 = 0)이 될 때까지 반복하는 것입니다.

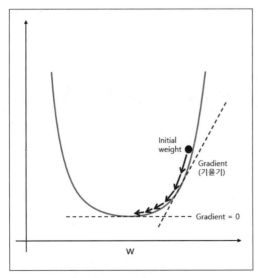

그림 6-15 | Gradient Descent 개념

함수만 GradientBoostingClassifier로 변경해서 실행해 보도록 하겠습니다.

코딩실습

In [46]   # 그래디언트 부스팅 알고리즘 수행을 위한 함수 불러오기
           from sklearn.ensemble import GradientBoostingClassifier

In [47]   # 모델 구축 및 학습
           model_gb = GradientBoostingClassifier().fit(x_train, y_train)

In [48]   y_pred_gb = model_gb.predict(x_test)

In [49]   from sklearn.metrics import confusion_matrix
           confusion_matrix(y_test, y_pred_gb)

Out [49]   array([[20, 0, 0],
                  [1, 18, 1],
                  [0, 2, 18]], dtype=int64)

In [50]   from sklearn.metrics import classification_report
           print(classification_report(y_test, y_pred_gb))

Out [50]

	precision	recall	f1-score	support
a	0.95	1.00	0.98	20
b	0.90	0.90	0.90	20
c	0.95	0.90	0.92	20
accuracy			0.93	60
macro avg	0.93	0.93	0.93	60
weighted avg	0.93	0.93	0.93	60

정확도가 0.93으로 에이다부스트 알고리즘 대비 다소 향상되었고, 정밀도와 민감도도 훨씬 높아졌습니다.

2-7 랜덤 포레스트

랜덤 포레스트(Random Forest)는 배깅(Bagging)을 적용한 의사결정나무(Decision Tree)의 앙상블 알고리즘입니다. 랜덤 포레스트는 나무(tree)가 아니라 나무가 모인 숲(forest)의 수준으로 하나의 트리 모델이 아닌 다수의 부트스트랩 표본으로 트리 모델을 만든 뒤 그 결과를 취합해 분류(classification)의 경우에는 다수결, 회귀(regression)의 경우에는 평균을 출력합니다. 이는 배깅과 동일한 방법이나 트리 모델의 분할 기준(노드)을 정하는 방법에서 차이가 있습니다.

배깅은 노드(node)마다 모든 독립변수 내에서 최적의 분할을 찾는 방법을 사용하지만, 랜덤 포레스트는 독립변수들을 무작위(random)로 추출하고 추출된 독립변수 내에서 최적의 분할을 만들어 나가는 방법을 사용합니다.

일반적으로 하나의 트리 모델에서 발생할 수 있는 과적합(overfitting) 문제가 랜덤 포레스트에서는 줄어들고, 예측 성능 또한 높게 나옵니다.

기존의 병아리 품종 데이터를 계속해서 이용해 랜덤 포레스트 알고리즘을 수행해 보겠습니다. ensemble 모듈의 RandomForestClassifier() 함수를 이용합니다.

코딩실습

```
In [51]    # 랜덤 포레스트 알고리즘 수행을 위한 함수 불러오기
           from sklearn.ensemble import RandomForestClassifier

In [52]    # 모델 구축 및 학습
           model_rf = RandomForestClassifier().fit(x_train, y_train)

In [53]    y_pred_rf = model_rf.predict(x_test)

In [54]    from sklearn.metrics import confusion_matrix
           confusion_matrix(y_test, y_pred_rf)

Out [54]   array([[19,  1,  0],
                  [ 1, 18,  1],
                  [ 0,  1, 19]], dtype=int64)

In [55]    from sklearn.metrics import classification_report
           print(classification_report(y_test, y_pred_rf))
```

Out [55]		precision	recall	f1-score	support
	a	0.95	0.95	0.95	20
	b	0.90	0.90	0.90	20
	c	0.95	0.95	0.95	20
accuracy				0.93	60
macro avg		0.93	0.93	0.93	60
weighted avg		0.93	0.93	0.93	60

정확도가 0.93으로 높은 편입니다. 정밀도와 민감도도 최솟값이 0.90입니다. 이 상태에서 성능을 더 향상시킬 수 있는 방법은 RandomForest() 함수에서 제공하는 다양한 하이퍼 파라미터(n_estimators, criterion, max_depth 등)를 조정(tuning)하면 됩니다. 이 부분은 XGBoost 알고리즘에서 자세히 설명하겠습니다.

✋ 잠깐만요

예측 결과를 확률로 출력하는 방법

sklearn 패키지의 분류 알고리즘을 이용해 모델을 만들어 학습(fit)시킨 후 일반적으로 predict() 메소드를 이용해 예측 결과를 클래스 형태로 출력하지만 predict_proba() 메소드를 이용하면 확률 형태로도 출력할 수 있습니다.

[예시]

```
y_prob_rf = model_rf.predict_proba(x_test)
y_prob_rf[0:5]
```

2-8 서포트 벡터 머신

서포트 벡터 머신(SVM, Support Vector Machine)은 고차원의 공간에서 최적의 분리 초평면(hyperplane)을 찾아 이를 이용해 분류(classification)와 회귀(regression)를 수행하는 알고리즘입니다. 초평면이 무엇인지 다음 그림에서 설명하겠습니다.

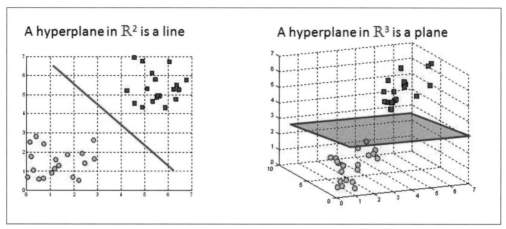

그림 6-16 | 2차원과 3차원에서의 초평면(hyperplane)(출처 : deepai.org)

우리가 일반적으로 쉽게 공간을 이해할 수 있는 차원은 3차원 정도까지입니다. x와 y축으로 표현되는 2차원 공간에 서로 다른 두 집단(네모, 동그라미)의 데이터가 그림 6-16의 좌측과 같이 분포되어 있을 때 이를 구분하기 위해서는 선(line)을 하나 그리면 됩니다. 하지만 우측과 같이 x, y, z축으로 표현되는 3차원 공간에 데이터가 분포되어 있다면 이를 구분하기 위해서는 선이 아니라 면(plane)이 필요합니다. 초평면이란 n차원의 공간에서 그보다 하나의 차원이 낮은 (n-1) 평면을 말합니다.

SVM은 서포트 벡터(Support Vector), 결정 경계(Decision Boundary), 마진(Margin) 등으로 구성되며 다음 그림으로 좀 더 자세히 설명하겠습니다.

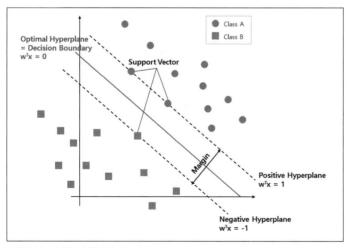

그림 6-17 | SVM의 구성 요소

서포트 벡터는 주어진 데이터 중에서 결정 경계와 가장 가까운 거리에 위치한 데이터를 말합니다. 마진은 결정 경계에서 서포트 벡터까지의 거리를 말합니다. 결정 경계는 데이터의 분류 기준이 되는 경계를 뜻하며, SVM은 결국 최대 마진을 갖는 초평면인 결정 경계를 찾는 알고리즘입니다.

하지만 앞에서 설명한 사례와 달리 데이터들이 선형(linear)만으로 구분하기가 어려운 사례들도 많습니다. 다음 그림을 한 번 보겠습니다.

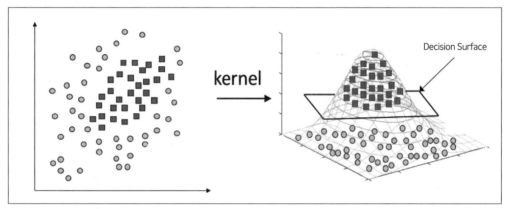

그림 6-18 | SVM의 커널 함수(출처 : medium.com)

그림의 좌측 데이터를 보면 도저히 두 종류의 데이터를 선형으로는 구분이 불가능해 보입니다. 이때에는 우측 그림과 같이 2차원의 데이터를 3차원으로 변환하면 결정 경계를 찾을 수도 있습니다. 이런 방법을 커널 트릭(Kernel Trick)이라고 하며, 비선형 분류를 위해 데이터를 더 높은 차원으로 변환시키는 함수를 커널 함수(Kernel Function)라고 합니다. 커널 함수에는 선형(linear), 다항(polynomial), 가우시안(Gaussian), RBF(Radial Basis Function), 시그모이드(Sigmoid) 등 다양한 함수들이 존재합니다.

이제 기존의 병아리 품종 데이터를 이용해 SVM 알고리즘을 수행해 보겠습니다. sklearn 패키지의 svm 모듈에서 SVC() 함수를 이용하면 됩니다. 기본 커널 함수는 rbf로 실습에서는 linear를 지정해 보겠습니다.

```
In [56]    # 서포트 벡터 머신 알고리즘 수행을 위한 함수 불러오기
           from sklearn.svm import SVC

In [57]    # 모델 구축(kernel:linear) 및 학습
           model_svm = SVC(kernel = 'linear').fit(x_train, y_train)

In [58]    y_pred_svm = model_svm.predict(x_test)

In [59]    from sklearn.metrics import confusion_matrix
           confusion_matrix(y_test, y_pred_svm)

Out [59]   array([[20,  0,  0],
                  [ 1, 17,  2],
                  [ 0,  1, 19]], dtype=int64)

In [60]    from sklearn.metrics import classification_report
           print(classification_report(y_test, y_pred_svm))

Out [60]                 precision   recall   f1-score   support

              a            0.95       1.00      0.98        20
              b            0.94       0.85      0.89        20
              c            0.90       0.95      0.93        20

        accuracy                               0.93        60
       macro avg           0.93       0.93      0.93        60
    weighted avg           0.93       0.93      0.93        60
```

정확도가 0.93으로 높게 나왔습니다. 최소 정밀도 0.90, 최소 민감도 0.85로 준수한 성능을 나타냈습니다.

예측값을 이용해 svm 모델이 품종별 데이터를 어떻게 분할했는지 확인해 보겠습니다. 독립변수가 3개지만 3차원으로 그래프를 그리면 알아보기 어렵기 때문에 x축을 꽁지깃 길이(tail_length), y축을 날개 길이(wing_length)로만 두고, 산점도를 그려서 실제 값과 예측값이 어떻게 분류되었는지 비교해 보겠습니다.

그러기 위해서 예측값(y_pred_svm)을 데이터 프레임으로 만들고, 열 이름을 "breeds_pred"로 변경한 뒤 기존 df_test 데이터 셋과 concat() 함수를 이용해 열을 합쳐 하나의 데이터 프레임으로 만들겠습니다.

```
In [61]    # 예측값을 데이터 프레임으로 만들고, 열 이름을 breeds_pred로 지정

           df_y_pred_svm = pd.DataFrame(y_pred_svm, columns =
           ['breeds_pred'])

In [62]    # 기존 test 데이터 셋에 svm 예측 결과 열 합치기

           df_svm = pd.concat([df_test, df_y_pred_svm], axis = 1)

In [63]    df_svm.head()

Out [63]       wing_length  tail_length  comb_height  breeds  breeds_pred

           0      258          67           32          a         a

           1      260          64           34          a         a

           2      251          63           31          a         a

           3      248          63           30          a         a

           4      254          62           32          a         a
```

잠깐만요

pandas의 데이터 프레임에서 열 또는 행을 기준으로 데이터를 붙이는 방법

특별한 기준 없이 데이터를 서로 이어 붙여야 할 경우에는 concat() 함수를 이용합니다. 행(row)으로 붙일 경우에는 axis = 0, 열(column)로 붙일 경우에는 axis = 1로 지정하면 됩니다.

[예시] ··

pd.concat([df1, df2], axis = 0)

head() 메소드를 이용해 데이터를 확인해 본 결과, 예측값(breeds_pred)이 잘 합쳐졌습니다. 이제 산점도를 그려보겠습니다. 그룹별 산점도를 그릴 때는 seaborn 패키지가 matplotlib 패키지보다 편리하기 때문에 seaborn 패키지를 이용해 1행 2열로 그래프를 배치해 실제 값과 예측값의 산점도를 각각 비교해 보겠습니다.

코딩실습   In [64]   # 실제 값 및 예측값 시각화

```python
import seaborn as sns
import matplotlib.pyplot as plt
plt.figure(figsize = (10,5))
plt.subplot(1, 2, 1)
sns.scatterplot(data = df_svm, x='tail_length', y='wing_length',
hue='breeds', style='breeds')
plt.title('actual')
plt.subplot(1, 2, 2)
sns.scatterplot(data = df_svm, x='tail_length', y='wing_length',
hue='breeds_pred', style='breeds_pred')
plt.title('predicted')
plt.show()
```

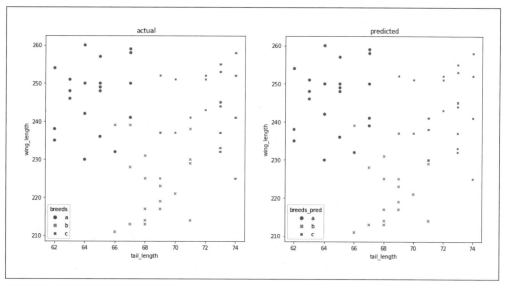

그림 6-19 | SVM 활용 병아리 품종 분류 산점도

그래프로 확인해 본 결과, 3가지 품종을 실제와 거의 유사하게 잘 분류한 것 같습니다.

2-9 XGBoost와 하이퍼 파라미터 튜닝

XGBoost(eXtreme Gradient Boosting)는 우수한 성능으로 인해 캐글(Kaggle) 대회에서 많은 사람들이 사용하는 인기 알고리즘입니다. XGBoost는 Gradient Boosting 알고리즘을 기반으로 사용합니다.

XGBoost의 경우 병렬 처리를 기반으로 하기 때문에 속도가 빠른 편이며 과적합 규제 기능이 있습니다. 분류(classification)와 회귀(regression) 모두에 적용할 수 있으며 특정 기준에 맞으면 지정한 학습 횟수에 도달하기 전에 학습을 종료시키는 Early Stopping(조기 종료) 기능도 있습니다. XGBoost를 이용하기 위해서는 xgboost 패키지 설치가 필요합니다. 그리고 XGBClassifier() 함수를 불러오면 됩니다.

코딩실습

```
In [65]    # xgboost 패키지 설치(anaconda 기본 패키지가 아님)
           !pip install xgboost
In [66]    # XGBoost 알고리즘 수행을 위한 함수 불러오기
           from xgboost import XGBClassifier
```

이후의 함수 사용법은 sklearn 패키지의 함수들과 큰 차이가 없습니다. fit() 메소드를 이용해 훈련 데이터 셋으로 학습을 실시하고, predict() 메소드로 예측값을 생성하면 됩니다.

코딩실습

```
In [67]    # 모델 구축 및 학습
           model_xgb = XGBClassifier().fit(x_train, y_train)
In [68]    y_pred_xgb = model_xgb.predict(x_test)
In [69]    from sklearn.metrics import confusion_matrix
           confusion_matrix(y_test, y_pred_xgb)
Out [69]   array([[20,  0,  0],
                  [ 1, 18,  1],
                  [ 0,  1, 19]], dtype=int64)
```

```
In [70]      from sklearn.metrics import classification_report
             print(classification_report(y_test, y_pred_xgb))
Out [70]                  precision   recall   f1-score   support

             a              0.95       1.00      0.98        20
             b              0.95       0.90      0.92        20
             c              0.95       0.95      0.95        20

      accuracy                                   0.95        60
     macro avg              0.95       0.95      0.95        60
  weighted avg              0.95       0.95      0.95        60
```

예측 성능까지 확인해 본 결과, 정확도 0.95, 최소 민감도 0.90, 최소 정밀도 0.95로 가장 우수한 성능을 나타냈습니다.

XGBClassifier() 함수에는 이제까지 다뤘던 알고리즘에 비해 다양한 하이퍼 파라미터(Hyper Parameter)가 존재합니다. 하이퍼 파라미터란 모델을 만들 때 사용자가 직접 설정해 주는 매개변수를 말합니다. 위 경우는 별도의 하이퍼 파라미터를 지정하지 않아 기본값으로 실행되었지만 학습률(eta), 트리의 깊이(max_depth), gamma, lamda, alpha 등 다양한 하이퍼 파라미터들이 존재합니다.

이렇게 다양한 하이퍼 파라미터를 어떻게 설정하느냐에 따라 모델의 성능이 크게 좌우됩니다. 따라서 이를 튜닝하는 작업이 매우 중요합니다. 하이퍼 파라미터에는 아무 값이나 입력할 수 있는 것이 아니며 입력될 수 있는 값의 범위와 항목들이 정해져 있습니다. 이는 보통 해당 함수의 도움말(주피터 노트북에서 해당 함수 괄호 안에서 Shift + Tab 키)을 검색해 보거나 xgboost 패키지의 홈페이지(https://xgboost.readthedocs.io)에서 확인할 수 있습니다.

하이퍼 파라미터를 하나씩 조정해서 학습시키고, 예측값을 생성해 성능을 평가할 수도 있지만 3개의 하이퍼 파라미터를 4번씩만 바꿔봐도 12번의 학습과 성능 평가가 필요합니다. 이런 방식으로 최적의 하이퍼 파라미터를 찾아가는 과정을 그리드서치(Grid Search)라고 부르며 반복문을 이용해 구현할 수도 있지만 이런 번거로움을 해결하기 위해 이미 sklearn 패키지에서 GridSearchCV() 함수를 제공하고 있습니다. 해당 함수를 불러오겠습니다.

코딩실습　In [71]　# 그리드서치 함수 불러오기
from sklearn.model_selection import GridSearchCV

그리고 하이퍼 파라미터에 시도해 볼 값을 임의로 4개씩 지정해 딕셔너리 타입으로 xgb_pram_grid라는 변수에 저장하겠습니다.

코딩실습　In [72]　# 그리드서치로 실행할 하이퍼 파라미터 딕셔너리 타입으로 저장
```
xgb_param_grid = {
    'eta' : [0.05, 0.1, 0.3, 0.5],
    'gamma' : [0, 0.5, 1, 2],
    'max_depth' : [2, 4, 8, 12]
}
```

이제 GridSearchCV() 함수를 설정하겠습니다. GridSearchCV(적용할 알고리즘 함수, 하이퍼 파라미터, 점수 기준)을 지정하면 되는데 빠르게 학습 및 성능 평가까지 이뤄질 수 있도록 시스템의 모든 CPU 코어를 사용할 수 있게 "n_jobs=-1"이라는 파라미터를 추가한 뒤 fit() 메소드로 학습을 진행하겠습니다.

코딩실습　In [73]　# 평가 기준이 정확도인 그리드서치 모델 구축
```
xgb_grid = GridSearchCV(XGBClassifier(), param_grid = xgb_param_grid, n_jobs=-1, scoring = 'accuracy')
```
In [74]　# 그리드서치 모델 학습
```
xgb_grid.fit(x_train, y_train)
```

```
C:\ProgramData\Anaconda3\lib\site-packages\xgboost\sklearn.py:1224: UserWarning: The use of label encoder in XGBClassifier is deprecated an
d will be removed in a future release. To remove this warning, do the following: 1) Pass option use_label_encoder=False when constructing X
GBClassifier object; and 2) Encode your labels (y) as integers starting with 0, i.e. 0, 1, 2, ..., [num_class - 1].
  warnings.warn(label_encoder_deprecation_msg, UserWarning)

[11:25:27] WARNING: C:/Users/Administrator/workspace/xgboost-win64_release_1.5.1/src/learner.cc:1115: Starting in XGBoost 1.3.0, the defaul
t evaluation metric used with the objective 'multi:softprob' was changed from 'merror' to 'mlogloss'. Explicitly set eval_metric if you'd l
ike to restore the old behavior.

GridSearchCV(estimator=XGBClassifier(base_score=None, booster=None,
                                     colsample_bylevel=None,
                                     colsample_bynode=None,
                                     colsample_bytree=None,
                                     enable_categorical=False, gamma=None,
                                     gpu_id=None, importance_type=None,
                                     interaction_constraints=None,
                                     learning_rate=None, max_delta_step=None,
                                     max_depth=None, min_child_weight=None,
                                     missing=nan, monotone_constraints=None,
                                     n_estimators=100, n_jobs=None,
                                     num_parallel_tree=None, predictor=None,
                                     random_state=None, reg_alpha=None,
                                     reg_lambda=None, scale_pos_weight=None,
                                     subsample=None, tree_method=None,
                                     validate_parameters=None, verbosity=None),
             n_jobs=-1,
             param_grid={'eta': [0.05, 0.1, 0.3, 0.5], 'gamma': [0, 0.5, 1, 2],
                         'max_depth': [2, 4, 8, 12]},
             scoring='accuracy')
```

그림 6-20 | 그리드 서치 활용 XGBoost 실행 결과

아마도 이제까지 실행했던 모든 알고리즘 중 가장 오랜 시간이 소요되었을 것입니다. 그러면
학습 데이터 셋으로 나온 최고 정확도와 그때의 하이퍼 파라미터가 얼마인지 xgb_grid 모델
의 best_score_와 best_params_ 속성을 통해 확인해 보겠습니다.

코딩실습

In [75]   # 정확도 최고 점수

            xgb_grid.best_score_

Out [75]   0.9541666666666666

In [76]   # 정확도 최고일 때의 하이퍼 파라미터

            xgb_grid.best_params_

Out [76]   {'eta': 0.5, 'gamma': 0, 'max_depth': 8}

정확도는 0.95가 최고 점수였고, 이때의 하이퍼 파라미터는 eta 0.5, gamma 0, max_depth 8
입니다. 이제 최고 성능을 나타낸 하이퍼 파라미터로 지정해 훈련 데이터로 재학습을 실시하
고, 테스트 데이터로 예측값을 생성한 뒤 성능 평가를 실시해 보겠습니다.

```
In [77]   # 선정된 하이퍼 파라미터로 재학습
          model_xgb2 = XGBClassifier(eta=0.5, gamma =0, max_
          depth=8).fit(x_train, y_train)
In [78]   y_pred_xgb2 = model_xgb2.predict(x_test)
In [79]   from sklearn.metrics import confusion_matrix
          confusion_matrix(y_test, y_pred_xgb2)
Out [79]  array([[20,  0,  0],
                 [ 1, 18,  1],
                 [ 0,  2, 18]], dtype=int64)
In [80]   from sklearn.metrics import classification_report
          print(classification_report(y_test, y_pred_xgb2))
```

Out [80]

	precision	recall	f1-score	support
a	0.95	1.00	0.98	20
b	0.90	0.90	0.90	20
c	0.95	0.90	0.92	20
accuracy			0.93	60
macro avg	0.93	0.93	0.93	60
weighted avg	0.93	0.93	0.93	60

오히려 정확도가 0.93으로 다소 떨어졌습니다. 이는 학습과 테스트에서의 성능 차이가 발생할 수 있음을 의미하며 기본값으로 설정된 하이퍼 파라미터가 해당 데이터 셋에는 더 적합함을 의미합니다.

비록 이 경우는 하이퍼 파라미터 튜닝이 성능 향상으로 이어지지 않았지만 일반적으로 하이퍼 파라미터 튜닝을 쉽고 빠르게 할 수 있는 그리드서치 사용법은 반드시 익혀두기를 바랍니다.

2-10 분류 알고리즘 결과 정리

나이브 베이즈부터 XGBoost까지 다양한 분류 알고리즘을 이용해 병아리 품종을 분류해 봤습니다. 다음 표로 정오분류표의 주요 항목인 정확도와 3가지 클래스에서 민감도, 정밀도의 최솟값만 표시해 봤습니다.

알고리즘	나이브 베이즈	k-NN	의사결정 나무	배깅	Ada Boost	GBM	랜덤 포레스트	SVM	XGBoost
정확도 (Accuracy)	0.93	0.92	0.93	0.93	0.92	0.93	0.93	0.93	0.95
최소 민감도 (Sensitivity, Recall)	0.85	0.85	0.90	0.90	0.80	0.90	0.90	0.85	0.90
최소 정밀도 (Precision)	0.90	0.89	0.90	0.90	0.86	0.90	0.90	0.90	0.95

표 6-2 | 분류 알고리즘별 병아리 품종 분류 결과

결과적으로 병아리 품종 분류에서는 XGBoost 알고리즘이 가장 우수한 성능을 나타냈습니다. 보편적으로 XGBoost의 경우 성능이 타 알고리즘 대비 뛰어난 편이며 랜덤 포레스트, GBM, AdaBoost, SVM도 뛰어난 성능을 보일 경우가 많습니다. 다양한 알고리즘을 시도해 보고, 하이퍼 파라미터를 튜닝해 보면서 모델의 예측 성능을 향상시키기 위해 많은 노력을 기울여 보기를 바랍니다.

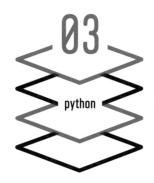

03

python

효과적인 사육을 위해
사육환경을 분리해 보자!
(군집 알고리즘)

분석 스토리

김 대표는 다양한 분류 알고리즘과 하이퍼 파라미터를 튜닝해 보면서 3가지 병아리 품종을 95% 정확도로 구분할 수 있는 분류 모델을 개발했습니다. 이후 품종별 분리 사육을 실시했고, 어느덧 병아리가 태어난 지 7주가 지났습니다. 이젠 어엿한 닭의 모습을 갖춘 녀석들을 보면서 김 대표는 매우 흐뭇했습니다. 하지만 같은 품종임에도 불구하고 모이를 많이 먹는 닭이 있는가 하면 적게 먹는 닭이 있었습니다. 당연히 몸무게 차이도 발생하게 되었고, 일부는 몸무게가 20%가량 차이가 나기도 했습니다. 상대적으로 큰 닭들이 작은 닭들의 모이를 빼앗아 먹으면서 큰 닭들은 더 커졌고, 작은 닭들은 더 크지 못하는 상황이 되어버렸습니다. 김 대표는 특단의 조치를 생각하고, 100마리의 닭을 사육하고 있는 공간을 닭의 성장 수준을 고려해 3곳으로 분할하려고 합니다. 100마리의 닭을 어떻게 분할하는 것이 좋을까요?

3-1 군집 알고리즘

군집(clustering) 알고리즘은 이제까지 시행했던 분류(classification) 알고리즘과 기본적인 개념이 다릅니다. 군집분석은 여러 개의 독립변수들을 활용해 유사한 특징을 갖는 개체들을 몇 개의 군집으로 집단화시키는 방법입니다. 결국, 독립변수들의 특징을 이용해 데이터를 구분하는 것이 목적이기 때문에 분류 알고리즘과 차이가 없는 것처럼 생각될 수 있지만 종속변수(라벨)가 없다는 점에서 분류 알고리즘과 구분됩니다.

분류 알고리즘은 독립변수와 종속변수 모두 주어진 상태에서 훈련-테스트를 기반해 실전에서 새로운 데이터로 종속변수를 예측하는 지도학습(Supervised Learning) 알고리즘이고, 군집 알고리즘은 독립변수만 주어진 상태에서 독립변수들의 유사성을 이용해 지정된 개수(k)의 군집(종속변수)을 만드는 비지도학습(Unsupervised Learning) 알고리즘입니다.

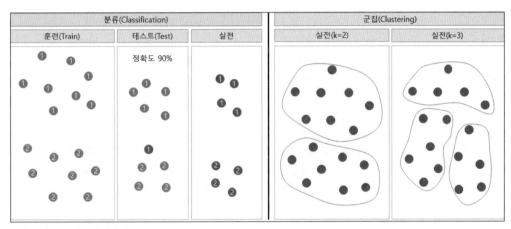

그림 6-21 | 분류와 군집 개념 비교

군집 알고리즘은 계층적(hierarchical) 방법과 비계층적(non-hierarchical) 방법으로 나눌 수 있습니다.

계층적 군집은 가장 거리가 가까운 개체들을 결합해 나가는 과정을 반복해 원하는 개수의 군집을 형성해 나가는 방법입니다. 개체 간 거리를 계산하는 방법은 앞서 k-NN 알고리즘에서 설명했던 유클리디안(Euclidean) 거리, 맨해튼(Manhattan) 거리, 민코프스키(Minkowski) 거리가 있으며, 그 외에도 표준화(Standardized) 거리, 마할라노비스(Mahalanobis) 거리, 체비세프(Chebychev) 거리, 캔버라(Canberra) 거리 등의 계산법이 있습니다. 이런 거리 계산법은 기본적으로 독립변수가 연속형일 때 사용 가능합니다. 독립변수가 범주형일 경우에는 자카드(Jaccard) 계수(유사도)를 이용합니다. 그리고 군집 간을 연결하는 방법에는 단일연결법, 완전연결법, 평균연결법, 중심연결법, 메디안연결법, 와드연결법 등이 있습니다.

비계층적 군집은 개체 간의 거리가 아닌 주어진 판정 기준을 최적화하는 기법을 사용해 지정한 군집을 형성합니다. 개체 간 거리 행렬을 계산하지 않고, 군집 과정에서 모든 데이터를 저장할 필요가 없기 때문에 계층적 군집 대비 데이터가 상대적으로 많을 경우에 사용합니다. 가장 대표적인 알고리즘은 k-평균 군집(k-Means Clustering)입니다.

3-2 k-평균 군집

k-평균 군집(k-Means Clustering) 알고리즘은 주어진 데이터를 k개의 군집으로 묶는 알고리즘입니다. 해당 알고리즘이 실행되는 과정을 다음 그림으로 설명하겠습니다.

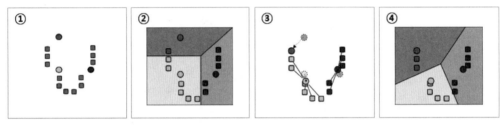

그림 6-22 | k-평균 군집 실행 과정(출처 : Wikipedia)

① 초기 k 평균값은 데이터 개체 중에서 랜덤하게 선택됩니다.
② k를 중심으로 각 데이터의 개체들은 가장 가까이 있는 평균값을 기준으로 묶입니다.
③ k개 군집의 각 중심점을 기준으로 평균값이 재조정됩니다.
④ k개 군집의 각 중심점과 각 군집 내 개체들 간의 거리의 제곱 합이 최소가 될 때까지 ②와 ③의 과정을 반복합니다.

품종 a인 닭의 몸무게와 하루 평균 사료 섭취량 데이터가 입력된 ch6-3.csv 파일을 불러와서 k-평균 군집 알고리즘을 실습해 보도록 하겠습니다.

```
In  [1]    import pandas as pd
           cl = pd.read_csv('ch6-3.csv')
In  [2]    cl.info()
Out [2]    <class 'pandas.core.frame.DataFrame'>
           RangeIndex: 100 entries, 0 to 99
           Data columns (total 3 columns):
            #  Column  Non-Null Count  Dtype
           --- ------- --------------- ---------
            0  breeds  100 non-null    object
            1  weight  100 non-null    int64
            2  food    100 non-null    int64
           dtypes: int64(2), object(1)
           memory usage: 2.5+ KB
In  [3]    cl.head()
Out [3]        breeds  weight  food
           0     a      2765    217
           1     a      2843    235
           2     a      2678    207
           3     a      2595    204
           4     a      2734    226
```

데이터 셋은 총 3개의 열과 100개의 행으로 구성되어 있습니다. 품종(breeds) 열은 범주형 문자(object) 데이터로 "a" 품종의 데이터만 입력되어 있습니다. 몸무게(weight), 하루 평균 사료 섭취량(food) 열은 모두 연속형 수치(int) 데이터입니다. describe() 메소드를 통해 데이터 분포가 어떻게 되는지 확인해 보겠습니다.

```
In  [4]    cl.describe()
Out [4]           weight        food
           count  100.000000    100.000000
           mean   2695.740000   212.960000
```

std	178.103399	18.758389
min	2403.000000	178.000000
25%	2551.250000	197.000000
50%	2694.000000	214.000000
75%	2833.500000	228.000000
max	2999.000000	249.000000

몸무게가 가장 적은 개체는 2,403g, 가장 많이 나가는 개체는 2,999g으로 596g이나 차이가 나는 것을 확인할 수 있습니다. 그러면 산점도를 통해 하루 평균 사료 섭취량(food)에 따른 몸무게(weight) 데이터가 어떻게 분포되어 있는지 살펴보겠습니다.

코딩실습   In [5]

```
import matplotlib.pyplot as plt
plt.figure(figsize = (10,7))
plt.scatter(x = cl['food'], y = cl['weight'])
plt.show()
```

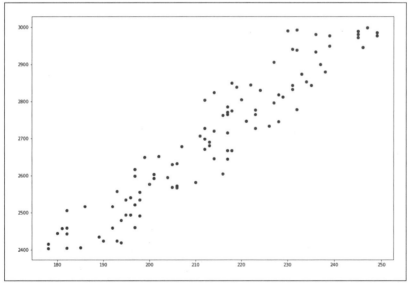

그림 6-23 | 하루 평균 사료 섭취량에 따른 닭의 몸무게 산점도

예상대로 하루 평균 사료 섭취량이 많은 개체가 몸무게도 많이 나간다는 것을 확인할 수 있습니다. 이 데이터를 이용해 100마리의 닭을 효과적으로 사육하기 위해 3개의 군집으로 나눠보도록 하겠습니다. sklearn 패키지의 cluster 모듈에서 Kmeans() 함수를 불러온 뒤 연속형 데이터만 따로 뽑은 cl_n이라는 변수로 적합(fit)시키면 군집이 생성됩니다.

코딩실습

```
In [6]    # k-Means 군집 알고리즘 수행을 위한 함수 불러오기
          from sklearn.cluster import Kmeans

In [7]    cl_n = cl.iloc[:,1:3].values

In [8]    # 연속형 데이터만으로 군집 실행
          cl_kmc = Kmeans(n_clusters = 3).fit(cl_n)

In [9]    # 군집 결과 확인
          cl_kmc.labels_

Out [9]   array([0, 2, 0, 1, 0, 1, 1, 2, 2, 1, 1, 2, 1, 0, 1, 0, 1, 2, 1, 2, 2, 0,
                 2, 0, 2, 0, 1, 0, 2, 1, 2, 1, 1, 0, 2, 0, 1, 0, 2, 1, 0, 2, 1, 1, 1,
                 1, 1, 0, 0, 2, 2, 1, 1, 0, 0, 0, 0, 0, 0, 2, 0, 1, 1, 0, 2, 2, 1,
                 2, 2, 2, 1, 1, 0, 0, 1, 2, 0, 1, 2, 0, 1, 1, 2, 1, 1, 1, 1, 1, 0, 0,
                 0, 0, 0, 1, 2, 0, 0, 0, 1, 1, 1, 2])

In [10]   # 군집별 개수 확인
          import numpy as np
          np.unique(cl_kmc.labels_, return_counts = True)

Out [10]  (array([0, 1, 2]), array([35, 38, 27], dtype=int64))
```

지도학습 알고리즘에서처럼 predict() 메소드를 이용해 예측값을 생성하는 과정 없이 군집 결과는 labels_ 속성으로 바로 확인할 수 있습니다.

군집별 개수는 numpy 패키지의 unique() 함수를 이용해 간단히 계산할 수 있습니다. k-평균 군집 결과, 3개의 군집(0, 1, 2)으로 나뉘었고, 각각은 35, 38, 27개의 개체를 포함합니다(순서는 의미가 없습니다. 38, 27, 35로 나올 수도 있고, 27, 35, 38로 나올 수도 있습니다).

이제 이렇게 군집된 결과를 산점도로 그려서 확인해 보겠습니다. 3가지 군집을 구분해서 보기 위해 matplotlib.pyplot 모듈의 scatter() 함수에서 c 파라미터에 군집 결과를 넣어주겠습니다.

```
In  [11]      plt.figure(figsize = (10,7))
              plt.scatter(x = cl['food'], y = cl['weight'], c = cl_kmc.labels_)
              plt.show()
```

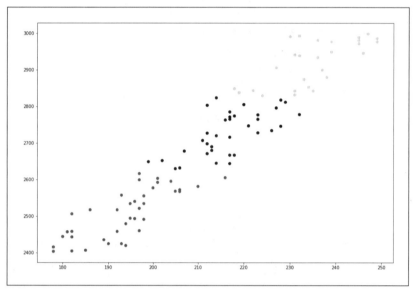

그림 6-24 | 군집 결과를 추가한 산점도

산점도로 봤을 때 3개의 그룹이 하루 평균 사료 섭취량(food)과 몸무게(weight)에 따라 잘 나눠
진 것 같습니다

274

1 분류 알고리즘

종류	패키지	모듈	함수	데이터 셋 타입	모델 형태
로지스틱 회귀	statsmodels (sklearn)	api (linear_model)	Logit.from_formula (LogisticRegression)	DataFrame (ndarray)	수식
나이브 베이즈		naïve_bayes	GaussianNB		–
k-최근접 이웃		neighbors	Kneighbors Classifier		–
의사결정나무		tree	DecisionTree Classifier		트리
배깅			BaggingClassifier		–
부스팅 (AdaBoost)	sklearn		AdaBoostClassifier	ndarray	–
부스팅(GBM)		ensemble	GradientBoosting Classifier		–
랜덤 포레스트			RandomForest Classifier		–
서포트 벡터 머신		svm	SVC		–
XGBoost	xgboost	–	XGBClassifier		–

- sklearn 패키지를 이용해 예측값을 생성할 경우 범주 형태(Class Labels)는 predict() 메소드를 이용하고, 확률 형태(Probability Estimates)는 predict_proba() 메소드를 이용함

2 분류 알고리즘의 성능 평가 방법

- 정오분류표(Confusion Matrix) : sklearn.metrics 모듈의 confusion_matrix() 함수를 사용하며 기본적인 정확도 외에도 민감도(재현율)와 정밀도를 자동으로 계산하기 위해서는 classification_report() 함수를 사용하면 됨
- ROC 커브의 AUC : sklearn.metrics 모듈의 auc() 함수를 사용하며 AUC가 1에 가까울수록 높은 성능을 가짐

3 분류와 군집의 차이

분류(classification)와 군집(clustering)은 데이터를 그룹화한다는 개념에서는 유사하지만 분류는 라벨링이 되어 있는 데이터를 활용한 지도학습 방법이고, 군집은 라벨링이 되어 있지 않은 데이터를 활용하는 비지도학습 방법이라는 차이가 있음

1 iris 데이터 셋에서 species열만 별도로 빼서 iris_cl이라는 데이터 프레임을 만들어 보세요. 그리고 열 이름을 act로 바꿔보세요. (다양한 알고리즘을 비교하며 평가하기 위한 데이터 셋입니다.)

2 iris 데이터 셋을 이용해 나이브 베이즈, AdaBoost, 랜덤 포레스트, 서포트 벡터 머신의 4가지 분류 알고리즘으로 예측 모델을 생성해 보세요. (단, iris 데이터 셋을 훈련 및 테스트용 데이터 셋으로 분할 하지 않고, 전체를 훈련용으로 사용하세요.)

> 🔍 **힌트** | sklearn 패키지를 이용하면 위 4가지 분류 알고리즘을 구현할 수 있습니다.

3 2번에서 만들어진 예측 모델을 활용해 predict() 함수로 예측값을 생성하여 iris_cl 데이터 셋에 각각 의 결과를 새로운 열(pred_nb, pred_adb, pred_rf, pred_svm)을 만들어 입력하세요. (단, predict() 함수에 넣는 데이터는 편의상 훈련용 데이터와 동일한 iris 데이터 셋을 그대로 사용하세요.)

4 3번에서 만들어진 iris_cl 데이터 셋을 이용해 sklearn.metrics 모듈의 accuracy_score() 함수로 모 델의 정확도를 비교해 보세요. 어떤 모델의 정확도가 가장 높은가요? 그리고 정확도는 얼마인가요?

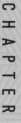

CHAPTER

7

**분석
스토리**

어느덧 병아리가 부화하고, 성장한 지 70일이 지났습니다. 이제 어엿한 닭으로 성장했지만 타사 대비 닭의 발육 상태가 떨어진 것을 확인했습니다. 이에 김 대표는 그 원인을 분석하기 시작했습니다. 그리고 도출한 결론은 종란 무게와 닭으로 성장할 때까지의 누적 사료량 관리가 가장 중요한 변수라고 판단했습니다. 따라서 앞으로 체계적인 닭의 발육관리를 위해 종란 무게 및 누적 사료량에 따른 닭의 몸무게 예측 모델을 개발하기로 했습니다.

인공 신경망과
딥 러닝

python

이제까지 학습했던 회귀(regression), 분류(classification) 문제 해결을 위한 알고리즘의 연장선으로 인공 신경망(Artificial Neural Network)이 있습니다. 인공 신경망은 생물학의 신경망에서 영감을 얻은 지도학습 알고리즘입니다. 이런 인공 신경망에서 발달된 알고리즘이 바로 그 유명한 딥 러닝입니다. 보편적으로 뛰어난 성능을 보이는 신경망 알고리즘에 대해서 알아보도록 하겠습니다.

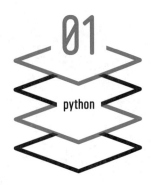

01

python

성장한 닭의 몸무게를
예측할 수 있을까?
(회귀)

1-1 인공 신경망이란?

우리 몸의 신경세포(neuron)는 수상 돌기(dendrite)를 통해 전기적 신호를 입력받아 신호의 강도가 일정 기준을 초과할 때, 즉 역치 이상의 자극이 주어질 때 신경세포가 활성화되어 축삭 돌기(axon)를 통해 신호를 내보냅니다. 이런 중추신경계를 모방해 만들어진 머신러닝 알고리즘이 인공 신경망(Artificial Neural Network)입니다.

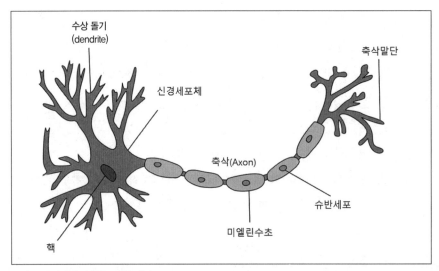

그림 7-1 | 신경세포(출처 : Wikipedia)

인공 신경망은 퍼셉트론(Perceptron)이라고 불리는 단층 신경망이 좀 더 발전된 구조로 우선 퍼셉트론의 구조에 대해서 간단히 설명하겠습니다.

퍼셉트론은 다양한 독립변수(x_n)를 입력받아 개별 가중치(weight)를 적용하고, 입력값(독립변수)과 가중치를 곱해 합한 값에 절편(b)을 더한 값인 z가 임계치(threshold, θ)를 넘어가면 1, 그렇지 않으면 0을 출력(y)하는 활성화 함수(Activation Function)를 갖는 형태를 말합니다.

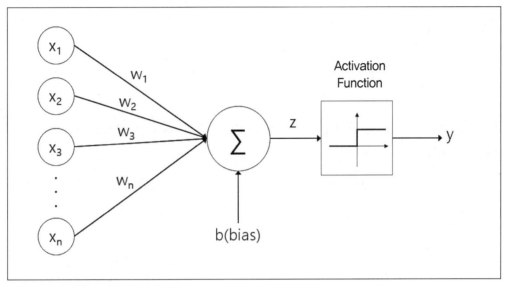

그림 7-2 | 퍼셉트론(Perceptron)의 구조

이를 수식으로 나타내면 다음과 같습니다.

$$z = b + \sum_{i=0}^{n} w_i x_i$$

$$y = h(z) = \begin{cases} 1 & if\ z > \theta, \\ 0 & otherwise \end{cases}$$

이런 퍼셉트론을 이용하면 논리회로(AND, NAND, OR 등)를 구현할 수 있는데 이를 응용하면 선형 분류 문제를 해결할 수 있습니다.

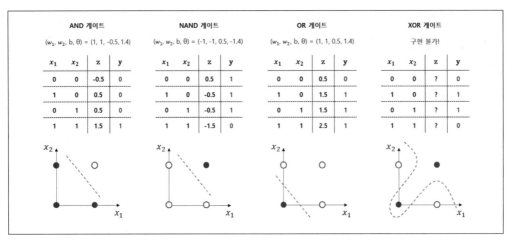

한때 한 층의 퍼셉트론으로는 비선형 분류(XOR) 문제 해결이 불가함이 증명되면서 신경망 연구에 대한 관심이 수그러들었습니다. 하지만 이후 다층 퍼셉트론(MLP, Multi-Layer Perceptron)을 이용하면 XOR 게이트 구현이 가능함이 증명되면서 다시 주목받게 되었고, 비선형 분류 문제에 이용할 수 있게 되었습니다.

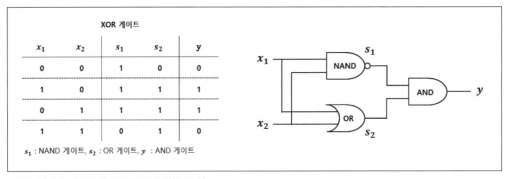

다음 그림은 다층 퍼셉트론으로 인공 신경망의 대표적인 형태입니다.

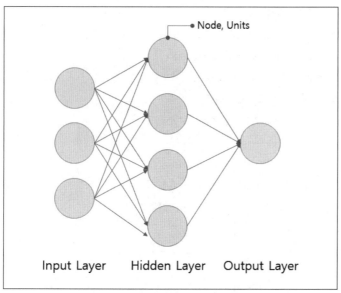

그림 7-5 | 인공 신경망의 구조

입력층(Input Layer)과 출력층(Output Layer) 사이에 은닉층(Hidden Layer)을 두면서 비선형 분류 문제를 해결할 수는 있게 되었지만 은닉층이 늘어날수록 학습에 어려운 문제가 발생했습니다. 이 문제를 순방향(Feed Forward) 연산 뒤 예측값과 실제 값 사이의 오차를 다시 후방으로 보내 가중치를 보정하는 오차 역전파(Error Backpropagation) 알고리즘으로 해결할 수 있었습니다. 오차 역전파 알고리즘에서 최적의 가중치를 찾는 대표적인 방법으로는 그래디언트 부스팅에서 설명한 경사 하강법(Gradient Descent)이 있습니다.

1-2 데이터 및 상관관계 확인

성장한 닭의 몸무게(weight), 종란 무게(egg_weight), 누적 사료량(acc_food) 데이터가 포함된 ch7-1.csv 파일을 불러와서 확인해 보겠습니다.

```
In  [1]    import pandas as pd
           w = pd.read_csv('ch7-1.csv')
In  [2]    w.info()
Out [2]    <class 'pandas.core.frame.DataFrame'>
           RangeIndex: 300 entries, 0 to 299
           Data columns (total 3 columns):
            #  Column       Non-Null Count  Dtype
           --- -----------  --------------- ---------
            0  egg_weight   300 non-null    int64
            1  acc_food     300 non-null    int64
            2  weight       300 non-null    int64
           dtypes: int64(3)
           memory usage: 7.2 KB
In  [3]    w.head()
Out [3]          egg_weight   acc_food   weight
           0     69           10602      4128
           1     76           10640      4104
           2     76           10898      4119
           3     71           10384      4127
           4     71           10709      4112
```

총 3개의 열(변수)과 300개의 행으로 구성되어 있으며 모든 데이터는 숫자입니다. 상관분석을 통해 닭의 몸무게(weight)와 나머지 독립변수들의 상관계수를 파악해 유의한 인자인지 확인해 보겠습니다.

```
In  [4]    # 상관분석 실시
           w_cor = w.corr(method = 'pearson')
           w_cor
Out [4]                 egg_weight   acc_food   weight
           egg_weight   1.000000     0.944810   0.779895
           acc_food     0.944810     1.000000   0.790082
           weight       0.779895     0.790082   1.000000
```

닭의 몸무게와 나머지 변수들의 상관계수가 0.78, 0.79 수준으로 매우 높습니다. 산점도를 그려서 어떤 관계를 갖는지 확인해 보겠습니다.

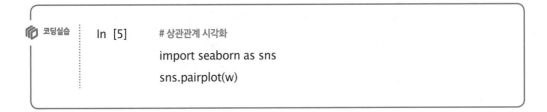

```
코딩실습    In [5]    # 상관관계 시각화
                     import seaborn as sns
                     sns.pairplot(w)
```

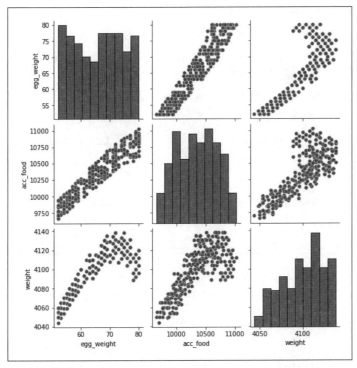

그림 7-6 | 산점도

산점도로 그려보니 종란 무게(egg_weight)와 누적 사료량(acc_food)은 닭의 몸무게(weight)와 선형으로 비례하다 특정 구간에서 더 이상 비례하지 않고 꺾이는 것을 확인할 수 있습니다. 아마도 종란 무게나 누적 사료량이 많더라도 최종 성장한 닭의 몸무게가 계속해서 느는 것이 아니기 때문인 것 같습니다.

1-3 데이터 분할

훈련과 테스트를 위해 데이터 셋을 8:2로 나눠서 진행하도록 하겠습니다. 데이터 셋을 무작위로 분할하기 위해서 sklearn.model_selection 모듈의 train_test_split() 함수를 이용하겠습니다. 이에 앞서 먼저 기존 데이터 프레임 w를 독립변수(x_data)와 종속변수(y_data)로 나누겠습니다.

```
코딩실습

In [6]    # 데이터 셋 x, y로 분할, ndarray 타입
          x_data = w.iloc[:,0:2].values
          y_data = w.iloc[:,2].values

In [7]    # 데이터 셋 분할을 위한 함수 불러오기
          from sklearn.model_selection import train_test_split

In [8]    # 훈련용과 테스트용 8:2로 분할 실시
          x_train, x_test, y_train, y_test = train_test_split(x_data, y_data,
          test_size=0.2)

In [9]    # 데이터 분할 후 행 수 확인
          len(pd.DataFrame(x_train)), len(pd.DataFrame(x_test))

Out [9]   (240, 60)
```

분할된 데이터를 데이터 프레임으로 바꿔 len() 함수를 이용해 행 개수를 확인해 본 결과, 240:60 = 8:2로 잘 나눠진 것을 확인할 수 있습니다.

1-4 신경망 구현

이제 분할된 학습 데이터 셋과 sklearn.neural_network 모듈의 MLPRegressor() 함수를 이용해 다층 퍼셉트론을 구현하고 학습시켜 보겠습니다.

```
In [10]    # MLP 알고리즘 수행을 위한 함수 불러오기
           from sklearn.neural_network import MLPRegressor

In [11]    # 모델 구축 및 학습
           model_mlp = MLPRegressor().fit(x_train, y_train)

In [12]    # 모델 파라미터 확인
           model_mlp.get_params()

Out [12]   {'activation': 'relu',
            'alpha': 0.0001,
            'batch_size': 'auto',
            'beta_1': 0.9,
            'beta_2': 0.999,
            'early_stopping': False,
            'epsilon': 1e-08,
            'hidden_layer_sizes': (100,),
            'learning_rate': 'constant',
            'learning_rate_init': 0.001,
            'max_fun': 15000,
            'max_iter': 200,
            'momentum': 0.9,
            'n_iter_no_change': 10,
            'nesterovs_momentum': True,
            'power_t': 0.5,
            'random_state': None,
            'shuffle': True,
            'solver': 'adam',
            'tol': 0.0001,
            'validation_fraction': 0.1,
            'verbose': False,
            'warm_start': False}
```

만들어진 모델(model_mlp)의 get_params() 메소드를 이용해 다층 퍼셉트론에 적용된 기본 파라미터를 확인해 볼 수 있습니다. 이 부분은 뒤에 딥 러닝을 다룰 때 자세히 설명하겠습니다. 지금은 이런 파라미터가 기본값으로 지정되어 있다는 것만 확인해 보기를 바랍니다.

In [13]   # 예측값 생성

y_pred_mlp = model_mlp.predict(x_test)

In [14]   # 예측값 확인

y_pred_mlp

Out [14]   array([4156.78834546, 4050.47878433, 4224.95699923,
4099.01903465,
4072.03712254, 4340.62796566, 4472.36933027,
4071.44698972,
4405.82874699, 4067.87538872, 4112.43702043,
4251.09768462,
4311.42785023, 4115.37770139, 4148.54283969,
4032.47845137,
4248.23496553, 4207.5467991 , 4345.82763713,
4271.14670142,
4149.88264163, 4264.00349944, 4189.86192616,
4122.41575003,
4322.61403696, 4356.08103954, 4186.3039209 ,
4400.73422886,
4269.21676665, 4280.20624244, 4313.9751093 ,
4375.3160211 ,
4180.27661844, 4381.01426781, 4358.50954954,
4223.72235063,
4458.95134449, 4353.04880099, 4370.1435411 ,
4092.90017459,
4007.03305215, 4268.49428901, 4029.91759657,
4295.67291206,
4235.53945739, 4311.21754355, 4218.12925726,
4065.22297632,
4062.99117726, 4375.82819206, 4267.78540711,
4223.82750397,
4189.84833042, 4258.30525273, 4323.84868556,
4080.40137739,
4345.82763713, 4225.95414968, 3998.07866447,
4049.87505577])

predict() 메소드를 이용해 예측값을 생성하고, 그 값을 확인해 봤습니다.

1-5 회귀모델의 성능 평가

회귀모델의 성능을 평가하는 방법에는 앞서 선형 회귀분석에서 설명한 결정계수(R-squared, R^2)가 있으며 다른 성능 평가 지표로는 오차(Error)가 있습니다. 오차를 계산하는 방법은 다양하며 오차 값이 작으면 작을수록 모델의 성능이 뛰어남을 나타냅니다. 1에 최대한 가까울수록 높은 성능을 내는 결정계수와는 반대 개념입니다.

지표명	계산식 (y_i: 실제 값, $\hat{y}_i$: 예측 값, $\bar{y}$: 평균값)	내용 (오차 : 실제 값 - 예측값, 편차 : 실제 값 - 평균값)
R^2	$1 - \dfrac{\sum_{i=1}^{n}(y_i - \hat{y}_i)^2}{\sum_{i=1}^{n}(y_i - \bar{y})^2}$	결정계수, 오차 제곱 합과 편차 제곱 합의 비율이 적게 나올수록 높은 성능, 음수 발생 가능
MSE	$\dfrac{1}{n}\sum_{i=1}^{n}(y_i - \hat{y}_i)^2$	Mean Squared Error, 평균제곱오차, 이상치에 민감함
MAE	$\dfrac{1}{n}\sum_{i=1}^{n}(|y_i - \hat{y}_i|)^2$	Mean Absolute Error, 평균절대오차, MSE 대비 이상치에 덜 민감함
RMSE	$\sqrt{\dfrac{1}{n}\sum_{i=1}^{n}(y_i - \hat{y}_i)^2}$	Root Mean Squared Error, MSE에 Root를 씌운 값, 크기에 의존적이라 값이 크면 오차도 커짐
MAPE	$\dfrac{100}{n}\sum_{i=1}^{n}\left|\dfrac{y_i - \hat{y}_i}{y_i}\right|$	Mean Absolute Percentage Error, 평균절대백분율오차, 백분율로 표시해 크기에 의존적이지 않음

표 7-1 | 회귀모델의 대표적인 성능 평가 지표

분류 모델의 경우 성능 평가를 위해 정오분류표(Confusion Matrix)를 사용했고, sklearn 패키지의 metrics 모듈을 이용해 쉽게 정오분류표를 그릴 수 있었습니다. 회귀모델의 성능 평가도 sklearn.metrics 모듈을 이용하면 RMSE, MAE, R^2 등을 쉽게 구할 수 있습니다.

```
In [15]    # 회귀 성능 지표 계산용 함수 불러오기 및 계산

           from sklearn.metrics import mean_squared_error, mean_
           absolute_error, r2_score

           # squared = True일 경우 MSE, False일 경우 RMSE

           RMSE = mean_squared_error(y_test, y_pred_mlp, squared =
           False)

           MAE = mean_absolute_error(y_test, y_pred_mlp)

           R² = r2_score(y_test, y_pred_mlp)

In [16]    RMSE, MAE, R²

Out [16]   (161.82660022130042, 132.12576946585412,
           -44.615239782764775)
```

RMSE, MAE, R^2을 차례대로 구해본 결과, RMSE, MAE값만으로는 성능을 파악하기 어렵지만 R^2이 음수가 나온 것을 보니 뭔가 잘못된 것 같습니다. 1에 가까울수록 뛰어난 성능을 나타내는데 -44.6이 나왔다는 것은 오차(실제 값 - 예측값) 제곱 합이 편차(실제 값 - 평균값) 제곱 합보다 크다는 의미로 예측을 잘못했다는 뜻입니다. 예측 성능을 향상시키기 위해 딥 러닝을 적용해 보겠습니다.

1-6 딥 러닝이란?

딥 러닝(Deep Learning)은 머신러닝의 한 분야로 다층 구조 형태의 신경망을 뜻합니다. 여기서 딥(deep)은 모델의 깊이를 의미하기 때문에 인공 신경망에서 은닉층이 여러 개인 것으로 이해하면 큰 무리가 없습니다.

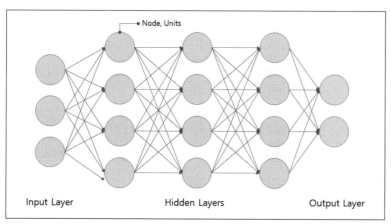

그림 7-7 | 딥 러닝의 구조

딥 러닝은 회귀, 분류 문제 모두에 사용될 수 있으며 특히 이미지 분류, 목소리 인식, 자연어 처리 분야에서 뛰어난 성능을 자랑하고 있습니다. 딥 러닝은 기존의 머신러닝 방법들에 비해 데이터의 양이 많으면 많을수록 성능이 향상되는 특징이 있기 때문에 빅데이터 시대에 더 주목받고 있습니다.

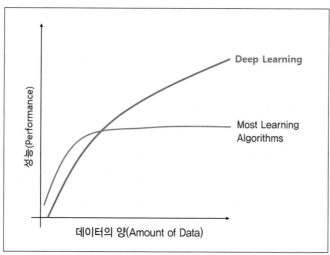

그림 7-8 | 데이터의 양에 따른 성능 변화

딥 러닝 알고리즘은 다양하지만 그중에서도 DNN(Deep Neural Network), CNN(Convolutional Neural Network), RNN(Recurrent Neural Network)이 가장 대표적입니다. DNN은 주로 회귀, CNN은 이미지 분류, RNN은 필기 인식이나 음성 인식과 같이 앞뒤 순서가 있는 데이터의 분석에 활용됩니다.

파이썬에서 딥 러닝을 구현할 수 있는 대표적인 라이브러리는 TensorFlow, Keras, PyTorch, H2O가 있습니다. 모델링 난이도는 H2O가 가장 쉽고, 그다음이 Keras, PyTorch, TensorFlow 순입니다. 모델링이 쉽다고 해서 성능이 엄청나게 떨어지는 것은 아닙니다. 모델링의 자유도 측면에서는 TensorFlow가 가장 뛰어나지만 그만큼 전문지식 없이는 다루기가 어렵습니다. 이 책에서 딥 러닝 실습은 H2O와 Keras 라이브러리를 이용해 보도록 하겠습니다.

> **✋ 잠깐만요**
>
> ## GPU 사용을 위한 설정
>
> 딥 러닝을 구현하기 위해서는 컴퓨터에 GTX 1060 이상 급의 GPU를 가진 그래픽 카드가 있으면 빠른 속도의 연산이 가능합니다. 하지만 이 책에서 실습하는 수준에서는 CPU만으로도 충분합니다. 그리고 GPU 사용을 위해서는 별도로 프로그램(CUDA Toolkit)을 설치하고, 설정(cuDNN 다운로드 및 압축해제)해 줘야 하는 부분들이 있는데 이 책에서는 CPU만으로 구현할 것이기 때문에 이 부분은 생략하도록 하겠습니다. 궁금하다면 필자의 블로그에 방법을 포스팅했으니 따라해 보면 됩니다.

1-7 H2O 활용 딥 러닝 구현(회귀)

H2O 패키지는 자바(Java)를 기반으로 하는 Open Source 딥 러닝 라이브러리입니다. 뒤에서 실습을 통해 확인이 되겠지만 H2O의 경우 Keras보다도 짧은 코드로 뛰어난 성능의 딥 러닝 모델을 만드는 것이 가능합니다. 다만, DNN 이외의 구조(CNN, RNN 등)를 지니는 모델은 생성할 수 없다는 단점이 있습니다.

H2O 패키지 사용을 위해서는 자바 설치가 필수입니다. 따라서 PC에 자바가 설치되어 있지 않다면 자바를 먼저 설치해야 합니다. 자바는 https://java.com/ko/download/ 사이트에서 무료로 다운받아 설치할 수 있습니다.

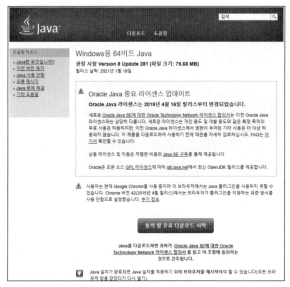

그림 7-9 │ 자바 설치 사이트

이제 앞서 실습했던 데이터를 그대로 이용해 종란 무게와 누적 사료량 데이터로 닭의 몸무게를 예측할 수 있는 딥 러닝 모델을 만들어 보도록 하겠습니다.

H2O 패키지를 설치하고, import시킨 뒤 h2o.init() 함수를 통해 해당 라이브러리를 구동시키겠습니다.

코딩실습

In [17]
```python
# 데이터 셋 8:2 분할
from sklearn.model_selection import train_test_split
train, test = train_test_split(w, test_size=0.2)
```

In [18]
```python
# H2O 의존 패키지 설치
!pip install requests
!pip install tabulate
!pip install future
```

In [19]
```python
# H2O 패키지 설치
!pip install -f http://h2o-release.s3.amazonaws.com/h2o/latest_stable_Py.html h2o
```

In [20]
```python
# H2O 패키지 실행
import h2o
h2o.init()
```

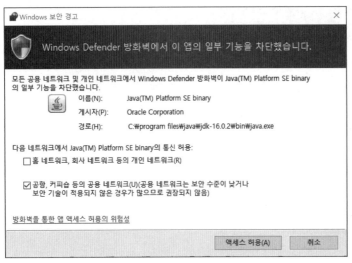

그림 7-10 | h2o.init() 실행 시 발생할 수 있는 Windows 보안 경고

h2o.init()을 실행시키면 Windows 환경에서 위 그림과 같이 보안 경고창이 나타날 수 있습니다. 이때는 "액세스 허용"을 선택해 줘야 정상적으로 실행이 됩니다. 정상적으로 구동되었으면 다음과 같이 다양한 정보가 표시됩니다.

```
Checking whether there is an H2O instance running at http://localhost:54321 . connected.
```

H2O_cluster_uptime:	6 mins 22 secs
H2O_cluster_timezone:	Asia/Seoul
H2O_data_parsing_timezone:	UTC
H2O_cluster_version:	3.36.0.2
H2O_cluster_version_age:	21 days and 35 minutes
H2O_cluster_name:	H2O_from_python_nosense_9js3js
H2O_cluster_total_nodes:	1
H2O_cluster_free_memory:	1.953 Gb
H2O_cluster_total_cores:	8
H2O_cluster_allowed_cores:	8
H2O_cluster_status:	locked, healthy
H2O_connection_url:	http://localhost:54321
H2O_connection_proxy:	{"http": null, "https": null}
H2O_internal_security:	False
H2O_API_Extensions:	Amazon S3, Algos, Infogram, AutoML, Core V3, TargetEncoder, Core V4
Python_version:	3.8.5 final

그림 7-11 | h2o.init() 정상 구동 시 표시되는 정보

이제 앞서 w 데이터 셋에서 8:2로 랜덤하게 분할한 train, test 데이터 셋을 이용하겠습니다. H2O 패키지를 이용하기 위해서는 해당 데이터 셋을 H2Oframe이라는 전용 데이터 프레임으로 변환해야 합니다. h2o.H2Oframe() 함수를 이용해 데이터 형태를 변환하고 확인해 보겠습니다.

코딩실습

In [21]   # 훈련용 데이터 셋 H2O 전용 데이터 프레임으로 변환
           hf_train = h2o.H2Oframe(train)

Out [21]   Parse progress: |■■■■■■■■■■■■■■■■■■■■■■| (done)
           100%

In [22]   # 테스트용 데이터 셋 H2O 전용 데이터 프레임으로 변환
           hf_test = h2o.H2Oframe(test)

Out [22]   Parse progress: |■■■■■■■■■■■■■■■■■■■■■■| (done)
           100%

In [23]   hf_train.structure()

Out [23]   H2Oframe: 'Key_Frame__upload_bcd51246251ac3df3806c2ba
           60194e43.hex'

           Dimensions: 240 obs. of 3 variables

           $ egg_weight : num 79 71 74 59 54 74 58 79 62 79

           $ acc_food   : num 10823 10611 10856 9983 9998 10842
           10140 10949 10142 10918

           $ weight   : num 4108 4134 4133 4077 4054 4126 4084
           4092 4110 4116

In [24]   hf_test.structure()

Out [24]   H2Oframe: 'Key_Frame__upload_baf952c48823ab7e6f52c2899
           a4e44e0.hex'

           Dimensions: 60 obs. of 3 variables

           $ egg_weight : num 62 55 64 54 59 71 80 53 78 56

           $ acc_food   : num 10166 9910 10332 10030 9960 10611
           10928 9963 10766 9952

           $ weight   : num 4091 4075 4110 4070 4095 4134 4104
           4054 4096 4080

structure() 메소드를 이용하면 pandas 패키지의 info() 메소드와 유사하게 데이터 셋의 전반적인 정보를 확인할 수 있습니다. 이는 R의 str() 함수와 기능이 동일합니다.

이제 H2OdeepLearningEstimator() 함수와 학습용 데이터 셋(hf_train)을 이용해 별도로 하이퍼 파라미터를 지정하지 않은 은닉층 2개의 기본 심층 신경망(DNN)을 구축해 보도록 하겠습니다.

🐢 **코딩실습**

In [25]
```
# 딥러닝 구현을 위한 함수 불러오기
from h2o.estimators import H2OdeepLearningEstimator
# 모델 구축 및 학습
model_h2o = H2OdeepLearningEstimator().train(x=['egg_
weight','acc_food'], y='weight', training_frame=hf_train)
```

Out [25]
deeplearning Model Build progress: |■■■■■■■■■■■■■■■■■
■■■■■■| (done) 100%

모델 구축과 학습이 완료되었습니다. 이제 모델이 어떻게 생겼고, 학습 성능은 어느 정도인지 확인해 보겠습니다.

🐢 **코딩실습**

In [26]
```
# 모델 정보 확인
model_h2o
```

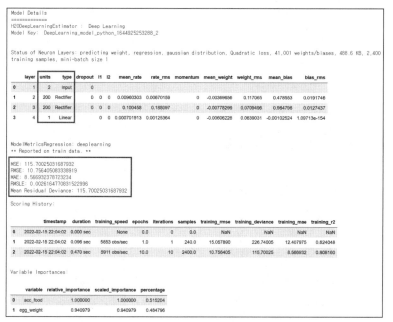

```
Model Details
=============
H2ODeepLearningEstimator :  Deep Learning
Model Key:  DeepLearning_model_python_1644925253288_2

Status of Neuron Layers: predicting weight, regression, gaussian distribution, Quadratic loss, 41,001 weights/biases, 488.6 KB, 2,400
training samples, mini-batch size 1
```

	layer	units	type	dropout	l1	l2	mean_rate	rate_rms	momentum	mean_weight	weight_rms	mean_bias	bias_rms
0	1	2	Input	0									
1	2	200	Rectifier	0	0	0	0.00960303	0.00670159	0	-0.00369656	0.117065	0.478553	0.0191746
2	3	200	Rectifier	0	0	0	0.100458	0.188097	0	-0.00778299	0.0709496	0.984798	0.0127437
3	4	1	Linear		0	0	0.000701913	0.00125364	0	-0.00606226	0.0639031	-0.00102524	1.09713e-154

```
ModelMetricsRegression: deeplearning
** Reported on train data. **

MSE: 115.70025031687932
RMSE: 10.756405083338919
MAE: 8.566932378723234
RMSLE: 0.0026164770831522996
Mean Residual Deviance: 115.70025031687932

Scoring History:
```

	timestamp	duration	training_speed	epochs	iterations	samples	training_rmse	training_deviance	training_mae	training_r2
0	2022-02-15 22:04:02	0.000 sec	None	0.0	0	0.0	NaN	NaN	NaN	NaN
1	2022-02-15 22:04:02	0.096 sec	5853 obs/sec	1.0	1	240.0	15.057890	226.74005	12.407975	0.624048
2	2022-02-15 22:04:02	0.470 sec	5911 obs/sec	10.0	10	2400.0	10.756405	115.70025	8.566932	0.808160

```
Variable Importances:
```

	variable	relative_importance	scaled_importance	percentage
0	acc_food	1.000000	1.000000	0.515204
1	egg_weight	0.940979	0.940979	0.484796

그림 7-12 | H2O 딥 러닝 모델 정보

모델 정보에서 중요한 부분은 박스로 표시했습니다. units는 노드 수를 뜻합니다. 입력층은 layer 1로 units가 종란 무게(egg_weight)와 누적 사료량(acc_food) 2개입니다. 그리고 은닉층(Hidden Layer)은 layer 2와 3으로 units가 200개씩 있으며, type은 활성화 함수(Activation Function)를 뜻하는데 기본값으로 Rectifier(ReLu, Rectified Linear unit)가 지정되었습니다. ReLu 함수는 딥 러닝에서 활용되는 가장 대표적인 활성화 함수로 입력값이 0보다 작거나 같으면 0을 출력하고, 0보다 크면 입력값 그대로 출력합니다. 수식과 그래프로 나타내면 다음과 같습니다.

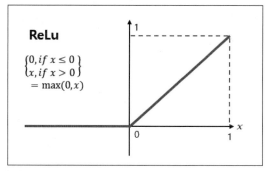

ReLu

$$\begin{cases} 0, if\ x \le 0 \\ x, if\ x > 0 \end{cases}$$
$$= \max(0, x)$$

그림 7-13 | ReLu 함수

마지막 출력층은 layer 4로 닭의 몸무게(weight)를 예측하기 때문에 units가 하나며 연속형 변수이므로 type은 Linear가 지정되었습니다. 이렇게 만들어진 신경망 형태를 그림으로 나타내면 다음과 같습니다.

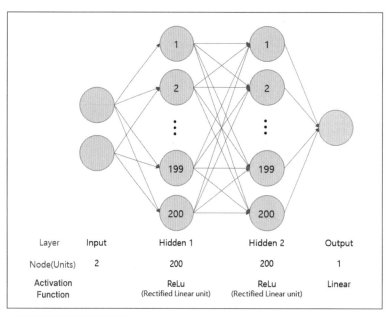

그림 7-14 | H2O로 구축한 DNN

모델의 성능 지표로 MSE, RMSE, MAE, RMSLE(Root Mean Squared Log Error)까지 출력되었습니다. 모델의 성능 지표만 따로 출력하기 위해서는 model_performace(), r2() 메소드를 이용하면 됩니다.

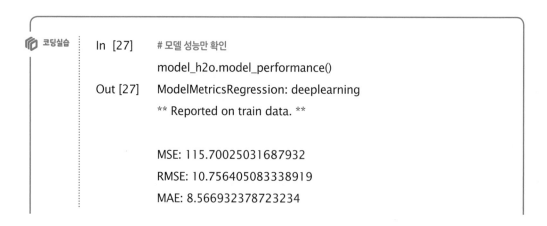

RMSLE: 0.0026164770831522996

Mean Residual Deviance: 115.70025031687932
In [28]   # 모델 성능 지표 R^2 확인

model_h2o.r2()

Out [28]   0.8081604788838568

앞서 다층 퍼셉트론으로 실시했던 결과 대비 RMSE가 162에서 11 수준으로 급격하게 줄어들었고, R^2이 -45에서 0.81 수준으로 크게 향상되었습니다. 비록 훈련 데이터로 학습한 결과지만 성능이 매우 향상된 것 같습니다. 과적합되지만 않았다면 테스트 데이터 셋에서도 높은 성능을 나타낼 것으로 기대됩니다.

과적합

과적합(overfitting)은 지도학습 모델에서 학습 데이터를 과하게 학습하는 것을 뜻합니다. 학습 데이터에서는 예측값과 실제 값의 차이(오차)가 작지만 실제 데이터에 모델을 적용했을 때 오차가 증가하는 경우를 과적합했다고 합니다. 이런 경우는 주로 딥 러닝에서 데이터량 대비 학습 횟수나 은닉층 수가 많을 때 발생합니다. 비선형 회귀분석을 실시하는 경우에는 독립변수의 차수를 높이면 R^2이 높아지는 경우가 많지만 실제 데이터에서도 그런 성능을 유지한다는 보장이 없습니다. 따라서 보통은 4차 이상으로 독립변수의 차수를 높이지 않습니다.

그림 7-15 | 과소적합(Underfitting), 적합, 과적합(Overfitting)

이제 테스트 데이터 셋으로 예측값을 생성해 모델의 성능을 평가해 보겠습니다. predict() 메소드를 이용해 예측값을 생성하고, 테스트용 데이터 셋(hf_test)에 예측값(predict) 열을 결합한 새로운 hf_result라는 데이터 셋을 만들어 보겠습니다.

In [29]   # 예측값 생성

y_pred_h2o = model_h2o.predict(hf_test)

Out [29]   deeplearning prediction progress: |■■■■■■■■■■■■■■■■■
■■■■■| (done) 100%

In [30]   y_pred_h2o.head(5)

Out [30]   predict

4111

4098.48

4109.39

4116.96

4114.43

In [31]   # 테스트용 데이터 셋에 예측값 predict열로 추가

hf_result = hf_test.cbind(y_pred_h2o)

In [32]   hf_result.head(5)

Out [32]

egg_weight	acc_food	weight	predict
75	10780	4115	4111
63	10297	4109	4098.48
77	10757	4108	4109.39
69	10547	4135	4116.96
72	10610	4117	4114.43

head() 메소드를 이용해 확인해 본 결과, 테스트용 데이터 셋의 닭의 몸무게(weight) 열과 예측값(predict) 열의 값이 거의 유사해 보입니다. sklearn.metrics 모듈을 이용해서 성능 평가를 실시해 보도록 하겠습니다. 이에 앞서 H2Oframe 형태인 hf_result 데이터 셋을 pandas 데이터 프레임으로 변경해서 values 속성을 이용해 다차원 배열(ndarray) 타입으로 실제 값과 예측값을 변환하겠습니다.

에러는 줄어들고, R^2은 올라가서 훈련 데이터를 이용한 성능 평가보다 더 높은 성능을 나타냈습니다. 이렇게 H2O 패키지를 이용한 간단한 코딩으로 뛰어난 성능의 딥 러닝 모델을 만들 수 있었습니다.

In [33] # sklearn.metrics 모듈 이용을 위해 데이터 셋을 h2oframe에서 ndarray로 변경

y_test2 = hf_result[2].as_data_frame().values

y_pred_h2o = hf_result[3].as_data_frame().values

In [34] # 회귀 성능 지표 계산용 함수 불러오기 및 계산

from sklearn.metrics import mean_squared_error, mean_absolute_error, r2_score

squared = True일 경우 MSE, False일 경우 RMSE

RMSE = mean_squared_error(y_test2, y_pred_h2o, squared = False)

MAE = mean_absolute_error(y_test2, y_pred_h2o)

R^2 = r2_score(y_test2, y_pred_h2o)

In [35] RMSE, MAE, R^2

Out [35] (9.778786204520141, 7.999860805244899, 0.8320701641004156)

활성화 함수의 종류

ReLu 외에도 다양한 활성화 함수들이 있습니다. 로지스틱 회귀분석에서 설명한 로지스틱 함수의 경우 시그모이드(Sigmoid) 함수라고도 하며 자주 사용되는 활성화 함수 중의 하나입니다. 그 외에도 다양한 함수들이 존재하니 다음 그림을 참고하기를 바랍니다.

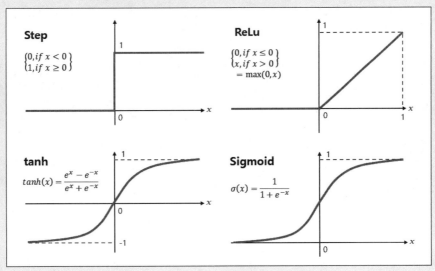

Step

$\begin{Bmatrix} 0, if\ x < 0 \\ 1, if\ x \geq 0 \end{Bmatrix}$

ReLu

$\begin{Bmatrix} 0, if\ x \leq 0 \\ x, if\ x > 0 \end{Bmatrix}$
$= \max(0, x)$

tanh

$tanh(x) = \dfrac{e^x - e^{-x}}{e^x + e^{-x}}$

Sigmoid

$\sigma(x) = \dfrac{1}{1 + e^{-x}}$

그림 7-16 | 대표적인 활성화 함수

**분석
스토리**

김 대표는 딥 러닝을 통해 종란 무게와 누적 사료량 데이터만으로 성장한 닭의 몸무게를 R^2 0.83으로 예측할 수 있는 혁신적인 모델을 개발할 수 있었습니다. 앞으로 이 모델을 활용해 체계적인 종란관리와 사료 제공으로 다른 농장에 뒤지지 않는 뛰어난 발육상태를 가진 육계를 키울 수 있을 것으로 기대됩니다.

02 python

딥 러닝을 이용해 병아리의 품종을 다시 구분해 보자! (분류)

2-1 Keras 활용 딥 러닝 구현(분류)

회귀 사례가 아닌 Chapter 6에서 활용했던 품종 데이터를 이용해 분류 사례에 딥 러닝을 적용해 보도록 하겠습니다.

Keras는 딥 러닝 라이브러리 중에서 가장 인기 있는 라이브러리로 사용법이 쉽고 성능이 우수하며 구글에서 만든 TensorFlow 라이브러리까지 통합되어 있습니다. 게다가 파이썬뿐만 아니라 R에서도 사용할 수 있습니다.

일반적으로 딥 러닝 모델을 구현하고 예측하는 과정은 다음과 같습니다. 다음 순서대로 진행해 보도록 하겠습니다.

그림 7-17 | 딥 러닝 모델 구축 과정

tensorflow와 keras 패키지를 설치하고, 함수를 불러오겠습니다.

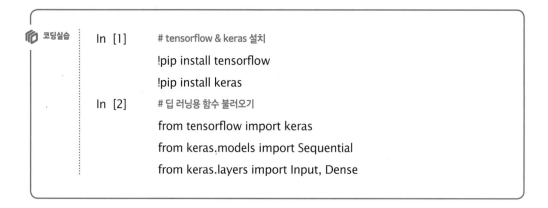

```
코딩실습    In [1]    # tensorflow & keras 설치
                    !pip install tensorflow
                    !pip install keras
          In [2]    # 딥 러닝용 함수 불러오기
                    from tensorflow import keras
                    from keras.models import Sequential
                    from keras.layers import Input, Dense
```

이제 Chapter 6에서 사용한 데이터 셋을 불러와서 데이터(x)와 라벨(y)로 분할하겠습니다.

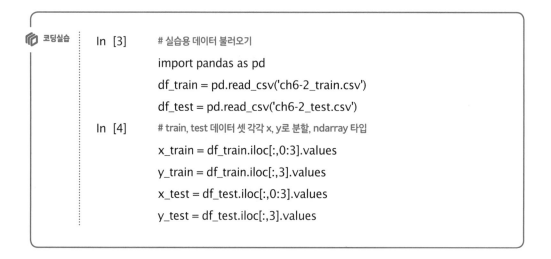

```
코딩실습    In [3]    # 실습용 데이터 불러오기
                    import pandas as pd
                    df_train = pd.read_csv('ch6-2_train.csv')
                    df_test = pd.read_csv('ch6-2_test.csv')
          In [4]    # train, test 데이터 셋 각각 x, y로 분할, ndarray 타입
                    x_train = df_train.iloc[:,0:3].values
                    y_train = df_train.iloc[:,3].values
                    x_test = df_test.iloc[:,0:3].values
                    y_test = df_test.iloc[:,3].values
```

앞선 예제에서는 생략했지만 k-NN과 같은 거리 기반 머신러닝 알고리즘의 경우 독립변수의 스케일(데이터 범위)이 다르면 스케일을 표준화(standardization)하거나 정규화(normalization)하는 등의 전처리(preprocessing)를 해야 모델의 성능이 향상될 가능성이 높습니다. 딥 러닝 알고리즘에서도 빠르고 쉽게 파라미터(parameter)인 가중치(weight)와 편향(bias)의 최적값을 찾을 수 있도록 독립변수를 스케일링(Scaling)하는 편이 좋습니다. 스케일링 방법을 선택할 때에는 데이터가 어떻게 분포하는지 확인해야 합니다. describe() 메소드와 히스토그램을 그려서 확인해 보겠습니다.

```
In  [5]     # 독립변수 분포 확인
            df_test.describe()
```

```
Out [5]           wing_length  tail_length   comb_height
            count 60.000000    60.000000     60.000000
            mean  237.983333   68.383333     34.066667
            std   13.663624    3.527575      1.998870
            min   211.000000   62.000000     30.000000
            25%   228.750000   65.750000     33.000000
            50%   238.500000   68.500000     34.000000
            75%   250.000000   71.000000     35.000000
            max   260.000000   74.000000     38.000000
```

```
In  [6]     # 히스토그램으로 독립변수 분포 확인
            import matplotlib.pyplot as plt
            plt.figure(figsize=(15, 10))
            plt.hist(df_train.wing_length, label = 'wing_length')
            plt.hist(df_train.tail_length, label = 'tail_length')
            plt.hist(df_train.comb_height, label = 'comb_height')
            plt.legend()
            plt.show()
```

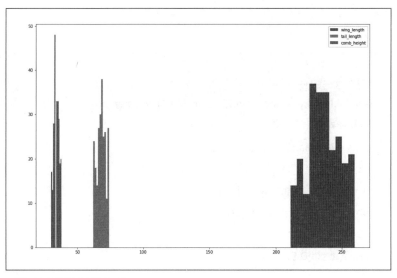

그림 7-18 | 독립변수 히스토그램

3가지 변수 모두 데이터의 중심이 좌측이나 우측으로 치우치지 않고, 주로 가운데 모여 있는 형태입니다. 이런 형태라면 Min-Max Scaler를 통해 최솟값을 0, 최댓값을 1로 바꿔주는 것이 바람직합니다. 만약 데이터의 중심이 한쪽에 치우친 형태라면 Standard 또는 Robust Scaler를 이용해 스케일된 데이터의 중심이 가운데로 향하게 바꿔주는 것이 모델의 성능 향상에 유리합니다. 물론, 이전에 이상치(Outlier)가 있다면 이상치로 인해 최솟값, 최댓값 등이 변하기 때문에 이를 제거해야 제대로 된 스케일링이 가능합니다.

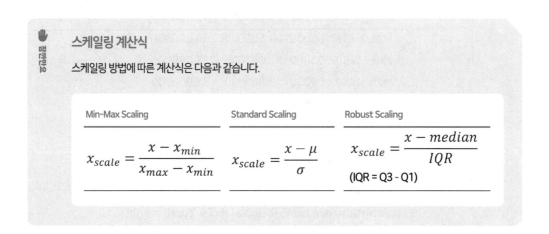

잠깐만요 스케일링 계산식

스케일링 방법에 따른 계산식은 다음과 같습니다.

Min-Max Scaling
$$x_{scale} = \frac{x - x_{min}}{x_{max} - x_{min}}$$

Standard Scaling
$$x_{scale} = \frac{x - \mu}{\sigma}$$

Robust Scaling
$$x_{scale} = \frac{x - median}{IQR}$$
(IQR = Q3 - Q1)

sklearn.preprocessing 모듈의 MinMaxScaler() 함수를 이용해 훈련과 테스트용 데이터 셋의 독립변수를 Min-Max Scaling하겠습니다. 참고로 StandardScaler(), RobustScaler() 함수를 이용하면 각각 Standard 및 Robust Scaling을 할 수 있습니다.

코딩실습

```
In [7]    # Min-Max Scaling을 위한 함수 불러오기
          from sklearn.preprocessing import MinMaxScaler
          # x_train 데이터로 학습한 Min-Max Scaler 생성
          mms = MinMaxScaler().fit(x_train)
In [8]    # 스케일링 실시
          mm_x_train = mms.transform(x_train)
          mm_x_test = mms.transform(x_test)
In [9]    # 스케일링 결과 확인
          mm_x_train[0:5]
```

```
Out [9]      array([[0.55102041, 0.08333333, 0.5       ],
                     [0.51020408, 0.41666667, 0.        ],
                     [0.91836735, 0.25      , 0.5       ],
                     [0.59183673, 0.08333333, 0.625     ],
                     [0.71428571, 0.25      , 0.        ]])
```

스케일된 훈련용 데이터 셋의 독립변수(mm_x_train) 배열의 일부 데이터만 확인해 본 결과, 데이터가 0과 1 사이로 변환된 것을 확인할 수 있습니다.

> **fit(), transform(), fit_transform() 메소드**
>
> sklearn 패키지를 이용해서 전처리를 할 때 Scaler 다음에 fit(), transform(), fit_transform() 메소드를 쓸 수 있습니다. fit()은 데이터를 이용해 스케일러를 학습(최솟값, 최댓값, 표준편차, 중앙값 등은 데이터 셋마다 다르기 때문에)시킬 때 사용하고, transform()은 학습을 마친 Scaler를 이용해 데이터 셋의 스케일을 변환시킬 때 사용합니다. fit_transform()은 이 2가지 작업을 한꺼번에 실시할 수 있는 메소드입니다. 일반적으로 fit_transform() 메소드를 이용하나 위 사례처럼 훈련과 테스트용 데이터 셋이 이미 분할되어 있는 경우 훈련과 테스트용 데이터 셋의 분포가 같다는 보장이 없기 때문에 훈련용 데이터 셋을 기준으로 Scaler를 학습시키고, 이 Scaler로 테스트용 데이터 셋까지 적용해야 동일한 기준으로 스케일이 변환됩니다.

혹시 모르니 최솟값, 최댓값도 확인해 보겠습니다.

 코딩실습

```
In  [10]    # 최솟값, 최댓값 확인
            mm_x_train.min(), mm_x_train.max()
Out [10]    (0.0, 1.0)
```

최솟값, 최댓값이 각각 0, 1로 잘 변환되었습니다.

이제 a, b, c로 값이 들어 있는 라벨 데이터를 변환시켜 보겠습니다. 여기서 a, b, c를 단순히 0, 1, 2라는 숫자로 변환시키게 되면 순서와 크기의 개념이 들어가기 때문에 One-Hot Encoding

을 통해 a를 [1, 0, 0]과 같은 이진변수(Binary Variable) 형태로 변환시키겠습니다. sklearn. preprocessing 모듈에서 LabelBinarizer() 함수를 이용하면 문자를 숫자로 변환시키고, 숫자를 2진수로 변환시키는 2단계의 과정 없이 한번에 문자를 2진수 형태로 변환시킬 수 있습니다.

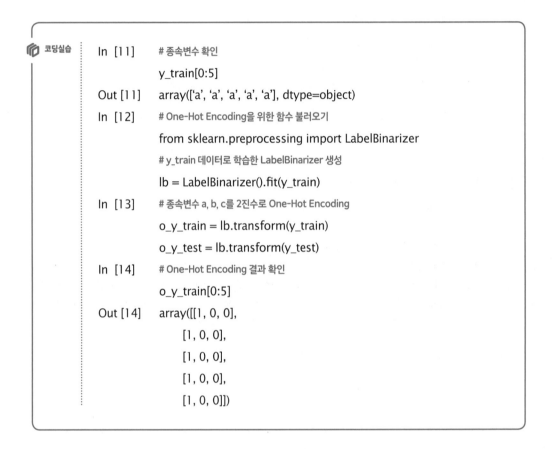

```
In [11]    # 종속변수 확인
           y_train[0:5]
Out [11]   array(['a', 'a', 'a', 'a', 'a'], dtype=object)
In [12]    # One-Hot Encoding을 위한 함수 불러오기
           from sklearn.preprocessing import LabelBinarizer
           # y_train 데이터로 학습한 LabelBinarizer 생성
           lb = LabelBinarizer().fit(y_train)
In [13]    # 종속변수 a, b, c를 2진수로 One-Hot Encoding
           o_y_train = lb.transform(y_train)
           o_y_test = lb.transform(y_test)
In [14]    # One-Hot Encoding 결과 확인
           o_y_train[0:5]
Out [14]   array([[1, 0, 0],
                  [1, 0, 0],
                  [1, 0, 0],
                  [1, 0, 0],
                  [1, 0, 0]])
```

o_y_train 데이터 셋의 일부 데이터를 확인해 본 결과, 0과 1로 이뤄진 이진변수(또는 더미변수)로 잘 변환된 것을 알 수 있습니다. 여기까지가 데이터 준비 단계입니다.

sklearn.preprocessing 모듈의 대표적인 라벨 변환 함수

- LabelEncoder() : 문자를 정수로 변환
- OneHotEncoder() : 정수를 2진수로 변환
- LabelBinarizer() : 문자를 2진수로 변환

이제 본격적인 신경망 구축을 해보도록 하겠습니다. Keras의 시작은 Sequential() 함수로 모델(model)을 만드는 것부터입니다. 그리고 add() 메소드를 이용해 이 모델에 들어갈 입력층, 은닉층, 출력층을 추가해 줍니다. 우선 다음과 같이 입력합니다.

코딩실습 In [15] # 모델 구축

```
model = Sequential()
model.add(Input(3))
model.add(Dense(16, activation = 'relu'))
model.add(Dense(16, activation = 'relu'))
model.add(Dense(3, activation = 'softmax'))
```

- Input : 입력층을 설정하는 레이어로 훈련용 데이터 셋의 독립변수가 3개므로 3 입력
- Dense : 은닉층과 출력층을 설정하는 레이어로 (units, activation) 형태로 입력하며 Input 레이어를 사용하지 않을 경우 첫 번째 은닉층인 Dense 레이어에 (units, activation, input_shape)를 지정하는 형태로 사용할 수도 있음
- units : 층의 노드 개수를 몇 개로 지정하면 되는지 정해진 기준이 존재하지는 않으나 은닉층은 4의 배수를 사용하는 경우가 많으며, 출력층은 분류 문제에서는 종속변수의 라벨 개수만큼 설정하고 회귀 문제에서는 1로 설정
- activation : 활성화 함수로 은닉층은 주로 relu, tanh(하이퍼볼릭탄젠트)를 사용하고, 출력층은 이진 분류에서는 sigmoid, 다중 분류에서는 softmax, 회귀에서는 linear 또는 생략

위 예제에서는 총 2개의 은닉층을 설정했고, 각각의 은닉층은 16개의 노드로 구성되어 있으며, 은닉층의 결과는 relu 함수를 통해 출력으로 나옵니다. 최종적으로는 softmax 함수를 통해 3가지 분류 결과가 나오게 됩니다.

summary() 메소드를 이용해 모델의 형태를 확인해 보도록 하겠습니다.

In [16]   # 모델 확인

            model.summary()

Out [16]   Model: "sequential"

Layer (type)	Output Shape	Param #
dense (Dense)	(None, 16)	64
dense_1 (Dense)	(None, 16)	272
dense_2 (Dense)	(None, 3)	51

Total params: 387

Trainable params: 387

Non-trainable params: 0

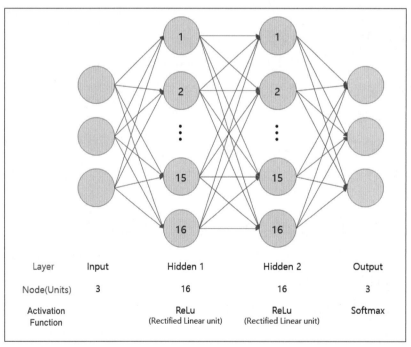

Layer	Input	Hidden 1	Hidden 2	Output
Node(Units)	3	16	16	3
Activation Function		ReLu (Rectified Linear unit)	ReLu (Rectified Linear unit)	Softmax

그림 7-19 | Keras로 구축한 DNN

여기서 Param #은 파라미터 개수로 첫 번째 은닉층인 dense의 경우는 3개의 입력값과 16개 노드의 모든 조합으로 가능한 가중치(weight) 48개(3*16)와 절편(bias) 16개가 합쳐져 총 64개의 파라미터가 존재합니다. 두 번째 은닉층인 dense_1의 경우는 첫 번째 은닉층의 결과 16개와 16개 노드의 모든 조합으로 가능한 가중치 256개와 절편 16개가 합쳐져 총 272개의 파라미터가 존재합니다. 정의된 모델을 도식화하면 그림 7-19와 같습니다.

이렇게 만들어진 모델을 학습시키기에 앞서 어떻게 학습할 것인지를 설정해야 합니다. 이때에는 compile() 메소드를 이용합니다.

코딩실습

In [17]   # 모델 학습 설정(compile)
model.compile(loss = 'categorical_crossentropy', optimizer = 'adam', metrics = 'accuracy')

- loss : 손실 함수(Loss Function)는 모델의 최적화에 사용되는 목적 함수로 이진 분류일 경우 binary_crossentropy, 다중 분류일 경우 categorical_crossentropy, 회귀일 경우 mse, mae를 주로 사용

- optimizer : 최적화기로 손실 함수의 값을 최소로 하는 가중치(weight) 최적값을 찾아가는 도구인데 Keras에서는 SGD, RMSprop, Adagrad, Adadelta, Adamax, Nadam, Adam을 사용할 수 있으며 일반적으로 Adam이 높은 성능을 나타내는 경우가 많음

- metrics : 평가 지표로 학습하는 동안 모델의 성능을 평가하는 지표인데 분류 문제에서는 accuracy, 회귀 문제에서는 mse, mae, rmse 등을 주로 사용

compile() 메소드를 이용해 손실 함수, 최적화기, 평가 지표까지 설정해서 학습할 수 있는 준비를 모두 마쳤으므로 fit() 함수를 이용해 학습을 하도록 하겠습니다. 추후 학습 과정을 그래프로 표현하면 모델이 제대로 학습되었는지 확인하기 편하기 때문에 history라는 변수를 만들어서 저장하겠습니다. 다음과 같이 입력하고, 코드를 실행하면 학습이 시작됩니다.

In [18]　# 모델 학습(fit) 실시

history = model.fit(mm_x_train, o_y_train, epochs = 300, batch_size = 16, validation_split = 0.2)

- epochs : 학습 횟수로 너무 부족하면 과소적합이 될 수 있고, 너무 많이 하면 학습 시간이 오래 걸리고 과적합이 될 수 있음
- batch_size : 배치 크기로 한 번에 학습할 데이터의 크기를 말하며 240개의 학습용 데이터가 있을 때 batch_size가 16이면 16개씩 15개로 분할해서 학습을 실시하는데 이때 15번의 가중치 갱신이 일어남
- validation_split : 검증(validation)에 사용할 데이터의 비율을 설정하는 것으로 240개의 학습용 데이터가 있을 때 0.2로 지정하면 48개는 검증용으로 사용하고, 나머지 192개는 학습용으로 사용

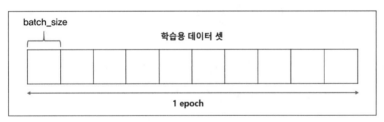

그림 7-20 | batch_size와 epoch

학습 횟수(epoch)와 배치 크기(batch_size), 검증용 데이터 분할 비율까지 설정해 학습이 정상적으로 실시되었다면 다음과 같은 결과가 출력됩니다.

```
12/12 [==============================] - 0s 3ms/step - loss: 0.1283 - accuracy: 0.9479 - val_loss: 0.2499 - val_accuracy: 0.9375
Epoch 292/300
12/12 [==============================] - 0s 3ms/step - loss: 0.1296 - accuracy: 0.9531 - val_loss: 0.2873 - val_accuracy: 0.8958
Epoch 293/300
12/12 [==============================] - 0s 3ms/step - loss: 0.1290 - accuracy: 0.9531 - val_loss: 0.2739 - val_accuracy: 0.8958
Epoch 294/300
12/12 [==============================] - 0s 3ms/step - loss: 0.1281 - accuracy: 0.9531 - val_loss: 0.2753 - val_accuracy: 0.9167
Epoch 295/300
12/12 [==============================] - 0s 3ms/step - loss: 0.1281 - accuracy: 0.9531 - val_loss: 0.2898 - val_accuracy: 0.8958
Epoch 296/300
12/12 [==============================] - 0s 3ms/step - loss: 0.1292 - accuracy: 0.9531 - val_loss: 0.2804 - val_accuracy: 0.9167
Epoch 297/300
12/12 [==============================] - 0s 3ms/step - loss: 0.1270 - accuracy: 0.9531 - val_loss: 0.2704 - val_accuracy: 0.9167
Epoch 298/300
12/12 [==============================] - 0s 3ms/step - loss: 0.1283 - accuracy: 0.9583 - val_loss: 0.2647 - val_accuracy: 0.9167
Epoch 299/300
12/12 [==============================] - 0s 3ms/step - loss: 0.1307 - accuracy: 0.9531 - val_loss: 0.2660 - val_accuracy: 0.9167
Epoch 300/300
12/12 [==============================] - 0s 3ms/step - loss: 0.1277 - accuracy: 0.9531 - val_loss: 0.2602 - val_accuracy: 0.9375
```

그림 7-21 | 딥 러닝 모델의 학습 과정

300번째 학습 결과, Loss가 0.1277, Accuracy가 0.9531로 나왔습니다. 앞에서도 언급했듯이 최적해를 찾아가는 인공 신경망의 특성상 학습하는 경우마다 결과가 근소하게 다를 수 있습니다. 따라서 책과 실습하는 결과가 같은 것이 오히려 기적 같은 일일 수 있습니다.

앞의 학습 과정을 matplotlib.pyplot 모듈을 이용해 그래프로 나타내 보겠습니다. history. history는 Dictionary 타입(key:value)으로 epoch별 loss, accuracy, val_loss, val_accuracy 데이터가 저장되어 있습니다. 이 데이터를 이용해서 그래프를 그리겠습니다.

코딩실습   In [19]

```
# 학습 결과 그래프 표시
plt.figure(figsize = (16, 5))
plt.subplot(1, 2, 1)
plt.xlabel('Epoch')
plt.ylabel('Loss')
plt.plot(history.history['loss'], label = 'Train Loss')
plt.plot(history.history['val_loss'], label = 'Val Loss')
plt.legend()
plt.subplot(1, 2, 2)
plt.xlabel('Epoch')
plt.ylabel('Accuracy')
plt.plot(history.history['accuracy'], label = 'Train Accuracy')
plt.plot(history.history['val_accuracy'], label = 'Val Accuracy')
plt.legend()
plt.show()
```

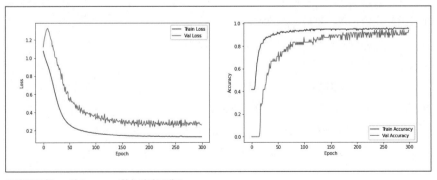

그림 7-22 | Loss와 Accuracy 학습 과정 그래프

학습이 진행됨에 따라 Loss는 줄어들고, Accuracy는 향상되는 것을 확인할 수 있습니다. 그래 프로 봤을 경우에는 학습 횟수를 300번까지 할 필요 없이 150번 정도만 수행했어도 유사한 결과가 나왔을 것으로 판단됩니다.

훈련과 테스트 데이터 셋을 이용한 모델의 성능을 evaluate() 메소드를 이용해 확인해 보겠습니다.

🐚 **코딩실습**

In [20]   # 모델 훈련 성능(loss, accuracy) 확인
          model.evaluate(mm_x_train, o_y_train)

Out [20] [0.15334415435791016, 0.949999988079071]

In [21]   # 모델 테스트 성능(loss, accuracy) 확인
          model.evaluate(mm_x_test, o_y_test)

Out [21] [0.2718329131603241, 0.9333333373069763]

---

evaluate() 메소드의 결과는 loss와 metrics로 출력됩니다. compile에서 metrics는 accuracy 로 지정했기 때문에 정확도가 출력됩니다. 훈련에서 정확도는 0.95 수준이었으나 테스트에서 는 정확도가 0.93 수준으로 다소 떨어졌지만 큰 변화는 아닙니다.

마지막으로 테스트 데이터 셋과 predict() 메소드를 이용해 예측값을 생성해서 분류 모델 의 성능 평가를 실시해 보도록 하겠습니다. predict() 메소드를 이용해 예측값을 생성하면 [0.997, 0.001, 0.002]와 같은 확률 형태로 값이 나오기 때문에 반올림을 해서 [1, 0, 0]과 같이 이 진변수 형태로 만들어 줍니다.

🐚 **코딩실습**

In [22]   # 테스트용 데이터 셋 활용 예측값 생성
          y_pred = model.predict(mm_x_test)

In [23]   # 예측값 확인
          y_pred[0:5]

Out [23] array([[9.9719489e-01, 1.6847164e-04, 2.6366785e-03],
               [9.9991083e-01, 3.7987818e-05, 5.1129409e-05],
               [9.9976295e-01, 1.2653900e-04, 1.1047870e-04],

---

```
            [9.9964440e-01, 1.9506643e-04, 1.6054725e-04],
            [9.9986064e-01, 7.6530843e-05, 6.2835170e-05]],
           dtype=float32)
```

In [24] # 예측값 반올림

y_pred = y_pred.round()

In [25] # 예측값 확인

y_pred[0:5]

Out [25] array([[1., 0., 0.],
            [1., 0., 0.],
            [1., 0., 0.],
            [1., 0., 0.],
            [1., 0., 0.]], dtype=float32)

이제 이진변수 형태를 정수(0, 1, 2)로 변환하고, 다시 문자(a, b, c)로 변환하겠습니다. 이진변수를 정수로 변환하기 위해서는 numpy 패키지의 argmax() 함수를 이용합니다. 해당 함수는 주어진 배열에서 행(axis=0) 또는 열(axis=1)의 기준에 따라 최댓값의 인덱스(index)를 반환하는 함수입니다. 예를 들어, [1, 0, 0]의 배열에서 열을 기준으로 최댓값은 1이고, 이 인덱스가 0이기 때문에 0을 반환합니다. 배열이 [0, 0, 1]이라면 2가 나오게 됩니다.

코딩실습

In [26] import numpy as np

배열에서 열 기준 가장 큰 값의 인덱스 호출 및 배열 차원 축소

y_pred = np.argmax(y_pred, axis=1).reshape(-1)

In [27] # 변환된 예측값 확인

y_pred

Out [27] array([0, 0, 0, 0, 0, 0, 0, 0, 0, 0, 0, 0, 0, 0, 0, 0, 0, 0, 0, 0, 1, 1,
           1, 1, 1, 1, 1, 1, 2, 1, 1, 1, 1, 2, 1, 1, 1, 1, 1, 0, 2, 2, 2, 2,
           2, 2, 2, 2, 2, 2, 2, 1, 2, 2, 2, 2, 2, 2, 2, 2], dtype=int64)

reshape() 메소드를 이용해 기존 2차원의 배열을 y_test 데이터 셋과 동일한 1차원의 배열로 동시에 변경했습니다. 이제 select() 함수를 이용해 정수를 문자로 변환하겠습니다.

코딩실습

In [28]
```python
# 예측값 배열의 0을 a로, 1을 b로, 2를 c로 변경
condlist = [y_pred == 0, y_pred == 1, y_pred == 2]
choicelist = ['a', 'b', 'c']
y_pred = np.select(condlist, choicelist)
```

In [29]
```python
# 변환된 예측값과 실제 값 확인
print(y_pred[0:5], y_test[0:5])
```

Out [29]
```
['a' 'a' 'a' 'a' 'a'] ['a' 'a' 'a' 'a' 'a']
```

조건에 따라 문자로 매핑시켰고 확인해 본 결과, 예측값이 실제 값과 동일한 형태의 문자로 잘 변환되었습니다. sklearn.metrics 모듈의 confusion_matrix(), classification_report() 함수를 이용해 정오분류표를 그리고, 성능을 평가해 보겠습니다.

코딩실습

In [30]
```python
from sklearn.metrics import confusion_matrix
# 위쪽이 예측값, 좌측이 실제 값
confusion_matrix(y_test, y_pred)
```

Out [30]
```
array([[20,  0,  0],
       [ 1, 17,  2],
       [ 0,  1, 19]], dtype=int64)
```

In [31]
```python
from sklearn.metrics import classification_report
print(classification_report(y_test, y_pred))
```

Out [31]

	precision	recall	f1-score	support
a	0.95	1.00	0.98	20
b	0.94	0.85	0.89	20
c	0.90	0.95	0.93	20
accuracy			0.93	60
macro avg	0.93	0.93	0.93	60
weighted avg	0.93	0.93	0.93	60

정확도가 0.93을 나타냈습니다. 앞서 Chapter 6에서 기록했던 최고 정확도인 0.95를 뛰어넘진 못했지만 충분히 높은 정확도입니다. 아마 실습을 해본 누군가는 0.95의 정확도가 나타날 수도 있을 것입니다. 앞서 설명한 것처럼 신경망 알고리즘의 특성상 매번 같은 가중치를 갖는 신경망이 만들어지지 않기 때문입니다.

딥 러닝은 데이터가 많으면 많을수록 예측 정확도가 향상되지만 기본적으로 은닉층 수, 노드 수, 활성화 함수, 손실 함수, 최적화기, 학습 횟수, 배치 크기 등 분석하는 사람이 직접 조정할 수 있는 하이퍼 파라미터(Hyper Parameter)에 따라서 좌우되는데 어떤 데이터 스케일링 방법을 사용하는지도 매우 중요합니다. 이런 하이퍼 파라미터 튜닝이나 스케일링 방법을 선정하는 데는 정해진 규칙이 없기 때문에 많은 경험과 다양한 시도가 필요합니다.

2-2 과적합을 줄이는 방법(드롭아웃)

앞 예제에서는 다행히 과적합이 발생하지 않았습니다. 딥 러닝에서 과적합이 발생해 학습한 결과보다 테스트한 결과의 정확도가 확연히 낮거나 오차가 크다면 드롭아웃(dropout)을 적용해 볼 수 있습니다.

드롭아웃은 학습 중에 계층(layer)의 여러 출력 특징을 무작위로 없애 버리는 것(0으로 변환)을 말합니다. 이렇게 일부 노드가 무작위로 0이 되면 특정 노드에 과대하게 의존하는 것을 줄일 수 있어서 과적합을 막고, 보다 안정적인 신경망을 구축할 수 있습니다. 마치 당도가 높은 포도를 수확하기 위해 일부러 가혹한 환경을 만들어 포도나무가 깊은 뿌리를 내리도록 만드는 재배방식과 유사합니다.

드롭아웃을 사용하기 위해서는 출력 중 0으로 소거할 비율(rate)만 설정하면 됩니다. 일반적으로 0.2와 0.5 사이로 설정하며, 신경망 구축 단계에서 다음과 같이 은닉층 사이에 Dropout 레이어를 추가하면 됩니다.

```
In [32]    from keras.layers import Dropout
In [33]    # 모델 구축
           model_d = Sequential()
           model_d.add(Input(3))
           model_d.add(Dense(16, activation = 'relu'))
           model_d.add(Dropout(0.4))
           model_d.add(Dense(16, activation = 'relu'))
           model_d.add(Dropout(0.4))
           model_d.add(Dense(3, activation = 'softmax'))
In [34]    model_d.summary()
Out [34]   Model: 'sequential_1'
```

Layer (type)	Output Shape	Param #
dense_3 (Dense)	(None, 16)	64
dropout (Dropout)	(None, 16)	0
dense_4 (Dense)	(None, 16)	272
dropout_1 (Dropout)	(None, 16)	0
dense_5 (Dense)	(None, 3)	51

Total params: 387
Trainable params: 387
Non-trainable params: 0

위 예제에서는 드롭아웃 비율을 0.4로 설정해 2개의 은닉층 모두 출력의 40%를 0으로 처리하도록 만들었습니다. 해당 사례의 실습은 별도로 진행하지 않겠습니다. 이런 방법이 있다는 것만 익히고, 활용할 기회가 생기면 사용해 보기를 바랍니다.

딥 러닝에서 과적합을 줄이는 방법

앞서 설명한 내용을 요약해서 과적합을 줄이는 방법을 정리하면 다음과 같습니다.

① 데이터의 양 늘리기(충분한 학습과 검증 환경 조성)

② 모델의 복잡도 줄이기(은닉층 수 및 가중치 규제)

③ 드롭아웃(특정 노드 과대 의존 방지)

1 퍼셉트론과 딥 러닝의 구조

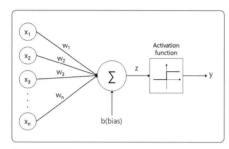

퍼셉트론의 구조

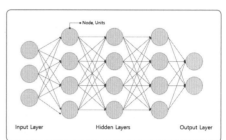

딥 러닝의 구조

2 딥 러닝 절차

3 데이터 스케일링 방법

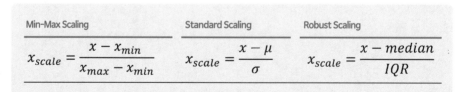

4 대표적인 활성화 함수

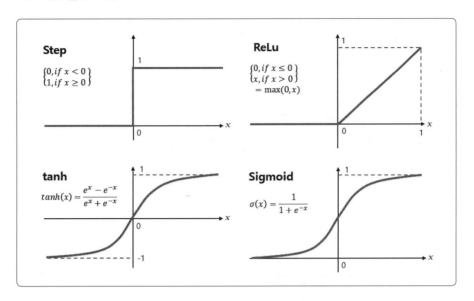

5 문제 종류에 따른 일반적인 하이퍼 파라미터 설정값

단계	하이퍼 파라미터	이진 분류	다중 분류	회귀
신경망 구축	출력층 활성화 함수	sigmoid	softmax	linear 또는 생략
학습 설정	손실 함수(loss)	binary crossentropy	categorical crossentropy	mse, mae
	평가 지표(metrics)	accuracy	accuracy	mae, mse, rmse

iris 데이터 셋을 이용해 keras 패키지로 딥 러닝 실습을 해보도록 하겠습니다. 4가지 독립변수를 이용해 species(품종)를 95% 이상의 정확도로 예측하는 분류 모델을 만드는 것이 목적입니다.

1 먼저 iris 데이터 셋의 독립변수인 1~4열까지는 Min-Max Scale을 실시하고, 마지막 열인 species 를 One-Hot Encoding해 보세요.

🔍 힌트 | sklearn.preprocessing 모듈에서 스케일 변환과 One-Hot Encoding 모두를 할 수 있습니다.

2 1번이 완료된 데이터 셋을 훈련 80%, 테스트 20%로 나누고, 교재와 동일하게 나뉠 수 있게 "random_state = 7"을 지정합니다. 그리고 각각의 데이터 셋을 데이터와 라벨로 나눈 뒤 딥 러닝을 실시할 수 있는 데이터 형태로 변환해 보세요. (총 4개의 데이터 셋(x_train, y_train, x_test, y_test) 이 존재하게 됩니다.)

🔍 힌트 | sklearn.model_selection 모듈의 train_test_split() 함수를 이용하면 데이터를 무작위로 분할할 수 있습니다.

3 딥 러닝 모델을 만들고, 학습 설정(compile)을 통해 학습(fit)을 실시합니다. 다양한 하이퍼 파라미터(은닉층 수, 노드 수, 활성화 함수, 최적화기 등)를 조정해 테스트 데이터로 평가한 예측 정확도가 0.95 이상인 모델을 만들어 보세요.

8

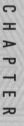

**분석
스토리**

김 대표는 인터넷 상점을 통해 처음으로 키운 닭 300마리를 판매했습니다. 경쟁사 대비 품질 경쟁력이 떨어진다고 생각해 가격을 낮췄더니 1주일 만에 300마리가 모두 판매되었습니다. 놀라운 일이었고, 당장 부자가 될 것만 같은 생각에 기쁨을 감출 수가 없었습니다. 그리고 고객들의 상품 리뷰가 하나씩 달리기 시작했습니다. 리뷰를 읽던 김 대표는 기쁨과 좌절을 동시에 느끼며 고객의 마음을 읽어 부족한 점을 개선해 가겠다고 생각했습니다. 과연 고객들은 김 대표의 닭을 어떻게 생각하고 있을까요?

텍스트 마이닝

python

텍스트 마이닝은 수많은 텍스트 속에서 의미 있는 인사이트를 찾는 것을 목적으로 하는 기술입니다. 한동안 방송에서 안경을 쓴 긴 머리의 빅데이터 전문가가 인터넷 포털의 신문 기사나 댓글 등의 텍스트를 분석해 그 안에 담긴 의미를 설명하는 모습을 흔하게 볼 수 있었습니다. 그것이 바로 텍스트 마이닝입니다. 이제 숫자가 아닌 텍스트를 어떻게 분석할 수 있는지 알아보도록 하겠습니다.

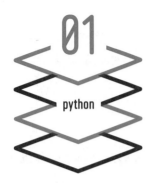

01 python

고객 리뷰에서 어떻게 핵심을 파악할 수 있을까?
(워드 클라우드)

1-1 워드 클라우드란?

워드 클라우드(Word Cloud)는 말 그대로 단어를 구름처럼 표현하는 방법입니다. 텍스트 마이닝 결과를 표현하는 가장 대표적인 방법으로 다양한 키워드 중에서 가장 많이 도출된 단어를 크기와 색상으로 강조해 시각화시킨 것입니다. 이를 이용하면 김 대표의 닭에 대해 고객들이 어떻게 생각하는지 대략적인 반응을 알 수 있을 것입니다.

그림 8-1 | 워드 클라우드 예시(출처 : Wikipedia)

워드 클라우드로 텍스트를 표현하기 위해서는 먼저 비정형 데이터인 텍스트를 수집해야 합니다. Chapter 2에서 간단히 소개했듯이 주로 크롤링(crawling)이라는 방법을 이용해 데이터를 수집합니다.

하지만 아쉽게도 김 대표는 크롤러(Crawler)를 만들어야 할 정도로 고객 리뷰가 많지 않아 인터넷 쇼핑몰의 댓글을 복사(Ctrl + C)한 뒤 메모장에 붙여넣어(Ctrl + V) 다음과 같은 텍스트 파일을 만들 수 있었습니다. 30개의 리뷰밖에 없어 5분 만에 뚝딱 만들 수 있었습니다.

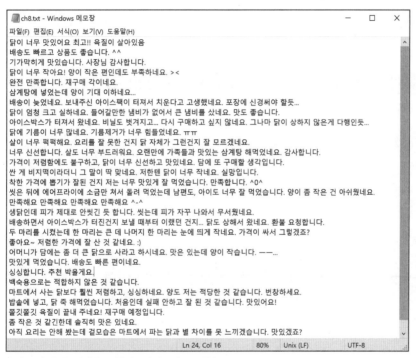

그림 8-2 | 김 대표 인터넷 쇼핑몰의 고객 리뷰 텍스트 파일

대충 보더라도 만족스럽다는 의견과 실망스럽다는 의견이 섞여 있습니다. 과연 고객들은 어떤 평가를 내리고 있는지 워드 클라우드로 표현해 보도록 하겠습니다.

1-2 JDK 설치하기

추후 설치할 패키지들이 JDK(Java Development Kit)를 요구하기 때문에 JDK를 설치하도록 하겠습니다.

01 구글에서 JDK라고 검색하면 바로 첫 번째 사이트인데 웹 주소창에 주소(https://www.oracle.com/java/technologies/downloads/)를 직접 입력해도 됩니다. JDK는 최신 버전을 설치하면 되기 때문에 "Windows" 탭을 클릭해 "X64 Installer"를 다운로드받은 뒤 실행합니다.

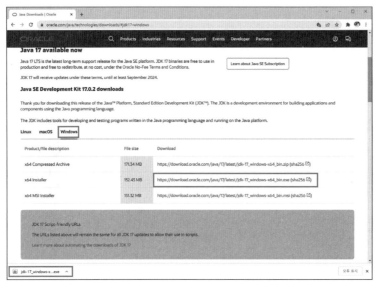

그림 8-3 | JDK download 사이트

02 설치는 간단합니다. 별도 설치 위치 조정 없이 "Next" 버튼만 클릭해 줍니다.

그림 8-4 | JDK Install 화면

03 JDK 설치가 완료되었습니다. 이제 윈도 환경 변수에 JAVA_HOME을 설정해 줘야 합니다. 윈도 10 버전 기준 "설정" → "정보" → "고급 시스템 설정" → "환경 변수"로 들어가면 됩니다.

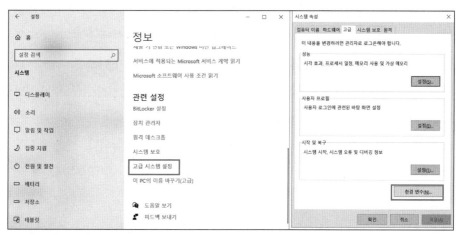

그림 8-5 │ 윈도10 "환경 변수" 설정 위치

04 "시스템 변수 편집" 부분에서 "새로 만들기" 버튼을 클릭해 변수 이름은 "JAVA_HOME", 변수 값은 JDK가 설치되고 "jvm.dll" 파일이 존재하는 폴더(C:₩Program Files₩Java₩jdk-17.0.2₩bin₩server)로 설정합니다.

그림 8-6 │ 환경 변수 JAVA_HOME 설정 화면

05 JDK 설치 및 JAVA_HOME 설정이 완료되었습니다.

1-3 패키지 설치하기

JDK 설치가 완료되면 패키지를 설치합니다. 한글 텍스트 마이닝을 하기 위해서는 다양한 패키지가 설치되어야 합니다. 그런데 일부 패키지가 서로 호환성에 문제가 있어 특정 버전이 아니면 실행되지 않을 수 있습니다. 이런 부분들 때문에 설치가 다소 까다롭습니다. 가장 먼저 JPype1 패키지의 1.1.2 버전(다른 버전의 경우 에러 발생)을 설치하겠습니다. 해당 패키지는 https://www.lfd.uci.edu/~gohlke/pythonlibs/#jpype에서 다운로드받습니다. 본인의 OS와 bit수에 맞는 버전을 선택해야 하며 파이썬 버전까지 맞춰야 합니다. 실습에 사용하고 있는 아나콘다 버전(Anaconda3-2020.11)의 경우 파이썬 3.8.5 버전이 설치되기 때문에 cp38 버전을 다운로드받습니다.

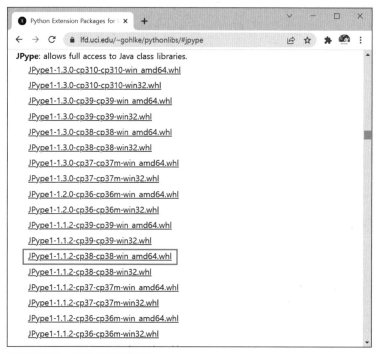

그림 8-7 | JPype1-1.1.2 버전 다운로드

그리고 설치 경로를 쉽게 쓰기 위해 C:₩에 다운로드받은 파일을 옮겨 놓습니다. 다시 주피터 노트북으로 돌아와서 해당 패키지를 설치합니다.

```
In [1]          # 패키지 설치
                !pip install C:\Jpype1-1.1.2-cp38-cp38-win_amd64.whl
```

tweepy 패키지를 설치합니다. 해당 패키지의 경우도 특정 버전을 설치해야 하기 때문에 3.10.0 버전을 지정해서 설치하겠습니다.

```
In [2]          # tweepy 오류로 인해 특정 버전 설치
                !pip install tweepy==3.10.0
```

이제 나머지 wordcloud, counter, konlpy(코엔엘파이) 패키지를 설치하겠습니다.

```
In [3]          # 패키지 설치
                !pip install wordcloud
                !pip install counter
                !pip install konlpy
```

konlpy 패키지의 경우 한국어 정보 처리를 위한 파이썬 패키지로 해당 홈페이지(https://konlpy.org/ko/latest/)에서 사용법을 확인하는 것이 좋습니다.

1-4 텍스트 데이터 가공하기

설치한 패키지에서 필요한 함수를 불러와서 텍스트 데이터를 가공해 보겠습니다.

```
코딩실습    In [4]    # 워드 클라우드 구현을 위한 함수 불러오기
                    from wordcloud import WordCloud
                    from collections import Counter
                    from konlpy.tag import Hannanum
```

크롤링해 놓은 ch8.txt 파일을 불러와서 txt 변수에 집어넣도록 하겠습니다. 내장 함수인 open() 함수를 이용하는데 encoding 옵션 없이 파일을 불러오면 한글이 깨지기 때문에 반드시 encoding='UTF-8' 옵션을 추가해야 합니다. read() 메소드는 텍스트 전체를 하나의 문자열 (str)로 불러옵니다.

```
코딩실습    In [5]    # 한글 파일이기 때문에 cp949 에러가 나므로 encoding 옵션 추가
                    txt = open('ch8.txt','rt', encoding='UTF-8').read()
          In [6]    # 텍스트 확인
                    txt
```

'닭이 너무 맛있어요 최고!! 육질이 살아있음\n배송도 빠르고 상품도 좋습니다. ^^\n기가막히게 맛있습니다. 사장님 감사합니다.\n닭이 너무 작아요! 양이 작은 편인데도 부족하네요. ><\n완전 만족합니다. 재구매 각이네요.\n삼계탕에 넣었는데 양이 기대 이하네요...\n배송이 늦었네요. 보내주신 아이스팩이 터져서 치우다고 고생했네요. 포장에 신경써야 할듯...\n닭이 업청 크고 실하네요. 들어갈만한 냄비가 없어서 큰 냄비를 샀네요. 맛도 좋습니다.\n아이스박스가 터져서 왔네요. 비닐도 벗겨지고... 다시 구매하고 싶지 않네요. 그나마 닭이 상하지 않은게 다행인듯...\n닭에 기름이 너무 많네요. 기름제거가 너무 힘들었네요. ㅠㅠ\n살이 너무 퍽퍽해요. 요리를 잘 못한 건지 닭 자체가 그런건지 잘 모르겠네요.\n너무 신선합니다. 살도 너무 부드러워요. 오랜만에 가족들과 맛있는 삼계탕 해먹었네요. 감사합니다.\n가격이 저렴함에도 불구하고, 닭이 너무 신선하고 맛있네요. 담에 또 구매할 생각입니다.\n싼 게 비지떡이라더니 그 말이 딱 맞네요. 저한텐 닭이 너무 작네요. 실망입니다.\n착한 가격에 뽑기가 잘된 건지 저는 너무 맛있게 잘 먹었습니다. 만족합니다. ^0^\n씻은 뒤에 에어프라이에 소금만 쳐서 돌려 먹었는데 남편도, 아이도 너무 잘 먹었습니다. 양이 좀 작은 건 아쉬웠네요.\n만족해요 만족해요 만족해요 ^-^\n생닭인데 피가 제대로 안씻긴 듯 합니다. 씻는데 피가 자꾸 나와서 무서웠네요.\n배송하면서 아이스박스가 터진건지 보낼 때부터 이랬던 건지... 닭도 상해서 왔네요. 환불 요청합니다.\n두 마리를 시켰는데 한 마리는 큰 데 나머지 한 마리는 눈에 띄게 작네요. 가격이 싸서 그렇겠죠?\n좋아요~ 저렴한 가격에 잘 산 것 같네요. :)\n어머니가 담에는 좀 더 큰 닭으로 사라고 하시네요. 맛은 있는데 양이 작습니다. ㅡㅡ...\n맛있게 먹었습니다. 배송도 빠른 편이네요.\n싱싱합니다. 추천 박을게요.\n백숙용으로는 적합하지 않은 것 같습니다.\n마트에서 사는 닭보다 훨씬 저렴하고, 싱싱하네요. 양도 저는 적당한 것 같습니다. 번창하세요.\n밥솥에 넣고, 닭죽 해먹었는데 실패 안하고 잘 된 것 같습니다. 처음인데 실패 안하고 잘 된 것 같습니다.\n쫄깃쫄깃 육질이 끝내 주네요! 재구매 예정입니다.\n좀 작은 것 같긴한데 솔직히 맛은 있네요. \n아직 요리는 안해 봤는데 겉모습은 마트에서 파는 닭과 별 차이를 못 느끼겠습니다. 맛있겠죠?\n'

그림 8-8 | txt 변수 텍스트 내용

텍스트 파일 불러올 경우 open() 함수의 메소드

- read() : 텍스트 파일 전체를 하나의 문자열로 읽음
- readline() : 텍스트 파일의 한 줄만 문자열로 읽음
- readlines() : 텍스트 파일 전체를 한 줄씩 문자열로 읽어와 리스트 형태로 반환

정상적으로 텍스트가 들어왔습니다. 이제 이 텍스트에서 명사만 추출해서 n이라는 변수에 저장하고 확인해 보도록 하겠습니다. 한글에서 명사를 구분하기 위해서는 konlpy.tag 패키지에서 제공하는 형태소 분석 클래스를 이용합니다. Hannanum(한나눔), Kkma(꼬꼬마), Komoran, Mecab, Okt(과거 Twitter) 총 5개가 제공되는데 Mecab은 리눅스에서만 사용 가능합니다. Hannanum 클래스를 이용해 nouns() 함수로 명사를 추출해 n데이터 셋에 집어넣고 확인해 보겠습니다.

코딩실습

```
In  [7]    # txt 문서에서 명사만 추출하기
           n = Hannanum().nouns(txt)

In  [8]    # 명사 15개만 확인
           n[0:15]

Out [8]    ['닭',
            '최고',
            '육질',
            '배송',
            '상품',
            '기가막히',
            '사장님',
            '감사',
            '닭',
            '양',
            '편',
            '부족',
            '완전',
            '만족',
            '재구']
```

n의 데이터 15개만 확인해 본 결과, 대부분 명사 추출이 잘된 것 같지만 마지막 줄의 '재구'는 뭔가 좀 어색합니다. 아마 '재구매'라는 단어가 제대로 명사 추출이 안 되어서 발생한 사례 같습니다. 이 부분은 인덱스를 이용해 하나씩 변경해 주도록 하겠습니다. 리스트 타입의 데이터 셋에서 index() 메소드를 이용하면 해당 값의 인덱스를 반환해 줍니다.

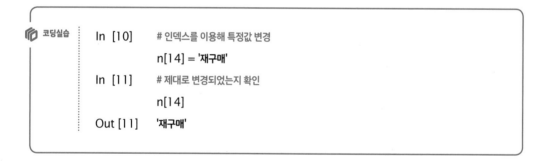

코딩실습

In [9]	# 특정값의 인덱스 찾기
	n.index('재구')
Out [9]	14

15개를 확인했을 때 제일 마지막 단어였기 때문에 파이썬의 인덱스가 0에서부터 시작되니 '재구'의 인덱스는 14가 맞습니다. 인덱스를 알았기 때문에 해당 인덱스의 값을 변경해 주겠습니다.

코딩실습

In [10]	# 인덱스를 이용해 특정값 변경
	n[14] = '재구매'
In [11]	# 제대로 변경되었는지 확인
	n[14]
Out [11]	'재구매'

n의 14번째 인덱스 값이 '재구'에서 '재구매'로 정상적으로 변경되었습니다. 이런 식으로 잘못 명사화된 단어들은 변경해 주면 됩니다.

이제 2글자 이상인 단어만 남기고 필터링하겠습니다. 앞 데이터에서 "닭", "양"과 같이 한 글자인 단어는 워드 클라우드로 표현한다고 해서 큰 인사이트를 줄 수 없기 때문입니다. 데이터 셋 n의 항목 중 길이가 2 이상인 대상만 추출해서 n2라는 데이터 셋에 집어넣겠습니다. 그리고 Counter() 함수를 이용해 단어별 빈도 수를 계산합니다.

```
In  [12]   # 글자 수가 2개 이상인 단어만 필터링
           n2 = [item for item in n if len(item) >= 2]

In  [13]   # 명사별 빈도 추출
           cnt = Counter(n2)

In  [14]   # 빈도 수가 많은 단어 순서대로 10개만 표시
           cnt.most_common()[0:10]

Out [14]   [('만족', 6),
            ('가격', 4),
            ('배송', 3),
            ('마리', 3),
            ('육질', 2),
            ('감사', 2),
            ('재구매', 2),
            ('삼계탕', 2),
            ('냄비', 2),
            ('아이스박스', 2)]
```

most_common() 메소드를 이용하면 빈도 수가 많은 단어만 뽑아서 볼 수 있습니다. 10개만 확인해 본 결과, "만족", "가격", "배송" 등의 단어 출현 빈도가 높습니다.

1-5 워드 클라우드 그리기

표현할 텍스트가 한글이기 때문에 우선 워드 클라우드의 한글 폰트를 설정합니다. 윈도 10의 기본 폰트인 맑은고딕으로 설정하겠습니다.

코딩실습

```
In  [15]   # 워드 클라우드용 폰트 설정(맑은고딕)
           wcs = WordCloud(font_path = 'C:/Windows/Fonts/malgun.ttf',
           background_color = 'white')
```

이제 앞서 만든 단어별 빈도 수 데이터(cnt)와 generate_from_frequencies() 함수를 이용해 워드 클라우드를 생성하고, matplotlib.pyplot 모듈을 이용해서 그리겠습니다.

```
In [16]    # 단어별 빈도로 워드 클라우드 생성
           cloud = wcs.generate_from_frequencies(cnt)
In [17]    # 워드 클라우드 그리기
           import matplotlib.pyplot as plt
           plt.figure(figsize = (10,8))
           plt.axis('off')
           plt.imshow(cloud)
           plt.show
```

그림 8-9 | 김 대표의 인터넷 상점 고객 리뷰 워드 클라우드 결과

워드 클라우드를 통해 김 대표의 리뷰를 그려본 결과, 다행히도 "만족", "감사", "재구매" 등 긍정적인 단어가 "고생", "부족" 등의 부정적인 단어보다 많이 보이고, 글씨가 큰 것을 확인할 수 있습니다.

분석
스토리

김 대표는 첫 판매된 닭의 고객 리뷰 30건을 워드 클라우드를 통해 분석해 봤습니다. 다행히도 많은 분들께서 "만족"한 것 같아 기분이 좋았습니다. 하지만 부정적인 단어도 많이 보였기 때문에 정말로 만족한 고객분들이 많았던 것인지 의심이 가기 시작했습니다. 그래서 단어가 아닌 문장 단위로 긍정을 나타내는지, 부정을 나타내는지, 아니면 중립을 나타내는지 감성 분석을 실시해 보기로 했습니다.

02 python

고객들은 정말로
만족했을까?
(감성 분석)

2-1 감성 분석이란?

감성 분석(Sentiment Analysis)은 텍스트 속에서 감성, 의견 등과 같은 주관적인 정보를 체계적으로 식별, 추출, 정량화하는 기술입니다. 감성 분석은 주로 리뷰 및 설문조사 응답, SNS 결과 등을 분석하는 데 사용됩니다.

분석한 결과는 주로 파이 차트를 이용해 긍정, 부정의 비율이 몇 %인지 표시해 주는 것으로 나타냅니다.

일반적인 분석 과정은 다음과 같습니다.

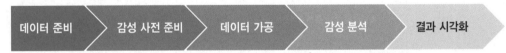

데이터 준비 〉 감성 사전 준비 〉 데이터 가공 〉 감성 분석 〉 결과 시각화

그림 8-10 | 감성 분석 과정

2-2 감성 사전 준비

데이터의 경우 기존의 ch8.txt 파일을 이용합니다. 따라서 감성 사전을 준비하는 과정부터 설명하겠습니다. 한국어 감성 사전의 경우 군산대학교 소프트웨어융합공학과(Data Intelligence Lab)에서 공개한 "KNU 한국어 감성 사전"을 이용할 수 있으며 해당 감성 사전의 경우 깃허브(github.com)에서 다운로드받을 수 있습니다. 파일명은 SentiWord_Dict.txt입니다.

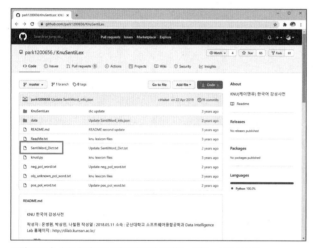

그림 8-11 | gitHub의 KNU 한국어 감성 사전(SentiWord_Dict.txt)

해당 사전을 다운로드받아 열어보면 다음 그림과 같습니다.

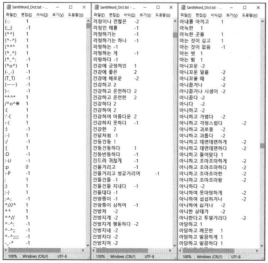

그림 8-12 | KNU 한국어 감성 사전 내용

첫 번째 열에 총 14,855개의 이모티콘, 명사, 형용사, 부사, 동사 등이 있고, 두 번째 열에 해당 단어에 대한 감정 점수가 매겨져 있습니다. 0보다 크면 긍정, 0보다 작으면 부정, 0이면 중립 적인 의미입니다. 감성 사전의 형태가 앞서와 같다는 것만 알면 됩니다.

김 대표의 고객 리뷰를 분석하는 데는 한국어 감성 사전에 부족한 단어가 많아 고객 리뷰를 평가하는 데 적합한 작은 감성 사전을 별도로 만들었고, 해당 사전을 이용해 실습을 진행하도 록 하겠습니다.

pandas 패키지를 이용해 데이터 프레임으로 review_dict.txt 파일을 불러오겠습니다. 이때 열 구분 인자는 탭(Tab)이므로 sep = '\t'를 입력합니다. 그리고 한글이기 때문에 utf-8로 인코 딩합니다. 마지막으로 header가 별도로 없기 때문에 공간을 비워두고 열 이름을 각각 word, score로 지정하겠습니다.

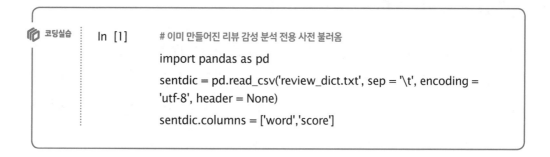

코딩실습

In [1]   # 이미 만들어진 리뷰 감성 분석 전용 사전 불러옴

```python
import pandas as pd
sentdic = pd.read_csv('review_dict.txt', sep = '\t', encoding = 'utf-8', header = None)
sentdic.columns = ['word','score']
```

sentdic 변수에 감성 사전 파일을 집어넣었습니다. head() 메소드를 통해 10개의 데이터를 확 인해 보겠습니다.

코딩실습

In [2]   # 감성 사전 확인

```python
sentdic.head(10)
```

Out [2]

	word	score
0	감사합니다	2
1	고생했네요	-2
2	이하네요	-2
3	끝내주네요	2
4	기가막히게	1

5	늦었네요	-2
6	만족합니다	2
7	만족해요	2
8	맛은있네요	1
9	맛있게	2

"감사합니다", "끝내주네요"와 같은 단어는 2점으로 긍정적인 점수를, "고생했네요", "늦었네요"와 같은 단어는 -2점으로 부정적인 점수를 갖는 것을 확인할 수 있습니다.

2-3 텍스트 데이터 가공하기

감성 사전 준비가 완료되었기 때문에 ch8.txt 파일을 불러와서 데이터 가공을 수행해 보도록 하겠습니다. 앞 예제와 동일하게 open() 함수를 이용해 파일을 불러오지만 readlines() 메소드를 이용해 텍스트를 한 줄씩 문장 단위로 끊어서 리스트 형태로 txt_list 변수에 저장하겠습니다.

코딩실습

```
In [3]    # 리뷰 한 줄씩 리스트로 불러오기
          txt_list = open('ch8.txt','rt', encoding='UTF-8').readlines()
In [4]    # 데이터 5문장만 확인하기
          txt_list[0:5]
          ['닭이 너무 맛있어요 최고!! 육질이 살아있음\n',
           '배송도 빠르고 상품도 좋습니다. ^^\n',
           '기가막히게 맛있습니다. 사장님 감사합니다.\n',
           '닭이 너무 작아요! 양이 작은 편인데도 부족하네요. ><\n',
           '완전 만족합니다. 재구매 각이네요.\n']
```

txt_list를 확인해 본 결과, 문장 단위로 텍스트가 잘 저장되었습니다. 이제 CountVectorizer() 함수를 이용해 문장을 카운트 벡터화시킵니다. 카운트 벡터화는 전체 문장을 띄어쓰기 기준으로 단어(term)로 쪼갠 다음 열(column)로 두고, 각 문장은 행(row)으로 둬서 해당 단어가 나타나는 횟수를 표시하는 행렬로 표현하는 것입니다. 여기서 문장은 정확히 말하면 문서(document)를 의미하며 결과적으로 문서별 단어를 카운트해서 중요도를 쉽게 파악할 수 있는 형태로 만드는 것입니다. 이런 데이터 형태를 DTM(Document Term Matrix)이라고 부릅니다.

코딩실습

In [5]
```
# 문장 벡터화를 위한 함수 불러오기
from sklearn.feature_extraction.text import CountVectorizer
vector = CountVectorizer()
```

In [6]
```
# 문장을 벡터화(띄어쓰기 기준으로 단어 분할)
bow = vector.fit_transform(txt_list)
```

In [7]
```
# 단어를 열 이름으로 지정하기 위해 저장
term = vector.get_feature_names()
```

In [8]
```
import pandas as pd
# Document Term Matrix 타입으로 데이터 프레임 생성
dtm = pd.DataFrame.sparse.from_spmatrix(data = bow,
columns = term)
```

In [9]
```
# 형태 확인(30개의 문장, 191개의 단어)
dtm.shape
```

Out [9]
```
(30, 191)
```

데이터 프레임으로 만든 dtm을 shape 속성을 이용해 확인해 본 결과, 행 30개, 열 191개로 이뤄진 것을 알 수 있습니다. 이는 문장(또는 문서)이 30개고, 단어(또는 용어)가 191개라는 뜻입니다. dtm을 입력해 전체를 출력해 보면 다음 그림과 같습니다.

코딩실습

In [10]   dtm

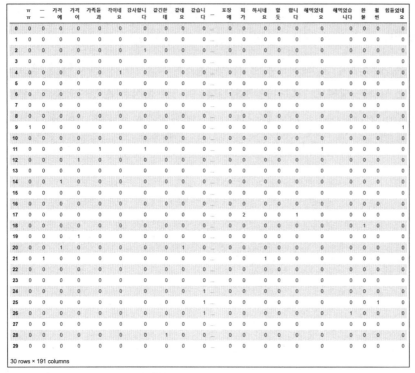

그림 8-13 | Document Term Matrix 형태

2-4 감성 분석

데이터 준비가 완료되었기 때문에 조건문과 반복문으로 문장별 단어의 카운트를 이용해 감성 사전에 해당 단어가 있는지 찾고, 단어가 있을 경우 그에 대응하는 점수를 가져와 카운트 값과 곱해 문장 단위로 감성 점수를 평가할 수 있는 코드를 작성해 보겠습니다.

코딩실습

```
In [11]    ds = []
           for i in range(dtm.shape[0]):
             d = []
             for j in range(dtm.shape[1]):
               if dtm.iloc[i,j]>=1:
```

```
                    if sentdic.loc[sentdic.word == dtm.columns[j],'score'].
                    empty != True:
                        d.append(sentdic.loc[sentdic.word == dtm.
                        columns[j],'score'].values[0]*dtm.iloc[i,j])
                    else:
                        d.append(0)
                else:
                    d.append(0)
        s = sum(d)
        ds.append(s)
```

다소 복잡하지만 코드의 내용을 정리하면 한 줄씩 0~190번째(dtm.shape[1]) 열까지 1 이상인 열을 찾으면 해당 열 이름을 가져와 감성 사전에 있는지 확인한 뒤 감성 사전에 있으면 해당되는 점수를 가져와서 개수와 곱한 다음 d에 리스트로 저장하고, 그렇지 않으면 0을 저장하도록 작성했습니다. 그리고 이런 작업을 총 30개(dtm.shape[0])의 행(문장) 마지막까지 모두 실시하고, 마치면 행별 리스트의 합이 ds라는 데이터 셋에 하나씩 추가되어 저장되도록 했습니다. 참고로 리스트의 append() 메소드는 데이터를 추가해서 입력하는 기능을 합니다.

이렇게 만들어진 ds라는 데이터 셋의 값을 5개만 확인해 보겠습니다.

코딩실습

```
In  [12]    # 각 행(문서)별 합계 5개만 확인
            ds[0:5]
Out [12]    [4, 3, 5, -4, 4]
```

감성 사전에서 점수가 양수면 긍정, 음성이면 부정이었습니다. 이 결과를 리뷰 데이터 셋인 txt_list에 열로 붙여서 확인해 보면 보기가 쉽기 때문에 리스트인 두 데이터 셋을 zip() 함수를 이용해 합치고, 데이터 프레임으로 만들어 주겠습니다. 컬럼명은 "doc"와 "score"로 지정하겠습니다.

```
In [13]    # 리뷰 리스트와 리뷰별 점수 합계 결과를 데이터 프레임으로 만들기
           res = pd.DataFrame(list(zip(txt_list, ds)), columns = ['doc','score'])
In [14]    # 리뷰별 점수 결과 6개만 확인
           res.head(6)
```

	doc	score
0	닭이 너무 맛있어요 최고!! 육질이 살아있음\n	4
1	배송도 빠르고 상품도 좋습니다. ^^\n	3
2	기가막히게 맛있습니다. 사장님 감사합니다.\n	5
3	닭이 너무 작아요! 양이 작은 편인데도 부족하네요. ><\n	-4
4	완전 만족합니다. 재구매 각이네요.\n	4
5	삼계탕에 넣었는데 양이 기대 이하네요...\n	-2

그림 8-14 | res 데이터 셋 결과

숫자로 표현된 결과를 조건문과 반복문을 이용해 0보다 크면 긍정(Positive), 0이면 중립 (Neutral), 둘 다 아니면 부정(Negative)으로 표현될 수 있게 res에 "pn"이라는 열을 만들어서 추가하고, 다시 한 번 결과를 확인해 보도록 하겠습니다.

```
In [15]    # 리뷰 점수가 0보다 크면 긍정, 0이면 중립, 그 외면 부정으로 판정
           pn = []
           for row in res['score']:
               if row > 0:
                   pn.append('Positive')
               elif row == 0:
                   pn.append('Neutral')
               else:
                   pn.append('Negative')
In [16]    # 리뷰 점수 판정 결과 데이터 프레임에 추가
           res['pn'] = pn
In [17]    # 리뷰 결과 데이터 프레임 6개만 확인
           res.head(6)
```

	doc	score	pn
0	닭이 너무 맛있어요 최고!! 육질이 살아있음\n	4	Positive
1	배송도 빠르고 상품도 좋습니다. ^^\n	3	Positive
2	기가막히게 맛있습니다. 사장님 감사합니다.\n	5	Positive
3	닭이 너무 작아요! 양이 작은 편인데도 부족하네요. ><\n	-4	Negative
4	완전 만족합니다. 재구매 각이네요.\n	4	Positive
5	삼계탕에 넣었는데 양이 기대 이하네요...\n	-2	Negative

그림 8-15 | res 데이터 셋 pn열 추가 결과

문자열을 추가하니 확인이 쉬워졌습니다. 다음 표는 위에서부터 6개의 문장만 내용과 감성 분석 결과를 비교해서 나타낸 결과입니다.

문서 번호	문서 내용	판정
1	닭이 너무 맛있어요 최고!! 육질이 살아있음	긍정(Positive)
2	배송도 빠르고 상품도 좋습니다. ^^	긍정(Positive)
3	기가막히게 맛있습니다. 사장님 감사합니다.	긍정(Positive)
4	닭이 너무 작아요! 양이 작은 편인데도 부족하네요. ><	부정(Negative)
5	완전 만족합니다. 재구매 각이네요.	긍정(Positive)
6	삼계탕에 넣었는데 양이 기대 이하네요...	부정(Negative)

표 8-1 | 고객 리뷰 감성 분석 결과 비교

판정 결과를 보니 문장의 감성에 대해 제대로 판정했음을 확인할 수 있습니다.

2-5 결과 시각화

30개의 리뷰를 감성 판정 결과를 기준으로 요약해 보겠습니다. 데이터 프레임의 경우 groupby() 메소드를 이용해 그룹화시킬 수 있으며, count() 메소드를 이용해 행의 개수를 계산할 수 있습니다.

코딩실습

```
In [18]    # 판정 결과를 개수 기준으로 그룹화
           res_g = res.groupby([pn]).count()
In [19]    # 그룹화 결과 확인
           res_g
Out [19]               doc    score   pn
           Negative    13     13      13
           Neutral     3      3       3
           Positive    14     14      14
```

그룹화된 결과를 확인해 보니 전체 30건의 리뷰 중 13건은 부정, 3건은 중립, 14건은 긍정인 것을 확인할 수 있습니다.

이제 이 결과를 파이 차트로 그려보겠습니다. 파이 차트에 비율을 표시하기 위해 비율을 먼저 계산하겠습니다.

코딩실습

```
In [20]    # 파이 차트 그리기 위해 비율 계산
           pct = res_g['pn']/res_g['pn'].sum()
In [21]    # 파이 차트 그리기
           plt.figure(figsize=(10, 10))
           plt.pie(pct, labels = res_g.index, autopct='%.1f%%', startangle = 0,
           counterclock = False)
           plt.show()
```

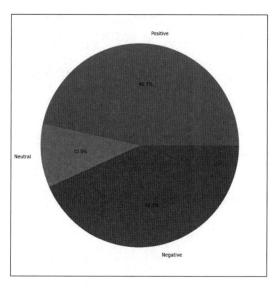

그림 8-16 | 파이 차트로 나타낸 고객 리뷰 감성 분석 결과

워드 클라우드 결과만 봤을 때는 만족한 고객이 많은 것처럼 보였으나 리뷰(문장) 단위로 감성 분석을 실시한 결과는 긍정과 부정이 거의 반반이었습니다.

분석
스토리

감성 분석 결과를 확인한 김 대표는 의기소침해졌습니다. 만족한 고객이 더 많을 것이라 생각했는데 실상은 그렇지 못했기 때문입니다. 하지만 이제 겨우 첫 판매일 뿐입니다. 처음임에도 불구하고 43.3%의 고객이 만족했다니 얼마나 대단한 일인가요? 나머지 고객까지 만족시키기 위해 김 대표는 지금보다 훨씬 훌륭한 품질의 닭을 키우고 말겠다고 다짐했습니다. 그러기 위해서는 지금처럼 끊임없는 데이터 분석과 기준 정립 그리고 실행 능력이 필요할 것입니다. 그렇게 된다면 아마도 머지않아 김 대표의 농장은 충분히 경쟁력 있는 회사로 우뚝 설 것입니다.

1 한글 형태소 분석 클래스

- konlpy 패키지에는 Hannanum, Kkma, Komoran, Mecab, Okt 클래스가 있음
- nouns() : 문장 명사화
- morphs() : 문장 형태소 분석

2 Document Term Matrix

문장(document) 번호가 행 인덱스, 단어(term)가 열 이름으로 구성되어 단어 빈도를 카운트한 행렬로 sklearn.feature_extraction.txt 모듈의 CountVectorizer() 함수를 이용해 만들 수 있음

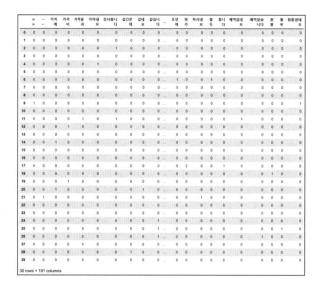

3 감성 분석 과정

데이터 준비 〉 감성 사전 준비 〉 데이터 가공 〉 감성 분석 〉 결과 시각화

세상에서 가장 유명한 연설인 마틴 루터 킹 목사의 "나에게는 꿈이 있습니다."를 워드 클라우드로 분석해 보겠습니다. 주한미국대사관 홈페이지에서 해당 연설을 복사해서 메모장에 붙여넣기 해 파일을 만들 수도 있고, 필자 블로그나 깃허브에서 martin_luther_king.txt 파일을 다운로드받아 이용해도 됩니다.

1 martin_luther_king.txt 파일을 읽어오세요. (단, 한글이 깨지지 않게 인코딩 옵션을 설정하기 바랍니다.)

2 1번이 완료된 데이터 셋에서 명사만 분리해 별도로 저장해 주세요.

🔍 힌트 | Hannanum 클래스의 nouns() 함수를 이용하면 한글 명사화를 할 수 있습니다.

3 단어 길이가 2글자 이상인 대상만 남기고, 단어 빈도 수를 기준으로 워드 클라우드를 그려보세요. 가장 많이 나온 단어와 그다음으로 많이 언급된 단어는 무엇인가요?

🔍 힌트 | WordCloud 패키지와 matplotlib.pyplot 모듈을 이용해 워드 클라우드를 그릴 수 있습니다.

학습목표

- 데이터베이스의 데이터를 활용할 수 있습니다.
- 비대칭 데이터에 대해서 이해합니다.
- 차원 축소와 주성분 분석에 대해서 이해합니다.
- 데이터 프레임을 이용해 그룹 집계와 병합을 할 수 있습니다.

참고할 만한 내용들

python

여기서 설명하는 부분은 김 대표의 스토리로 이어가기에는 적합하지 않지만 알아 두면 도움이 될 만한 내용들입니다. 파이썬에서 파일 형태의 데이터 셋이 아닌 데이터베이스의 테이블에 직접 접근하는 방법, 비대칭 데이터를 다루는 방법, 차원 축소의 개념 등을 설명하겠습니다.

데이터베이스 연결 및 SQL 사용법

1-1 데이터베이스 연결 방법

파이썬에서 데이터베이스(이하 DB)에 연결하기 위해서는 연결하고자 하는 DB에 맞는 패키지 설치가 필요하며 대표적인 패키지를 다음 표로 정리해 봤습니다.

데이터베이스	패키지	연동을 위해 필요한 DB 정보
Oracle	cx_Oracle	
MS-SQL	pymssql	host, port, user, password, dbname, service_name 등
PostgreSQL	psycopg2	

표 9-1 | 데이터베이스별 연결을 위한 파이썬 패키지

실습에서는 최근에 널리 사용되고 있는 오픈 소스 DB인 PostgreSQL을 이용해 보겠습니다. 실습 PC에 PostgreSQL 13(Windows용) 버전을 설치(https://www.enterprisedb.com/downloads/postgres-postgresql-downloads)했으며 기본 "postgres" DB에 "datawithpy"라는 스키마(schema)를 만들고, 해당 스키마에 "iris"라는 테이블(table)을 만들어(숫자는 real, 문자는 character 타입 지정) iris 데이터 셋의 열 이름만 변경해서 미리 데이터를 입력해 놨습니다.

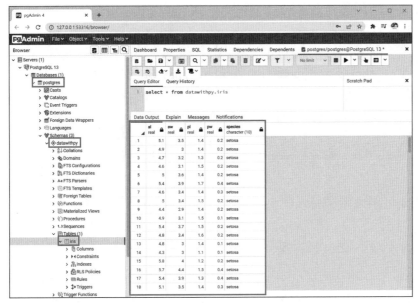

그림 9-1 | PostgreSQL DB에 입력된 iris 데이터

파이썬에서 DB 접속에 필요한 패키지를 설치하고 불러오겠습니다.

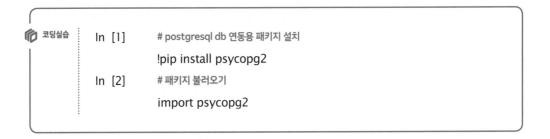

코딩실습

In [1]   # postgresql db 연동용 패키지 설치

          !pip install psycopg2

In [2]   # 패키지 불러오기

          import psycopg2

DB에 연결하는 conn이라는 객체를 만들어 보겠습니다. connect() 함수를 이용하며 여기에 옵션으로 host(DB 서버 주소, 본인 PC의 경우 localhost로 입력해도 무방함), port(DB 서버 포트), dbname, user(DB 계정명), password(DB 해당 계정 비밀번호)를 입력해 줍니다. 다음 예제의 경우 실습을 위해 postgres 계정의 password를 쉽게 "1234"로 설정했으며 해당 password의 경우 PostgreSQL을 설치할 때 설정합니다. 정상적으로 연결되면 에러가 발생하지 않습니다.

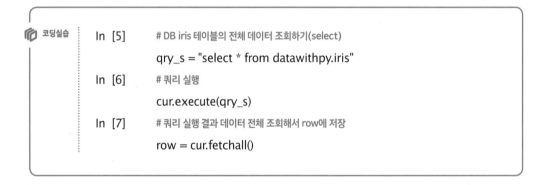

```
코딩실습    In [3]    # db 연동 객체 만들기
                   conn = psycopg2.connect(host='localhost', port = 5432,
                   dbname='postgres', user='postgres', password='1234')
           In [4]    # 연결된 db에 sql 처리를 위한 cursor() 메소드 호출
                   cur = conn.cursor()
```

DB에 SQL을 전달하기 위해서는 cursor() 메소드가 필요하기 때문에 cur 변수를 만들어 집어
넣었습니다.

1-2 데이터베이스 테이블의 데이터 조회(Select)

SQL을 작성하고, execute() 메소드를 이용해 DB의 iris 테이블을 조회(Select)해 보도록 하겠
습니다. "select * from 테이블"은 가장 기본적인 SQL로 "테이블에 있는 모든(*) 데이터를 조회
하라"는 뜻입니다. 이렇게 작성한 쿼리(qry_s)를 execute() 메소드로 실행하고, fetchall() 메소
드까지 실행해야 데이터가 조회됩니다.

```
코딩실습    In [5]    # DB iris 테이블의 전체 데이터 조회하기(select)
                   qry_s = "select * from datawithpy.iris"
           In [6]    # 쿼리 실행
                   cur.execute(qry_s)
           In [7]    # 쿼리 실행 결과 데이터 전체 조회해서 row에 저장
                   row = cur.fetchall()
```

row 변수를 확인해 보면 리스트 타입으로 데이터가 150행까지 들어 있음을 확인할 수 있습니
다. 추가적으로 row 데이터 셋을 데이터 프레임으로 변경해 봤습니다.

```
In  [8]      row[0:5]

Out [8]      [(5.1, 3.5, 1.4, 0.2, 'setosa    '),
             (4.9, 3.0, 1.4, 0.2, 'setosa    '),
             (4.7, 3.2, 1.3, 0.2, 'setosa    '),
             (4.6, 3.1, 1.5, 0.2, 'setosa    '),
             (5.0, 3.6, 1.4, 0.2, 'setosa    ')]

In  [9]      # row 데이터 행 수 확인
             len(row)

Out [9]      150

In  [10]     import pandas as pd

             # row 데이터 셋을 데이터 프레임으로 변환
             db_iris = pd.DataFrame(data = row, columns = ('sl', 'sw', 'pl',
             'pw', 'species'))

In  [11]     # db에서 조회해 저장한 결과 확인
             db_iris.head()
```

Out [11]

	sl	sw	pl	pw	species
0	5.1	3.5	1.4	0.2	setosa
1	4.9	3.0	1.4	0.2	setosa
2	4.7	3.2	1.3	0.2	setosa
3	4.6	3.1	1.5	0.2	setosa
4	5.0	3.6	1.4	0.2	setosa

만약 파이썬에서 만든 예측 모델을 DB 테이블의 데이터를 이용해서 학습시킨다면 위와 같이
데이터 셋을 별도로 만들어서 이용하면 됩니다.

1-3 데이터베이스 테이블의 데이터 입력(Insert)

DB 테이블에 데이터를 직접 입력해 보겠습니다. 데이터를 입력하는 SQL은 "insert into 테이
블(열 이름1, 열 이름2, …) values(값1, 값2, …)"입니다. iris 테이블에 species를 test로, 나머지 값은

1, 2, 3, 4로 데이터를 입력하겠습니다.

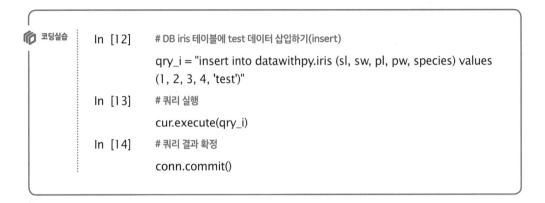

```
In [12]   # DB iris 테이블에 test 데이터 삽입하기(insert)
          qry_i = "insert into datawithpy.iris (sl, sw, pl, pw, species) values
          (1, 2, 3, 4, 'test')"
In [13]   # 쿼리 실행
          cur.execute(qry_i)
In [14]   # 쿼리 결과 확정
          conn.commit()
```

select 쿼리와 다르게 마지막에 commit() 메소드를 이용했습니다. commit은 DB에서 최종적
으로 쿼리의 결과를 확정하는 명령어입니다. pgAdmin(PostgreSQL 설치 시 자동으로 설치되는 DB
관리 도구)을 통해 DB 테이블을 직접 확인한 결과, 151번째 행에 test 데이터가 정상적으로 입
력되었습니다.

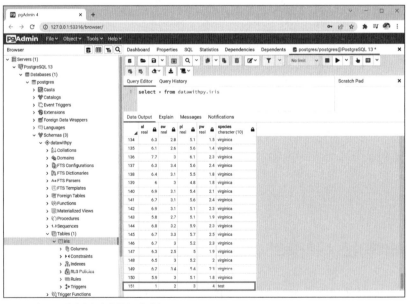

그림 9-2 | test 데이터가 입력된 iris 테이블

1-4 데이터베이스 테이블의 데이터 삭제(Delete)

입력한 test 데이터를 삭제해 보도록 하겠습니다. SQL에서 테이블의 데이터를 삭제하는 명령어는 "delete from 테이블 where 조건"입니다. species가 test인 데이터만 삭제할 것이기 때문에 where에 species = 'test'라는 조건을 달아줬습니다.

```
In [15]    # DB iris 테이블에서 test 데이터 삭제하기(delete)
           qry_d = "delete from datawithpy.iris where species = 'test'"
In [16]    # 쿼리 실행
           cur.execute(qry_d)
In [17]    # 쿼리 결과 확정
           conn.commit()
```

쿼리의 결과는 스스로 확인해 보기를 바랍니다.

DB 연결 해제는 close() 메소드를 이용합니다. 먼저 cursor를 종료하고, DB 연동 객체를 종료하면 됩니다.

```
In [18]    # cursor 및 db 접속 종료
           cur.close()
           conn.close()
In [19]    cur.execute(qry_s)
Out [19]
           InterfaceError                  Traceback (most recent call last)
           <ipython-input-27-23851577c54c> in <module>
           -- 1 cur.execute(qry_s)

           InterfaceError: cursor already closed
```

execute() 메소드를 실행해 본 결과, cursor가 이미 종료되었다고 나옵니다. 정상적으로 DB 연결 해제가 되었습니다.

02

python

비대칭 데이터

2-1 비대칭 데이터란?

비대칭 데이터(Imbalanced Data)는 이진 분류 문제를 예로 들면 종속변수인 사건이 발생한 경우(클래스)와 그렇지 않은 경우 데이터량이 매우 크게 차이가 나는 데이터를 말합니다. 즉, 10,000개 데이터가 존재할 때 사건이 발생하지 않은 경우가 9,990개고, 사건이 발생한 경우가 10개라면 비대칭 데이터라고 말합니다.

실제로 우리가 사는 세상에서 이런 비대칭 데이터 사례는 매우 많습니다. 예를 들어, 희귀 난치병 발생 사례, 사업장 안전사고 발생 사례, 발전소 설비고장 사례, 신용카드 범죄 사용 사례 등이 있습니다. 이렇게 데이터가 비대칭한 분류 문제를 다룰 경우에는 정확도로만 모델을 평가하면 안 됩니다.

Chapter 6에서 설명했듯이 총 데이터가 10,000개이고 9,990개가 정상, 10개가 비정상일 경우 분류 모델이 데이터 모두를 정상으로 판별하게 만들면 예측 정확도가 99.9%가 나옵니다. 이 정확도는 결코 의미 있는 수치가 아닙니다. 이 경우는 민감도(Sensitivity, Recall)가 더 중요한 판단 기준이 됩니다. 민감도를 계산해 보면 TP(TP+FN) = 0/(0+10)으로 0이 나와 전혀 쓸모 없는 모델이라는 것을 알려줍니다. 그렇다면 이런 비대칭 데이터는 어떻게 다뤄야 할까요?

2-2 언더 샘플링

데이터를 대칭 형태로 맞추기 위한 방법은 간단합니다. 데이터량이 부족한 쪽(클래스)에 맞추거나 어떻게든 부족한 데이터의 양을 늘려서 많은 쪽에 맞추면 됩니다. 언더 샘플링(Under Sampling)은 종속변수에서 상대적으로 데이터가 많은 클래스의 양을 줄여서 비율을 맞추는 방법을 말합니다.

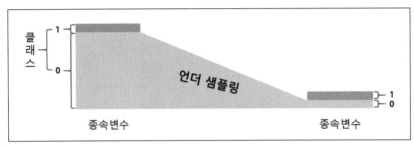

그림 9-3 | 언더 샘플링 개념

방법	설명
랜덤 언더 샘플링 (Random Under Sampling)	무작위로 데이터량이 많은 클래스의 일부만 선택하는 방법
토멕 링크 방법 (Tomek's Link Method)	토멕 링크는 클래스를 구분하는 경계선 가까이에 존재하는 데이터로 데이터량이 많은 클래스에 속한 토멕 링크를 제거하는 방법
CNN (Condensed Nearest Neighbor)	데이터량이 많은 클래스에서 데이터가 밀집된 부분이 없을 때까지 데이터를 제거해 분포가 대표성을 띠는 대상만 남도록 제거하는 방법

표 9-2 | 언더 샘플링 기법

2-3 오버 샘플링

오버 샘플링(Over Sampling)은 종속변수에서 상대적으로 데이터가 적은 클래스의 양을 늘려서 비율을 맞추는 방법을 말합니다.

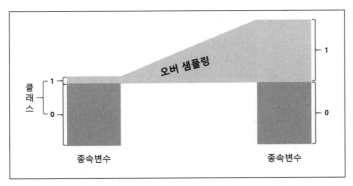

그림 9-4 | 오버 샘플링 개념

방법	설명
랜덤 오버 샘플링 (Random Over Sampling)	무작위로 데이터량이 적은 클래스를 복제해 늘리는 방법
SMOTE (Synthetic Minority Over-sampling Technique)	데이터량이 적은 클래스에서 중심이 되는 데이터와 주변 데이터 사이에 가상의 직선을 만들어 그 위에 데이터를 추가하는 방법
ADASYN (ADAptive SYNthetic)	데이터량이 적은 클래스에서 데이터량이 많은 클래스 데이터의 관측 비율을 계산해 SMOTE를 적용하는 방법

표 9-3 | 오버 샘플링 기법

파이썬에서는 imbalanced-learn 패키지를 이용해 언더 샘플링과 오버 샘플링을 실시할 수 있습니다. 여기서는 오버 샘플링만 다뤄보도록 하겠습니다. 패키지를 설치하고, 오버 샘플링용 데이터 셋을 만들도록 하겠습니다.

코딩실습

```
In [1]    # 비대칭 데이터 처리 패키지 설치
          !pip install -U imbalanced-learn
In [2]    # 라벨이 3개(0, 1, 2)인 비대칭 데이터 셋 만들기
          from sklearn.datasets import make_classification
          X, y = make_classification(n_samples=5000, n_features=2, n_
          informative=2, n_redundant=0, n_repeated=0, n_classes=3,
                          n_clusters_per_class=1,
```

```
                                    weights=[0.01, 0.05, 0.94],
                                    class_sep=0.8, random_state=0)
```

sklearn.datasets 모듈의 분류용 가상 데이터를 생성할 수 있는 make_classification() 함수를 이용해 총 5,000개의 데이터를 만들되 클래스가 3개(0, 1, 2)면서 그 비율이 1%, 5%, 94%가 되게 만들었습니다. collections 모듈의 Counter() 함수를 이용해 y의 라벨별 데이터 개수를 보면 비대칭 데이터가 만들어졌음을 확인할 수 있습니다.

코딩실습

```
In  [3]     # y 라벨별 데이터 개수 확인
            from collections import Counter
            print(sorted(Counter(y).items()))
Out [3]     [(0, 64), (1, 262), (2, 4674)]
```

imblearn.over_sampling 모듈에서 RandomOverSampler() 함수를 불러와서 fit_resample() 메소드를 이용하면 오버 샘플링이 됩니다.

코딩실습

```
In  [4]     # Random Over Sampling을 위한 함수 불러오기
            from imblearn.over_sampling import RandomOverSampler
            ros = RandomOverSampler(random_state=0)
            # Random Over Sampling 실시
            X_resampled, y_resampled = ros.fit_resample(X, y)
            # y_resampled 데이터 개수 확인
            print(sorted(Counter(y_resampled).items()))
Out [4]     [(0, 4674), (1, 4674), (2, 4674)]
```

imbalanced-learn 패키지에는 RandomOverSampler 외에도 SMOTE, ADASYN과 같은 알고리즘도 사용할 수 있으니 공식 문서(imbalanced-learn.org)를 참고하기를 바랍니다.

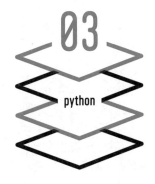

03 차원 축소와 주성분 분석(PCA)

3-1 차원 축소란?

일반적으로 모델의 예측 성능을 향상시킬 수 있는 가장 간단한 방법은 종속변수와 상관관계가 높은 독립변수를 추가하는 것입니다. 하지만 무작정 독립변수만 추가하게 되면 차원의 저주(Curse of Dimensionality)에 빠질 수 있습니다. 차원의 저주란 독립변수가 늘어날수록 필요한 학습 데이터량이 기하급수적으로 늘어나는 것을 말합니다. 독립변수가 늘어난 만큼 충분한 데이터량이 뒷받침되지 못하면 과적합, 다중공선성 등의 문제를 야기할 수 있습니다.

당연히 이런 문제는 독립변수의 개수가 데이터량(행의 수)보다 많을 때 두드러집니다. 예를 들어, 독립변수가 100개인데 데이터량이 50개밖에 되지 않는다면 제대로 된 예측 모델을 만드는 일이 쉽지 않습니다. 이런 상황이라면 2가지 선택이 있을 수 있습니다. 하나는 상관분석을 통해 100개의 독립변수 중에서 종속변수와 상관계수가 높은 독립변수만을 선택(Feature Selection)해서 모델링을 실시하는 것입니다. 다른 하나는 기존의 독립변수들을 결합해 새로운 독립변수를 만들어(Feature Extraction) 모델링하는 방법입니다.

후자에 속하는 가장 대표적인 방법론이 주성분 분석(PCA, Principal Component Analysis)이며, 다차원 척도법(MDS, Multi-Dimensional Scaling)도 있습니다.

3-2 주성분 분석(PCA)

주성분 분석은 여러 개의 독립변수를 서로 상관성이 높은 변수들의 선형 결합으로 만드는 방법입니다. 주성분 분석을 이용하면 다양한 변수(고차원)로 인해 설명이 어려운 데이터를 축소된 차원을 통해 시각화시켜 보다 쉽게 설명할 수 있습니다. 3차원으로 표현된 그래프보다 2차원으로 나타낸 그래프가 훨씬 알아보기 쉬운 것과 같은 원리입니다. 또한 서로 상관성이 높은 변수들의 선형 결합으로 새로운 변수가 만들어지기 때문에 다중공선성 문제에서 자유로워지며 변수가 줄어든 만큼 연산 속도도 빨라집니다. 이처럼 주성분 분석은 모델링 자체보다는 주로 모델을 만드는 과정에 활용됩니다.

iris 데이터 셋을 이용해 주성분 분석 실습을 해보도록 하겠습니다. 기본적인 패키지를 불러오고, seaborn 패키지를 이용해 데이터 프레임 형태의 iris 데이터 셋을 불러오겠습니다.

코딩실습

```
In [1]   import numpy as np
         import pandas as pd

In [2]   # iris 데이터 셋(데이터 프레임) 불러오기
         import seaborn as sns
         iris = sns.load_dataset('iris')
         iris.head()
```

Out [2]

	sepal_length	sepal_width	petal_length	petal_width	species
0	5.1	3.5	1.4	0.2	setosa
1	4.9	3.0	1.4	0.2	setosa
2	4.7	3.2	1.3	0.2	setosa
3	4.6	3.1	1.5	0.2	setosa
4	5.0	3.6	1.4	0.2	setosa

품종별 특징을 나타내는 4개의 연속형 독립변수를 몇 개의 주성분으로 줄일 수 있는지 확인하고 줄여볼 예정입니다. 문자인 species열을 제외하고, 별도 데이터 셋을 만든 뒤 StandardScaler를 통해 스케일링을 실시하겠습니다. 주성분 분석은 스케일의 영향을 받기 때

문에 동일 스케일로의 변환이 필요합니다.

```
In [3]    # species만 제외하고 별도 데이터 셋 구성
          iris_n = iris.iloc[:,0:4].values
In [4]    # Standard Scaling을 위한 함수 불러오기 및 스케일링
          from sklearn.preprocessing import StandardScaler
          iris_s = StandardScaler().fit_transform(iris_n)
```

sklearn.decomposition 모듈에서 PCA() 함수를 불러와 독립변수 4개를 모두 이용해 주성분
분석을 실시(fit)하고, 몇 개의 주성분까지 사용하는 것이 의미가 있는지 확인해 보겠습니다.

```
In [5]    # 주성분 4개로 학습 실시
          from sklearn.decomposition import PCA
          pca4 = PCA(n_components=4).fit(iris_s)
In [6]    # 주성분 4개까지 기여율 표시
          pca4.explained_variance_ratio_
Out [6]   array([0.72962445, 0.22850762, 0.03668922, 0.00517871])
```

explained_variance_ratio_ 속성을 보면 주성분에 따른 기여율을 확인할 수 있습니다. 제1주
성분의 기여율은 약 73%고, 제2주성분의 기여율은 약 23%입니다. 이렇게 2개 주성분의 누적
기여율은 약 96%로 이는 독립변수 4개의 특징을 2개의 주성분으로 전체의 약 96%를 설명한
다고 볼 수 있습니다.

주성분 분석 결과에서 적정한 주성분 개수를 선택하기 위한 판단 기준으로 누적 기여율
(Cumulative Proportion)이 85% 이상이거나 Scree Plot을 그렸을 때 수평을 유지하기 전 단계까
지를 주성분의 개수로 선택합니다.

위 예제의 경우 제2주성분까지 누적 기여율이 96%기 때문에 주성분을 2개 선택하면 되고, 다
음 코드를 이용해 Scree Plot을 그려서 판단한 결과도 동일합니다.

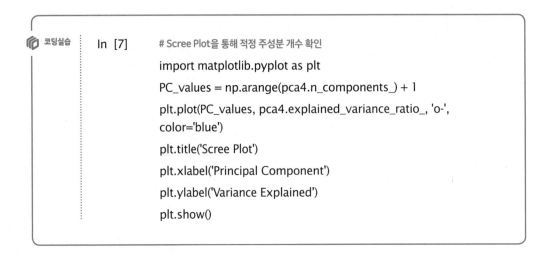

```
In [7]    # Scree Plot을 통해 적정 주성분 개수 확인
          import matplotlib.pyplot as plt
          PC_values = np.arange(pca4.n_components_) + 1
          plt.plot(PC_values, pca4.explained_variance_ratio_, 'o-',
          color='blue')
          plt.title('Scree Plot')
          plt.xlabel('Principal Component')
          plt.ylabel('Variance Explained')
          plt.show()
```

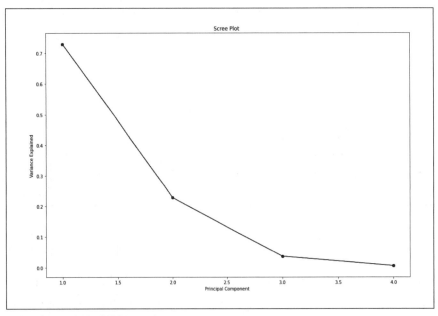

그림 9-5 | iris 주성분 분석 결과 Scree Plot

주성분이 개별 독립변수의 선형 결합으로 어떻게 계산되는지는 components_ 속성을 이용해
확인할 수 있습니다.

```
In [8]    # 주성분별 선형 결합 계수 출력
          pca4.components_
Out [8]   array([[ 0.52106591, -0.26934744,  0.5804131,  0.56485654],
                 [ 0.37741762,  0.92329566,  0.02449161,  0.06694199],
                 [-0.71956635,  0.24438178,  0.14212637,  0.63427274],
                 [-0.26128628,  0.12350962,  0.80144925, -0.52359713]])
```

제1주성분의 경우 배열의 첫 번째 행을 이용해서 0.521×sepal_length - 0.269×sepal_width + 0.58×petal_length + 0.565×petal_width로 계산됩니다.

주성분을 2개만 선택하면 된다는 것을 알았기 때문에 n_components=2를 지정해서 다시 주성분 분석을 실시하고 데이터 셋도 변환하도록 하겠습니다.

```
In [9]     # 주성분 2개로 학습 실시
           pca2 = PCA(n_components=2).fit(iris_s)
In [10]    # 스케일된 iris 데이터 셋 주성분 2개로 변환
           iris_pca = pca2.transform(iris_s)
In [11]    # 주성분 2개로 신규 iris 데이터 프레임 만들기
           iris_res = pd.DataFrame(data = iris_pca, columns =
           ['comp1','comp2'])
           iris_res['species'] = iris.species
           iris_res.head()
```

Out [11]		comp1	comp2	species
	0	-2.264703	0.480027	setosa
	1	-2.080961	-0.674134	setosa
	2	-2.364229	-0.341908	setosa
	3	-2.299384	-0.597395	setosa
	4	-2.389842	0.646835	setosa

독립변수가 4개 있던 데이터 셋이 주성분 2개인 데이터 셋으로 잘 변환되었습니다. 이 데이터 셋을 이용해 species를 범주로 하는 산점도를 그려보겠습니다.

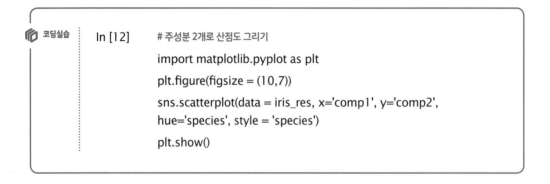

```
In [12]    # 주성분 2개로 산점도 그리기
           import matplotlib.pyplot as plt
           plt.figure(figsize = (10,7))
           sns.scatterplot(data = iris_res, x='comp1', y='comp2',
           hue='species', style = 'species')
           plt.show()
```

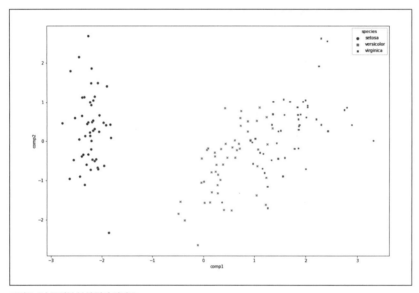

그림 9-6 | 주성분 분석 결과 산점도

2개의 주성분으로 차원이 축소되었음에도 불구하고 3개의 품종이 명확하게 구분됨을 확인할 수 있습니다.

04 데이터 프레임 집계 및 병합

4-1 데이터 프레임 집계

데이터를 다루다 보면 분석이나 시각화를 위해 데이터를 그룹화시켜 집계해야 할 경우가 많습니다. 이런 경우 데이터 프레임은 groupby() 메소드와 연산 메소드를 이용해 쉽고 빠르게 데이터를 집계할 수 있습니다. iris 데이터 셋을 이용해 실습해 보겠습니다.

코딩실습

In [1]
```python
# iris 데이터 셋(데이터 프레임) 불러오기
import pandas as pd
import seaborn as sns
df = sns.load_dataset('iris')
df.head()
```

Out [1]

	sepal_length	sepal_width	petal_length	petal_width	species
0	5.1	3.5	1.4	0.2	setosa
1	4.9	3.0	1.4	0.2	setosa
2	4.7	3.2	1.3	0.2	setosa
3	4.6	3.1	1.5	0.2	setosa
4	5.0	3.6	1.4	0.2	setosa

species열이 범주기 때문에 species에 따른 다른 변수들의 평균을 계산해 보겠습니다.

코딩실습   In [2]   # species별 평균
df.groupby('species').mean()

species	sepal_length	sepal_width	petal_length	petal_width
setosa	5.006	3.428	1.462	0.246
versicolor	5.936	2.770	4.260	1.326
virginica	6.588	2.974	5.552	2.026

표 9-4 | species별 평균

엑셀의 피벗 테이블을 만든 것과 같이 품종(species)별 4개 변수들의 평균이 위 표 형태로 출력되었습니다.

이번엔 평균 대신 최댓값이 얼마인지 확인해 보겠습니다. max() 메소드를 이용하면 됩니다.

코딩실습   In [3]   # species별 최댓값
df.groupby('species').max()

species	sepal_length	sepal_width	petal_length	petal_width
setosa	5.8	4.4	1.9	0.6
versicolor	7.0	3.4	5.1	1.8
virginica	7.9	3.8	6.9	2.5

표 9-5 | species별 최댓값

품종별 최댓값을 한눈에 확인할 수 있습니다. 이를 응용해서 주요 통계량을 한번에 출력해 주는 describe() 메소드를 이용할 수도 있습니다.

> 🔷 코딩실습   In [4]   # species별 통계량 표시(행, 열 변환)
> df.groupby('species').describe().T

코드의 결과는 스스로 확인해 보기를 바랍니다.

4-2 데이터 프레임 병합

여러 개의 데이터 셋을 이용해 분석을 진행하다 보면 서로 다른 2개의 데이터 셋을 하나의 데이터 셋을 기준으로 병합해야 할 경우가 생깁니다. DB를 다룰 때 이런 경우 SQL에서는 JOIN 문을 이용하며, pandas에서도 merge() 함수를 이용해 할 수 있습니다.
서로 다른 2개의 데이터 프레임을 합치는 경우는 크게 4가지로 나눌 수 있으며, 그 형태는 다음 그림과 같습니다.

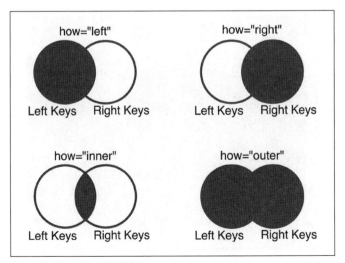

그림 9-7 | 데이터 병합 사례(출처 : https://datascience.quantecon.org/pandas/merge.html)

실습을 위해 우선 간단한 데이터 셋을 2개 만들도록 하겠습니다.

```
코딩실습    In [1]    # 실습용 데이터 셋1 만들기
                    import pandas as pd
                    df1 = pd.DataFrame({
                        'city' : ['서울','부산','대구','대전','광주'],
                        'pop' : [978, 343, 247, 153, 150]
                    })
            In [2]    # 실습용 데이터 셋2 만들기
                    df2 = pd.DataFrame({
                        'city' : ['서울','부산','대구','인천'],
                        'area' : [605, 770, 884, 1063]
                    })
```

첫 번째 데이터 셋(df1)은 주요 도시별 인구수(만 명)를 나타내고, 두 번째 데이터 셋(df2)은 주요 도시별 면적(㎢)을 나타냈습니다. 이 2개 데이터 셋을 이용해서 조건별 병합을 실시하겠습니다.

df1			df2		
	city	pop		city	area
0	서울	978	0	서울	605
1	부산	343	1	부산	770
2	대구	247	2	대구	884
3	대전	153	3	인천	1063
4	광주	150			

그림 9-8 | 실습용 데이터 셋 2개

merge() 함수를 이용해 "좌측 데이터 셋"과 "우측 데이터 셋"을 입력하고, "on" 파라미터에 기준이 될 열을 지정한 뒤 "how" 파라미터에 병합 방법을 입력합니다.

1 LEFT JOIN

코딩실습

```
In  [3]     # left join
            pd.merge(df1, df2, on = 'city', how = 'left')
```
```
Out [3]          city    pop    area
            0    서울    978    605.0
            1    부산    343    770.0
            2    대구    247    884.0
            3    대전    153    NaN
            4    광주    150    NaN
```

2 RIGHT JOIN

코딩실습

```
In  [4]     # right join
            pd.merge(df1, df2, on = 'city', how = 'right')
```
```
Out [4]          city    pop      area
            0    서울    978.0    605
            1    부산    343.0    770
            2    대구    247.0    884
            3    인천    NaN      1063
```

3 INNER JOIN

코딩실습

In [5]

```
# inner join
pd.merge(df1, df2, on = 'city', how = 'inner')
```

Out [5]

	city	pop	area
0	서울	978	605
1	부산	343	770
2	대구	247	884

4 OUTER JOIN

코딩실습

In [6]

```
# outer join
pd.merge(df1, df2, on = 'city', how = 'outer')
```

Out [6]

	city	pop	area
0	서울	978.0	605.0
1	부산	343.0	770.0
2	대구	247.0	884.0
3	대전	153.0	NaN
4	광주	150.0	NaN
5	인천	NaN	1063.0

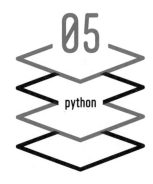

05 python

학습을 위한
대표적인 데이터 셋 소개

5-1 패키지 내장 데이터 셋

sklearn과 keras 패키지에는 다양한 내장 데이터 셋이 있습니다. 앞서 계속해서 사용했던 iris 외에도 학습에 참고할 만한 데이터 셋에 대해 간단히 소개하겠습니다.

1 유방암 진단

위스콘신(Wisconsin) 유방암 진단 데이터 셋은 유방 덩어리의 디지털 영상에서 이미지에 존재하는 세포 핵의 특징을 30개의 독립변수로 나타냈으며 유방암 여부를 종속변수(target)로 만든 이진 분류(Binary Classification) 데이터 셋입니다. sklearn.datasets 모듈에서 load_breast_cancer() 함수를 이용해 불러올 수 있습니다.

```
코딩실습    In  [1]    from sklearn.datasets import load_breast_cancer
            In  [2]    bc = load_breast_cancer()
            In  [3]    bc.feature_names
            Out [3]    array(['mean radius', 'mean texture', 'mean perimeter', 'mean
                       area',
```

```
                    'mean smoothness', 'mean compactness', 'mean concavity',
                    'mean concave points', 'mean symmetry', 'mean fractal
                    dimension',
                    'radius error', 'texture error', 'perimeter error', 'area error',
                    'smoothness error', 'compactness error', 'concavity error',
                    'concave points error', 'symmetry error',
                    'fractal dimension error', 'worst radius', 'worst texture',
                    'worst perimeter', 'worst area', 'worst smoothness',
                    'worst compactness', 'worst concavity', 'worst concave
                    points',
                    'worst symmetry', 'worst fractal dimension'], dtype='<U23')
In  [4]     bc.data.shape, bc.target.shape
Out [4]     ((569, 30), (569,))
```

② 보스턴 주택 가격

보스턴(Boston) 주택 가격 데이터 셋은 1인당 범죄율(CRIM), 주거용 토지의 비율(ZN) 등 주택 가격과 상관관계가 있다고 생각되는 13개의 독립변수와 주택 가격을 종속변수(target)로 만들어 주택 가격을 예측해 볼 수 있게 만든 회귀(regression) 데이터 셋입니다. sklearn.datasets 모듈에서 load_boston() 함수를 이용해 불러올 수 있습니다.

🏠 코딩실습
```
In  [1]     from sklearn.datasets import load_boston
In  [2]     b = load_boston()
In  [3]     b.feature_names
Out [3]     array(['CRIM', 'ZN', 'INDUS', 'CHAS', 'NOX', 'RM', 'AGE', 'DIS', 'RAD',
                    'TAX', 'PTRATIO', 'B', 'LSTAT'], dtype='<U7')
In  [4]     b.data.shape, b.target.shape
Out [4]     ((506, 13), (506,))
```

③ MNIST

MNIST(Modified National Institute of Standards and Technology)는 손으로 쓴 숫자들로 이뤄진 이미지와 그 이미지가 뜻하는 라벨, 2가지로 이뤄진 데이터 셋으로 이미지 하나당 28×28 픽셀로 만들어졌으며 6만 개의 훈련 데이터 셋과 1만 개의 테스트 데이터 셋으로 구성되어 있습니다. 이는 손 글씨 이미지를 숫자(0~9)로 얼마나 잘 분류하는지를 평가하기 위해 만들어진 데이터 셋으로 딥 러닝 교육을 하는 데 있어 가장 유명한 데이터 셋입니다.

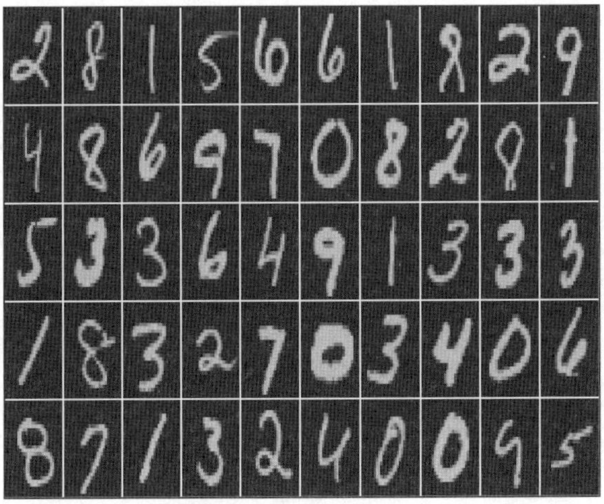

그림 9-9 | MNIST 손 글씨 이미지 학습 데이터 일부

해당 데이터 셋에 관한 정보는 http://yann.lecun.com/exdb/mnist/ 사이트에서 확인할 수 있으며 데이터 셋을 직접 다운로드받을 수도 있습니다. 하지만 이미 keras 패키지가 설치되어 있다면 keras에 내장 데이터 셋으로 MNIST가 존재하기 때문에 다음과 같이 코드를 실행시켜서 데이터 셋을 불러올 수 있습니다.

코딩실습

```
In [1]    from tensorflow import keras
In [2]    (x_train, y_train), (x_test, y_test) = keras.datasets.mnist.load_
          data()
In [3]    x_train.shape, y_train.shape, x_test.shape, y_test.shape
Out [3]   ((60000, 28, 28), (60000,), (10000, 28, 28), (10000,))
```

5-2 학습용 데이터 셋 취득

데이터 분석 학습을 위한 데이터 셋을 취득할 수 있는 곳은 다양합니다. 앞서 설명한 것처럼 패키지 내장 데이터 셋을 이용할 수 있고, 이외에도 캐글 사이트에서 데이터 셋을 다운로드 받을 수 있습니다.

캐글에서는 데이터 셋을 목적에 따라 분류해 놨기 때문에 본인이 학습하고자 하는 분야의 데이터를 다운로드받아 사용할 수 있습니다. 예를 들어, 이미지 데이터를 이용한 분류 모델을 만들고 싶다면 Image 카테고리에 있는 데이터 셋을 이용하면 됩니다. 뒤에서 캐글에 대해서는 좀 더 상세히 설명하겠지만 데이터 셋 외에도 사용자들이 직접 올린 소스도 볼 수 있기 때문에 어느 정도 기본기를 닦은 뒤라면 캐글은 더 없이 훌륭한 학습 장소가 됩니다.

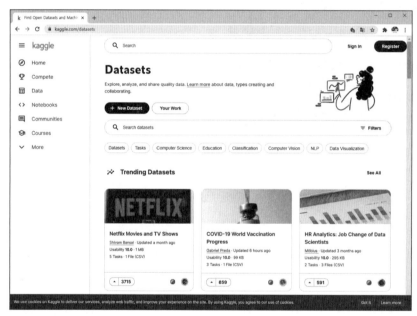

그림 9-10 | 캐글의 데이터 셋

캐글 데이터만으로도 충분하지만 시중에 출판된 머신러닝 교재에서 다루는 데이터 셋의 경우 http://archive.ics.uci.edu/ml 사이트에서 대부분 다운로드받을 수 있습니다.

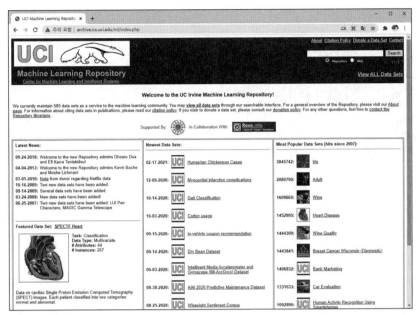

그림 9-11 | UC Irvine Machine Learning Repository

분류, 회귀, 군집, 기타로 데이터 셋을 분류해 놨고 추가적으로 데이터 타입, 분야로도 나눠놨기 때문에 공부하는 목적에 맞는 데이터를 다운로드받아 실습해 볼 수 있습니다.

데이터 셋 확장자가 이상해요!

UCI Machine Learning Repository에서 학습용 데이터 셋을 다운로드받기 위해 들어가보면 확장자가 data, names로 익숙하지 않습니다. 이런 확장자의 파일들은 윈도 메모장(notepad)을 이용해 불러올 수 있습니다. data 파일의 경우 말 그대로 데이터만 들어 있는 파일로 첫 행에 컬럼명이 존재하지 않습니다. 컬럼명은 names 파일에 데이터 셋에 대한 설명과 함께 입력되어 있습니다.

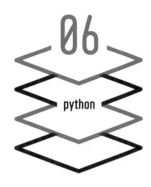

06 데이터 분석 학습 사이트 소개

python

6-1 생활코딩

생활코딩은 비영리 단체인 오픈튜토리얼스에서 운영하는 무료 강의 플랫폼입니다. 처음에는 HTML, JavaScript, PHP 등 웹 프로그래밍 언어 강의로 시작했는데 최근에는 그 범위를 점차 넓혀 데이터 과학 분야까지 다루고 있습니다. 한 편당 5분 이내의 짧은 영상으로 쉬운 사례와 삽화를 이용해 개념을 정립하는 데 큰 도움이 되는 강의입니다(무료로 유익한 강의를 제공해 주시는 오픈튜토리얼스 운영진들께 감사의 말씀을 드립니다).

그림 9-12 | 생활코딩 데이터 과학 - 머신러닝1 강의

6-2 데이터 사이언스 스쿨

데이터 사이언스 스쿨은 생활코딩과 같은 동영상 기반의 강의 플랫폼은 아니지만 텍스트와 이미지, 소스 코드를 기반으로 매우 상세하게 수식을 기반한 이론에서 실습 예제까지 다루고 있는 사이트입니다. 마치 전공서적을 보는 듯한 느낌이며 파이썬 소스 코드만 제공되고 있습니다(개인적으로 데이터 분석 이론 공부를 하는 데 큰 도움이 되었습니다. 운영자분께 진심으로 감사드립니다).

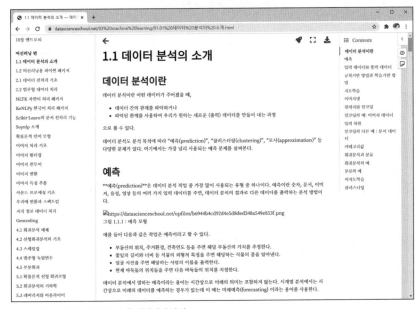

그림 9-13 | 데이터 사이언스 스쿨 머신러닝 강의

6-3 코세라

코세라(Coursera)는 미국의 교육 및 기술회사로 전 세계 3천만 명 이상의 회원을 보유한 온라인 강의 플랫폼입니다. 머신러닝 분야의 세계적인 석학인 스탠퍼드 대학교 컴퓨터공학 교수인 앤드류 응(Andrew Ng)이 설립했으며 직접 강의하는 과정도 여러 개가 있어 매우 인기 있습니다.

그림 9-14 | 코세라 소개

해당 사이트의 특징은 세계적인 대학의 교수들이 직접 하는 강의를 무료로 들을 수 있으며 매월 정기구매($59)나 특정 강의를 구매하면 수료증까지 발급해 줍니다. 해당 수료증은 링크드인(LinkedIn)과 같은 비즈니스 SNS에 게시할 수 있어 마치 자격증처럼 커리어 관리에 이용할 수 있습니다.

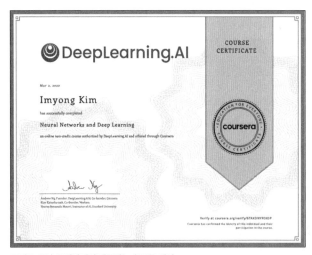

그림 9-15 | 코세라에서 제공하는 수료증 예시

강의의 경우 동영상뿐만 아니라 중간중간에 대학교 교육과정처럼 퀴즈와 리포트 그리고 시험까지 있기 때문에 특정 점수를 넘기지 못하면 수료를 할 수 없습니다. 생각보다 만만치 않으니 마음 단단히 먹고 수강할 것을 추천합니다.

뿐만 아니라 온라인을 통해 세계 유수 대학의 학위과정까지 제공해 학사 및 석사 학위 취득도 가능합니다(단, 금액이 만만치 않습니다. Imperial College London의 Master of Machine Learning and Data Science 과정의 경우 2년 간 수업료가 우리 돈으로 4천만 원 정도입니다).

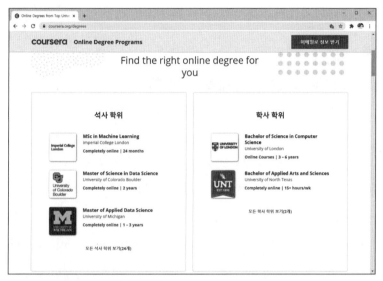

그림 9-16 | 코세라에서 제공하는 학위과정

6-4 캐글

캐글(Kaggle)은 데이터 분석 대회 플랫폼입니다. 기업 및 단체에서 데이터와 해결 과제를 등록하면 데이터 과학자들이 이를 해결하는 모델을 개발하고 경쟁합니다. 물론, 상금도 있습니다. Compete 메뉴에 들어가면 다양한 기업 및 단체에서 내놓은 문제들이 있으며 전 세계의 데이터 과학자들이 해당 문제를 해결한 소스 코드(Notebooks)를 공유합니다. 따라서 뛰어난 데이터 과학자들의 소스 코드를 보고 본인의 실력을 향상시킬 수 있으며, 코멘트를 달 수 있기 때문에 궁금한 부분을 해결하거나 조언을 하거나 받을 수도 있습니다.

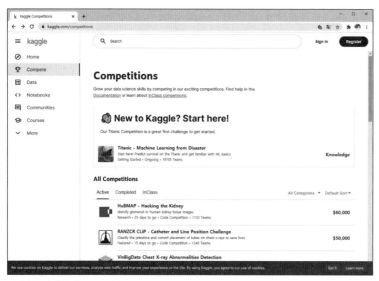

그림 9-17 | 캐글의 Competitions

캐글에는 다양한 데이터 셋과 소스 코드가 무료로 공개되어 있기 때문에 그것만으로도 충분히 스스로 학습하는 데 도움이 됩니다. 그리고 캐글에 기여한 부분은 포인트로 환산해 랭킹(Ranking)과 티어(Tier)를 부여합니다. 티어가 높은 사람들은 전문성을 인정받게 되며 많은 회사로부터 취업 제의를 받습니다. 일부 데이터 분석 및 인공지능 관련 회사에서는 모집 공고에 "캐글 엑스퍼트(Expert) 이상의 티어를 가진 사람을 뽑는다"는 내용을 넣을 정도입니다.

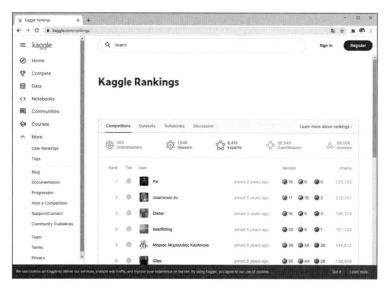

그림 9-18 | 캐글의 Rankings

| 연 | 습 | 문 | 제 | 정 | 답 |

Chapter 1 ——————————————————— 54쪽

1   반정형 데이터

2   데이터는 순수한 수치나 기호를 의미하며, 정보는 데이터를 가공해 의미를 부여한 데이터다.

3   ④ Value

4   다양한 IT 기기와 인터넷의 발달, 클라우드 컴퓨팅, 저장 장치 비용의 하락 등

5   ③ 상관관계 → 인과관계

6   기술통계, 추론통계

7   인공지능 〉 머신러닝 〉 딥 러닝

8   데이터 전처리 단계로 시점이 다른 데이터를 통일시키고, 결측치나 이상치를 제거하거나 대체하는 일, 데이터 스케일링 등의 작업에 오랜 시간이 소요된다.

Chapter 2 ——————————————————— 99쪽

1   SQL(Structured Query Language)

2   크롤러(Crawler)

3   API(Application Programming Interface)

4   ① 유료 소프트웨어

5   주피터 노트북(Jupyter Notebook)

6   pip

Chapter 3

143쪽

1 인터프리터(Interpreter) 언어

2 ② 1a, ④ a.1

3 ① #

4 데이터 프레임(Data Frame)

5 ④ $: 또는(| 기호, Shift + ₩ 키)

6 iloc()

7 dropna()

8 MinMax Scaling

Chapter 4

185쪽

1 5개의 열(4개의 float와 1개의 object)과 150개의 행

```
In  [1]    import seaborn as sns
           iris = sns.load_dataset('iris')
           iris.info()
Out [1]    <class 'pandas.core.frame.DataFrame'>
           RangeIndex: 150 entries, 0 to 149
           Data columns (total 5 columns):
            #   Column         Non-Null Count    Dtype
           ---- ------------------ ------------------------ ----------
            0   sepal_length   150 non-null      float64
            1   sepal_width    150 non-null      float64
            2   petal_length   150 non-null      float64
            3   petal_width    150 non-null      float64
            4   species        150 non-null      object
           dtypes: float64(4), object(1)
           memory usage: 6.0+ KB
```

2

```
In  [2]      iris.head(10)

Out [2]            sepal_length  sepal_width  petal_length  petal_width  species
           0      5.1           3.5          1.4           0.2          setosa
           1      4.9           3.0          1.4           0.2          setosa
           2      4.7           3.2          1.3           0.2          setosa
           3      4.6           3.1          1.5           0.2          setosa
           4      5.0           3.6          1.4           0.2          setosa
           5      5.4           3.9          1.7           0.4          setosa
           6      4.6           3.4          1.4           0.3          setosa
           7      5.0           3.4          1.5           0.2          setosa
           8      4.4           2.9          1.4           0.2          setosa
           9      4.9           3.1          1.5           0.1          setosa
```

3 평균 – 3.057, 표준편차 – 0.436, 3사분위수 – 3.3

```
In  [3]      iris.sepal_width.mean(), iris.sepal_width.std(), iris.sepal_width.
             quantile(0.75)

Out [3]      (3.057333333333334, 0.435866284936698, 3.3)
```

4

```
In  [4]      import matplotlib.pyplot as plt
             plt.figure(figsize=(15, 10))
             plt.hist(iris.sepal_width)
             plt.show()
```

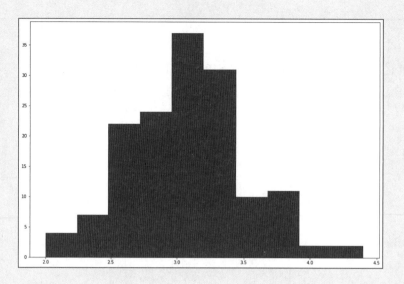

5   setosa

```
In [5]    import seaborn as sns
          plt.figure(figsize=(15, 10))
          sns.boxplot(y = 'sepal_width', x = 'species', data = iris)
          plt.show()
```

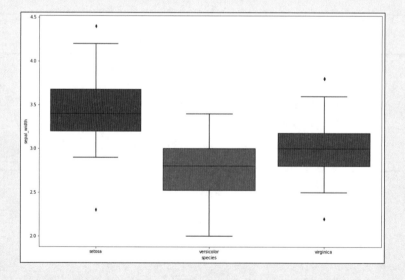

6

```
In  [6]      s = iris.loc[iris.species == 'setosa', ['sepal_width']]
             v = iris.loc[iris.species == 'versicolor', ['sepal_width']]
```

7 95% 신뢰수준에서 두 집단 모두 정규분포함

```
In  [7]      import scipy as sp
             print(sp.stats.shapiro(s))
             print(sp.stats.shapiro(v))
Out [7]      ShapiroResult(statistic=0.97171950340271,
             pvalue=0.2715264856815338)
             ShapiroResult(statistic=0.9741330742835999,
             pvalue=0.33798879384994507)
```

8 95% 신뢰수준에서 두 집단의 평균은 서로 같지 않음

```
In  [8]      sp.stats.ttest_ind(s, v)
Out [8]      Ttest_indResult(statistic=array([9.45497585]),
             pvalue=array([1.84525995e-15]))
```

1

```
In [1]    import seaborn as sns
          iris = sns.load_dataset('iris')
          test = iris.loc[iris.species == 'virginica', iris.columns.
          drop('species')]
```

2   petal_length

```
In [2]    test.corr(method = 'pearson')
Out [2]
                     sepal_length  sepal_width  petal_length  petal_width
          sepal_length  1.000000    0.457228     0.864225      0.281108
          sepal_width   0.457228    1.000000     0.401045      0.537728
          petal_length  0.864225    0.401045     1.000000      0.322108
          petal_width   0.281108    0.537728     0.322108      1.000000
```

3   0.747

```
In [3]    import statsmodels.formula.api as smf
          model_lm = smf.ols(formula = 'sepal_length ~ petal_length', data
          = test)
          result_lm = model_lm.fit()
          result_lm.summary()
Out [3]   OLS Regression Results
          Dep. Variable:sepal_length       R-squared:        0.747
          Model:                    OLS    Adj. R-squared:   0.742
          Method:       Least Squares      Γ-statistic:      141.6
          Date:     Mon, 28 Feb 2022       Prob (F-statistic):  6.30e-16
          Time:                22:58:16    Log-Likelihood:   -13.457
          No. Observations:         50     AIC:              30.91
```

	Df Residuals:	48		BIC:	34.74

```
Df Residuals:         48              BIC:      34.74
Df Model:             1
Covariance Type: nonrobust
```

	coef	std err	t	P>|t|	[0.025	0.975]
Intercept	1.0597	0.467	2.270	0.028	0.121	1.998
petal_length	0.9957	0.084	11.901	0.000	0.828	1.164

```
       Omnibus: 0.060     Durbin-Watson: 1.913
Prob(Omnibus): 0.970   Jarque-Bera (JB): 0.256
          Skew: 0.015           Prob(JB): 0.880
      Kurtosis: 2.651          Cond. No. s58.8
```

4 sepal_width와 petal_width는 p값이 0.05보다 크므로 95% 신뢰수준에서 통계적으로 유의하지 않음

```
In  [4]    model_mlm = smf.ols(formula =
                  'sepal_length ~ sepal_width + petal_length + petal_
                  width', data = test)
           result_mlm = model_mlm.fit()
           result_mlm.summary()
```

Out [4]   OLS Regression Results

Dep. Variable:	sepal_length	R-squared:	0.765
Model:	OLS	Adj. R-squared:	0.750
Method:	Least Squares	F-statistic:	49.98
Date:	Mon, 28 Feb 2022	Prob (F-statistic):	1.62e-14
Time:	23:05:16	Log-Likelihood:	-11.577
No. Observations:	50	AIC:	31.15
Df Residuals:	46	BIC:	38.80
Df Model:	3		
Covariance Type:	nonrobust		

	coef	std err	t	P>|t|	[0.025	0.975]
Intercept	0.6999	0.534	1.312	0.196	-0.374	1.774
sepal_width	0.3303	0.174	1.895	0.064	-0.021	0.681
petal_length	0.9455	0.091	10.422	0.000	0.763	1.128
petal_width	-0.1698	0.198	-0.857	0.396	-0.568	0.229

Omnibus:	0.056	Durbin-Watson:	1.887
Prob(Omnibus):	0.973	Jarque-Bera (JB):	0.039
Skew:	0.032	Prob(JB):	0.981
Kurtosis:	2.879	Cond. No.	80.7

5 VIF가 10보다 작기 때문에 다중공선성 문제는 없다고 판단됨

```
In  [5]    from statsmodels.stats.outliers_influence import variance_
           inflation_factor
           vif1 = variance_inflation_factor(model_mlm.exog, 1)
           vif2 = variance_inflation_factor(model_mlm.exog, 2)
           vif3 = variance_inflation_factor(model_mlm.exog, 3)
           print(vif1, vif2, vif3)
Out [5]    1.531559928328715 1.2147410682837694
           1.4340129564284483
```

1

```
In  [1]      import seaborn as sns
             import pandas as pd
             iris = sns.load_dataset('iris')
             iris_cl = pd.DataFrame(iris.species)
             iris_cl.rename(columns = {'species' : 'act'}, inplace = True)
             iris_cl.head()
Out [1]             act
             0      setosa
             1      setosa
             2      setosa
             3      setosa
             4      setosa
```

2

```
In  [2]      x = iris.iloc[:,0:4].values
             y = iris.iloc[:,4].values
In  [3]      from sklearn.naive_bayes import GaussianNB
             model_nb = GaussianNB().fit(x, y)
             from sklearn.ensemble import AdaBoostClassifier
             model_adb = AdaBoostClassifier().fit(x, y)
             from sklearn.ensemble import RandomForestClassifier
             model_rf = RandomForestClassifier().fit(x, y)
             from sklearn.svm import SVC
             model_svm = SVC().fit(x, y)
```

3

```
In  [4]     y_nb = model_nb.predict(x)
            y_adb = model_adb.predict(x)
            y_rf = model_rf.predict(x)
            y_svm = model_svm.predict(x)
In  [5]     res_cl = pd.DataFrame(list(zip(y_nb, y_adb, y_rf, y_svm)),
                        columns = ['pred_nb','pred_adb','pred_rf','pred_svm'])
In  [6]     # 데이터 프레임을 열 기준(axis = 1)으로 합칠 경우 concat 메소드 이용
            iris_cl = pd.concat([iris_cl, res_cl], axis = 1)
            iris_cl.head()
Out [6]         act      pred_nb  pred_adb  pred_rf  pred_svm
            0   setosa   setosa   setosa    setosa   setosa
            1   setosa   setosa   setosa    setosa   setosa
            2   setosa   setosa   setosa    setosa   setosa
            3   setosa   setosa   setosa    setosa   setosa
            4   setosa   setosa   setosa    setosa   setosa
```

4   랜덤 포레스트, 정확도 100%

```
In  [7]     from sklearn.metrics import accuracy_score
            print(accuracy_score(iris_cl.act, iris_cl.pred_nb),
                accuracy_score(iris_cl.act, iris_cl.pred_adb),
                accuracy_score(iris_cl.act, iris_cl.pred_rf),
                accuracy_score(iris_cl.act, iris_cl.pred_svm))
Out [7]     0.96 0.96 1.0 0.9733333333333334
```

1

```
In  [1]      import seaborn as sns
             import pandas as pd
             iris = sns.load_dataset('iris')
In  [2]      x = iris.iloc[:,0:4].values
             y = iris.species
In  [3]      from sklearn.preprocessing import MinMaxScaler
             mm_x = MinMaxScaler().fit_transform(x)
In  [4]      mm_x[0:5]
Out [4]      array([[0.22222222, 0.625     , 0.06779661, 0.04166667],
                    [0.16666667, 0.41666667, 0.06779661, 0.04166667],
                    [0.11111111, 0.5       , 0.05084746, 0.04166667],
                    [0.08333333, 0.45833333, 0.08474576, 0.04166667],
                    [0.19444444, 0.66666667, 0.06779661, 0.04166667]])
In  [5]      from sklearn.preprocessing import LabelBinarizer
             o_y = LabelBinarizer().fit_transform(y)
In  [6]      o_y[0:5]
Out [6]      array([[1, 0, 0],
                    [1, 0, 0],
                    [1, 0, 0],
                    [1, 0, 0],
                    [1, 0, 0]])
```

2

```
In  [7]      from sklearn.model_selection import train_test_split
             x_train, x_test, y_train, y_test = train_test_split(mm_x, o_y, test_
             size = 0.2, random_state=7)
```

```
In [8]      from tensorflow import keras
            from keras.models import Sequential
            from keras.layers import Input, Dense
            model = Sequential()
            model.add(Input(4))
            model.add(Dense(8, activation = 'relu'))
            model.add(Dense(8, activation = 'relu'))
            model.add(Dense(3, activation = 'softmax'))
In [9]      model.compile(loss = 'categorical_crossentropy',
                    optimizer = 'adam', metrics = 'accuracy')
In [10]     history = model.fit(x_train, y_train, epochs = 200, batch_size = 8,
                    validation_split = 0.2)
In [11]     import matplotlib.pyplot as plt
            plt.figure(figsize = (16, 5))
            plt.subplot(1, 2, 1)
            plt.xlabel('Epoch')
            plt.ylabel('Loss')
            plt.plot(history.history['loss'], label = 'Train Loss')
            plt.plot(history.history['val_loss'], label = 'Val Loss')
            plt.legend()
            plt.subplot(1, 2, 2)
            plt.xlabel('Epoch')
            plt.ylabel('Accuracy')
            plt.plot(history.history['accuracy'], label = 'Train Accuracy')
            plt.plot(history.history['val_accuracy'], label = 'Val Accuracy')
            plt.legend()
            plt.show()
In [12]     model.evaluate(x_test, y_test)
Out [12]    [0.1301576793193817, 1.0]
```

1

```
In [1]    txt = open('martin_luther_king.txt','rt', encoding='UTF-8').read()
```

2

```
In [2]    from konlpy.tag import Hannanum
          n = Hannanum().nouns(txt)
```

3 자유, 우리

```
In [3]    n2 = [item for item in n if len(item) >= 2]
In [4]    from collections import Counter
          cnt = Counter(n2)
In [5]    from wordcloud import WordCloud
          wcs = WordCloud(font_path = 'C:/Windows/Fonts/malgun.ttf',
          background_color = 'white')
          cloud = wcs.generate_from_frequencies(cnt)
          import matplotlib.pyplot as plt
          plt.figure(figsize = (10, 8))
          plt.axis('off')
          plt.imshow(cloud)
          plt.show
```

MEMO

MEMO